LIVING LANGUAGE®
FRENCH VERBS
SKILL BUILDER

OTHER TITLES FROM LIVING LANGUAGE®

Complete Basic Courses: Whether you're just starting out or want a thorough review, the *Complete Basic Course* is the perfect choice. Developed by U.S. government experts, the building-block approach used here begins with simple words and phrases and progresses to more complex expressions. Just listen and repeat after the native speakers. English translations are provided in the coursebook. The lessons keep grammar to a minimum, but there's a full summary for easy reference. Includes three hours of recorded lessons in the target language, a coursebook, and a 15,000- to 20,000-word two-way dictionary. The dictionary includes thousands of phrases and idiomatic expressions to show how words are used in conversation.

Available in French, German, Italian, Japanese, Portuguese, Russian, Spanish, and English for Spanish speakers. Books available separately.

Advanced Courses: Learn to speak like a native with this advanced course. Four hours of recordings feature conversations in the target language; the coursebook provides lessons with translations, notes on grammar and culture, exercises, verb charts, and a grammar summary. Available in French and Spanish. Books available separately.

Ultimate Courses: Created for serious language learners, the *Ultimate* course is the equivalent of two years of college-level study. With refreshingly up-to-date conversations and vocabulary in each lesson, the *Ultimate* courses teach grammar, reading, writing, and culture along with conversational skills. The eight hours of recordings are separated into two sets. Listen to the first four recordings (Learn at Home) in the target language as you follow along in the manual. Then, with the second set of recordings (Learn on the Go), which are in both English and the target language, reinforce and build on the lessons in the first set of recordings. With these recordings, you're hearing conversations and speaking without the book—exactly as you would in real-life situations. Learn in the car, at the gym, or anywhere it's convenient.

Available in French, German, Italian, Japanese, Russian, Spanish, and English for Spanish speakers. Books available separately.

Adult/Child Activity Kits: Easy and fun, this activity kit for beginners introduces children ages 4–8 to a new language with 16 songs, games, and activities, centered around mealtime or car trips. Each *Adult/Child Activity Kit* includes a 60-minute bilingual cassette, a 48-page illustrated activity book that doubles as a scrapbook, and a full page of color stickers. Also included are tips on how to vary the activities for repeated use, making this a program parents and their children will turn to again and again.

Available in French, Italian, and Spanish.

Calendars: This amusing and informative day-by-day desk calendar introduces foreign phrases, cultural tidbits, and trivia. Each page includes the pronunciation and English translation of a French, Italian, Spanish, or Yiddish word or phrase. These calendars are ideal for beginners, as well as those who would like to brush up on the fun stuff! They make a perfect gift for students and teachers, co-workers, and family members with a love for foreign languages.

At bookstores everywhere, or call 1-800-733-3000. You can also reach us on the Web at www.livinglanguage.com or e-mail us at livinglanguage@randomhouse.com.

LIVING LANGUAGE®
FRENCH VERBS
SKILL BUILDER

Conversation Manual by
Francesca Sautman, Ph.D.
Hunter College, CUNY

Verb Charts by
Michel Sitruk
New York University

Originally published as *French 2*

LIVING LANGUAGE, A RANDOM HOUSE COMPANY
NEW YORK

Copyright © 1996 by Living Language, A Random House Company

All rights reserved. No part of this book may be reproduced or transmitted in any form or by any means, electronic or mechanical, including photocopying, recording, or by any information storage and retrieval system, without permission in writing from the publisher.

Published by Living Language, A Random House Company, 201 East 50th Street, New York, New York 10022. Member of the Crown Publishing Group.

Random House, Inc. New York, Toronto, London, Sydney, Auckland

www.livinglanguage.com

Living Language is a registered trademark of Random House, Inc.

Printed in the United States of America
Design by Lenny Henderson

Library of Congress Cataloging-in-Publication Data is available upon request.

ISBN 0-609-80432-4

10 9 8 7 6 5 4 3 2 1

1999 Updated Edition

Living Language⁸ publications are available at special discounts for bulk purchases for sales promotions or premiums, as well as for fund-raising or educational use. Special editions can be created in large quantities for special needs. For more information, contact the Special Sales Manager, Living Language, 201 East 50th Street, New York, NY 10022.

ACKNOWLEDGMENTS

Thanks to the Living Language staff: Lisa Alpert, Ana Suffredini, Christopher Warnasch, Christopher Medellín, Andrea Rosen, Germaine Ma, Eric Sommer, and Helen Tang.

Contents

LIVING LANGUAGE®

FRENCH VERBS
SKILL BUILDER

INTRODUCTION

Welcome to *Living Language® Skill Builder: French Verbs*. If you have already mastered the basics of French grammar and usage in school, while traveling abroad, or with other Living Language courses, then *French Verbs Skill Builder* is right for you. This intermediate-advanced program features an enjoyable conversational approach to learning one of the most troublesome aspects of any language—verbs and their conjugations. The complete program consists of this text and four hours of recordings. However, if you are already comfortable with your French pronunciation, this manual may also be used on its own.

Living Language Skill Builder: French Verbs focuses on more than 150 of the most useful French verbs. The recordings introduce more than 75 essential verbs in a conversational context. With dialogues, explanations, and exercises that let you check your progress, you will master the verb forms quickly and easily and learn new vocabulary and idiomatic expressions along the way. This *French Verbs Skill Builder* manual includes the complete 40 lessons featured on the recordings, verb charts with the full conjugations of more than 150 verbs, and a reference section that includes a pronunciation chart, a guide to conjugating regular verbs, a comprehensive survey of French grammar, and a glossary of grammatical terms. After studying with *Living Language Skill Builder: French Verbs* for only half an hour a day, you'll be speaking with confidence and ease in six weeks!

1

COURSE MATERIAL

THE MANUAL

The manual is divided into a Reference Section, Verb Charts, and a Conversation Manual and comprises the following components:

Pronunciation Chart This chart serves as a quick reference guide to the pronunciation of French consonants and vowels.

Glossary of Grammatical Terms To ensure that you have no difficulty with the terminology used in the program, the glossary provides an easy explanation of the most important grammatical terms and their French translations. If you come across an unfamiliar term, the definition can easily be found in this section.

Grammar Summary The grammar summary provides information on aspects of French grammar that are not related to verbs, such as articles, nouns, pronouns, and adjectives.

Tense Formation Guide This guide shows you the endings and formation rules in any tense or mood. It provides the key to conjugating thousands of regular verbs on your own.

Impersonal Expressions that Require the Subjunctive This list will prove an invaluable reference when you're unsure whether an expression requires the subjunctive or not.

Verb Charts More than 150 of the most common verbs, including those introduced throughout the course, are fully conjugated in the verb charts. In addition, they feature words and expressions related to the verbs. These charts offer the opportunity to focus on a particular verb in detail.

Conversation Manual The conversation manual provides a guided tour of French verbs and their usage in everyday conversation. The forty lessons give in-depth explanations while offering conversational practice and correspond to the lessons on the recordings that accompany this textbook.

Index Every verb used in the program is listed alphabetically and translated. The entries beginning with the letter C refer to the chart where the verb is fully conjugated; the entries beginning with the letter M refer to the lessons in the conversation manual where the verb is featured. The verb index is particularly helpful when reviewing specific verbs.

THE RECORDINGS

This manual accompanies four 60-minute cassettes. Because the recordings are in English and French, you can study anywhere, anytime—at home and on the go. An English narrator leads you through the program, while native French speakers demonstrate the relevant forms. This manual contains the complete transcript of the recordings, allowing you to read along if you wish. All English text appears in regular type; French phrases to be repeated appear in **boldface** type, and French phrases for listening only appear in *italic* type. The ☞ symbol indicates the expected response to a question.

Each of the forty lessons is divided into three sections. Section A begins with an English introduction to the verb or verb group and an explanation of the tense or mood the lesson focuses on. Native French speakers conjugate a model verb that illustrates the key points of the explanation, and sample sentences show you the verb in several difference contexts. To practice, simply repeat after the native speakers during the pauses provided.

Section B features the verbs "in action" in the form of a dialogue. You will first hear the entire dialogue in French only, at normal conversational speed. All you have to do is listen in and you'll improve your comprehension. You will then hear the dialogue a second time, repeated phrase by phrase, with English translations and pauses for you to repeat after the native speakers.

The interactive exercises in section C will help you integrate what you've learned by asking you to generate French sentences on your own. You will transform sentences (e.g., from the present to the past tense), answer questions, and occasionally translate from English into French. You will hear the correct answer after you respond.

The interactive approach of the recordings and textbook will help you master the essentials of French verbs and improve your fluency. With *Living Language Skill Builder: French Verbs,* you will learn to understand, speak, and even think in French.

Reference Section

PRONUNCIATION CHART

CONSONANTS

French Spelling	Approximate Sound	Example
b, d, k, l, m, n, p, s, t, v, z	same as in English	
c (before *e, i, y*)	<u>s</u>	*cinéma*
c (before *a, o, u*)	<u>k</u>	*cave*
ç (appears only before *a, o, u*)	<u>s</u>	*français*
ch	<u>sh</u>	*chaud*
g (before *e, i, y*)	<u>s</u> as in measure	*âge*
g (before *a, o, u*)	g in game	*gâteau*
gn	<u>ny</u> in onion	*agneau*
h	always silent	*homme*
j	<u>s</u> in measure	*Jacques*
qu, final *q*	<u>k</u>	*qui*
r	pronounced in back of mouth, rolled like light gargling sound	*Paris*
ss	<u>s</u>	*tasse*
s (beginning of word or before consonant)	<u>s</u>	*salle* *disque*
s (between vowels)	<u>z</u> in Zelda	*maison*
th	<u>t</u>	*thé*
x	<u>x</u> in exact	*exact*
x	<u>x</u> in excellent	*excellent*
ll	<u>y</u> in yes	*volaille*
ll	as in ill	*elle*

7

VOWELS

French Spelling	Approximate Sound	Example
a, à, â	<u>a</u> in father	la
é, er, ez (end of word)	<u>ay</u> in lay	thé parler allez
e plus final pronounced consonant	<u>e</u> in met	belle (l is the final pronounced consonant)
è, ai, aî	<u>e</u> in met	père chaîne
e, eu	<u>u</u> in put	le
i	<u>ee</u> in beet	ici
i plus vowel	y in yesterday	lion
o, au, eau, ô	<u>o</u> in both	mot chaud beau hôte
ou	<u>oo</u> in toot	vous
oi, oy	<u>wa</u> in watt	moi
u	no equivalent in English —say <u>ee</u>, then round your lips	fumeurs
ui	<u>wee</u> as in week with rounded lips	lui
euille	no equivalent in English —say <u>uh</u> and follow it with y	feuille
eille	<u>ay</u> as in hay	merveilleux

NASAL VOWELS

Nasal vowels are sounds produced when air is expelled from both the mouth and the nose. In French, a conso-

8

nant that follows a nasal vowel is not fully pronounced. For example, the French word *on:* We pronounce the nasal vowel *o* through the mouth and nose, but we do not sound the following consonant *n* or *m*. That is, we do not touch the roof of our mouth with the tip of the tongue.

French Spelling	Approximate Sound	Example
an, en	vowel in balm	*France*
em	vowel in balm	*emmener*
in, ain, ein	vowel in man	*fin*
im, aim	vowel in man	*faim*
ien	y + vowel in men	*bien*
ion	$\bar{y}$ + vowel in song	*station*
oin	$\bar{w}$ + vowel in man	*loin*
on	vowel in song	*bon*
om	vowel in song	*tomber*
un	vowel in lung	*un*

GLOSSARY OF
GRAMMATICAL TERMS

active voice—*voix active:* a verbal form in which the agent of an action is expressed as the grammatical subject; e.g., *Mon auteur préféré a écrit ce livre.* (My favorite author wrote this book.)

adjective—*adjectif:* a word that describes a noun; e.g., *grand* (large).

adverb—*adverbe:* a word that describes verbs, adjectives, or other adverbs; e.g., *rapidement* (quickly).

agreement—*accord:* the modification of a word according to the person, gender, or number of another word that it describes or to which it relates, e.g., *le grand village* (m.), *la grande ville* (f.).

auxiliary verb—*verbe auxiliaire:* a helping verb used with another verb to express some facet of tense or mood.

compound—*composé:* when used in reference to verbal forms, it indicates a tense composed of two parts: an auxiliary and a main verb.

conditional—*conditionnel:* the mood used for hypothetical statements and questions (depending on a possible condition or circumstance); e.g., *Je mangerais si . . .* (I would eat if . . .).

conjugation—*conjugaison:* the modification of a verb according to person and tense or mood.

conjunction—*conjonction:* a word that connects words and phrases; e.g., *et* (and) and *mais* (but).

definite article—*article défini:* a word linked to a noun; generally used to indicate that the noun is a specific instance of a general category. In French, the definite articles (meaning "the") are: *le, la,* and *les,* and they agree with the noun in gender and number.

demonstrative—*démonstratif:* a word used to indicate the position of a noun in relation to the speaker. Demonstrative adjectives are used together with a noun (*J'aime cette ville.*—I like this city.), and demonstrative pronouns replace the noun (*J'aime celle-ci.*—I like this one.).

direct object—*complément d'objet direct:* the person or thing undergoing the action of a verb. For example, in the sentence "I wrote a letter to John," the direct object is "a letter."

ending—*terminaison:* the suffixes added to the stem that indicate gender, number, tense, mood, or part of speech.

gender—*genre:* grammatical categories for nouns, generally unrelated to physical gender and often determined by word ending. French has two genders—masculine and feminine—that refer to both animate and inanimate nouns; e.g., *le village* (m.), *la ville* (f.).

imperative—*impératif:* the command form, e.g., *Donnez-moi le livre.* (Give me the book.)

imperfect—*imparfait:* the past tense used to describe ongoing or habitual actions or states of being without a specified time frame; often referred to as the descriptive past tense.

impersonal verb—*verbe impersonnel:* a verb for which the subject is the impersonal pronoun *il* and for which there is no real subject. Impersonal verbs are often used to indicate natural phenomena, such as weather, climate, or time (*Il fait froid en hiver.*—It's cold in winter.), as well as in various set expressions such as *il y a* (there is/are) and *il faut que* (it is necessary that).

indefinite article—*article indéfini:* a word linked to a noun; used when referring to a noun or class of nouns in a general way. In French the indefinite articles (meaning "a," or "an," and "some") are: *un, une,* and *des,* and they agree with the noun in gender and number.

indicative—*indicatif:* the mood used for factual or objective statements and questions.

indirect object—*complément d'objet indirect:* the ultimate recipient of the action of a verb; often introduced by a preposition. For example, in the sentence "I wrote a letter to John," the indirect object is "John."

infinitive—*infinitif:* the basic, uninflected form of a verb found in the dictionary, i.e., before the person, number, tense, or mood has been specified; e.g., *parler* (to speak).

intransitive—*intransitif:* a verb that cannot take a direct object.

inversion—*inversion:* reversing the order of subject and verb, often used in question formation.

mood—*mode:* a reflection of the speaker's attitude toward what is expressed by the verb. The major moods in French are the Indicative, Subjunctive, and the Imperative.

noun—*nom:* a word referring to a person, place, thing, or abstract idea; e.g., *ville* (city) and *amour* (love).

number—*nombre:* the distinction between singular and plural.

participle—*participe:* a verbal form that often has the function of an adjective or adverb but may have the verbal features of tense and voice; often used in the formation of compound tenses; e.g., present and past participles: *mangeant/mangé* (eating/eaten).

passive voice—*voix passive:* a verbal form in which the recipient of the action is expressed as the grammatical subject; e.g., *Ce livre a été écrit par mon auteur préféré.* (This book was written by my favorite author.)

person—*personne:* the grammatical category that distinguishes between the speaker (first person—I, we), the person spoken to (second person—you), and the people and things spoken about (third person—he, she, it, they). It is often used in reference to pronouns and verbs.

pluperfect—*plus-que-parfait:* the tense used to describe an event that occurred prior to another past event; also known as the past perfect.

possessive—*possessif:* indicating ownership; e.g., *mon* (my) is a possessive adjective.

predicate—*attribut:* the part of a clause that expresses the state of the subject; it usually contains the verb with or without objects and complements.

preposition—*préposition:* a word used to express spatial, temporal, or other relationships; e.g., *à* (to), *sur* (on).

present perfect—*passé composé:* the past tense used to describe actions that began and were completed in the past, usually at a single moment or during a specific period, useful for narration of events.

pronominal verb—*verbe pronominal:* a verb conjugated with a pronoun in addition to the subject. The two major groups of pronominal verbs are reflexive, where the action reflects back to the subject: *se laver* (to wash oneself) and reciprocal, where the subjects, always plural, act upon each other: *se rencontrer* (to meet each other).

pronoun—*pronom:* a word that replaces a noun; e.g., *je* (I), *le* (him/it), *cela* (this).

reciprocal—*réciproque:* see pronominal.

reflexive—*réfléchi:* see pronominal.

simple—*simple:* one-word verbal forms conjugated by adding endings to a stem.

stem—*radical:* in conjugation, the part of a verb used as the base to which endings are added. The stem used to form most simple tenses of French regular verbs is derived by simply dropping the infinitive endings (*-er, -ir,* or *-re*); e.g., *parler >> parl- >> je parle.*

subject—*sujet:* the agent of an action or the entity experiencing the state described by a verb. For example, in the sentence "I wrote a letter to John," the subject is "I."

subjunctive—*subjonctif:* the mood used for nonfactual or subjective statements or questions.

tense—*temps:* the time of an action or state, i.e., past, present, future.

transitive—*transitif:* a verb that may take a direct object.

verb—*verbe:* a word expressing an action or state; e.g., *écrire* (to write).

GRAMMAR SUMMARY

1. SUBJECT PRONOUNS

SINGULAR		PLURAL	
je	I	*nous*	we
tu	you (fam.)	*vous*	you (pl. or polite sing.)
il, elle	he, she, it	*ils*	they (m. or m. + f.)
on	one	*elles*	they (f.)

2. STRESSED PRONOUNS

SINGULAR		PLURAL	
moi	me	*nous*	us
toi	you (fam.)	*vous*	you (pl. or polite sing.)
lui	him	*eux*	them (m. or m. + f.)
elle	her	*elles*	them (f.)

3. REFLEXIVE PRONOUNS

SINGULAR		PLURAL	
me	myself	*nous*	ourselves
te	yourself (fam.)	*vous*	yourself (polite), yourselves
se	him- / her- / it- / oneself	*se*	themselves

4. DIRECT OBJECT PRONOUNS

	SINGULAR			PLURAL
me	me		*nous*	us
te	you (fam.)		*vous*	you (pl. or polite sing.)
le, l'	him, it		*les*	them
la , l'	her, it			

5. INDIRECT OBJECT PRONOUNS

	SINGULAR			PLURAL
me	to me		*nous*	to us
te	to you (fam.)		*vous*	to you (pl. or polite sing.)
lui	to him, to her, to it		*leur*	to them

6. DOUBLE OBJECT PRONOUNS—GENERAL PLACEMENT GUIDELINES

FIRST	SECOND	THIRD
me		
te	*le*	*lui*
se	*la*	*leur*
nous	*les*	
vous		

For example:

Je vous les donne.
Elle les leur a envoyé.

7. DEMONSTRATIVE PRONOUNS

	MASCULINE	FEMININE
SINGULAR	*celui*	*celle*
PLURAL	*ceux*	*celles*

8. POSSESSIVE PRONOUNS

	MASCULINE SINGULAR	MASCULINE PLURAL	FEMININE SINGULAR	FEMININE PLURAL
my	*le mien*	*les miens*	*la mienne*	*les miennes*
your (fam.)	*le tien*	*les tiens*	*la tienne*	*les tiennes*
his, her, its	*le sien*	*les siens*	*la sienne*	*les siennes*
your (polite)	*le vôtre*	*les vôtres*	*la vôtre*	*les vôtres*
our	*le nôtre*	*les nôtres*	*la nôtre*	*les nôtres*
your (pl.)	*le vôtre*	*les vôtres*	*la vôtre*	*les vôtres*
their	*le leur*	*les leurs*	*la leur*	*les leurs*

9. INTERROGATIVE PRONOUNS

	MASCULINE	FEMININE
SINGULAR	*lequel*	*laquelle*
PLURAL	*lesquels*	*lesquelles*

10. PREPOSITIONS + INTERROGATIVE PRONOUNS

PRONOUN	AFTER *DE*	AFTER *À*
lequel	*duquel*	*auquel*
laquelle	*de laquelle*	*à laquelle*
lesquels	*desquels*	*auxquels*
lesquelles	*desquelles*	*auxquelles*

11. PLURAL OF NOUNS—GENERAL GUIDELINES

SINGULAR ENDING	PLURAL ENDING	SINGULAR EXAMPLE	PLURAL EXAMPLE
Regular	-s	*le livre*	*les livres*
-s, -x, -z	no change	*le choix*	*les choix*
-al or -ail	-aux	*le cheval*	*les chevaux*
-au or -eu	-aux or -eux	*l'oiseau*	*les oiseaux*

12. ARTICLES

	DEFINITE	INDEFINITE
MASCULINE	*le*	*un*
FEMININE	*la*	*une*
MASCULINE or FEMININE before vowel or silent "h"	*l'*	*un / une*
PLURAL	*les*	—

13. PREPOSITIONS + DEFINITE ARTICLES

PREPOSITION	+ LE	+ LA	+ LES
de	*du*	*de la*	*des*
à	*au*	*à la*	*aux*

14. POSSESSIVE ADJECTIVES

	MASCULINE	FEMININE	PLURAL
my	*mon*	*ma*	*mes*
your	*ton*	*ta*	*tes*
his, her, its	*son*	*sa*	*ses*
our	*notre*	*notre*	*nos*
your	*votre*	*votre*	*vos*
their	*leur*	*leur*	*leurs*

15. INTERROGATIVE ADJECTIVES

	MASCULINE	FEMININE
SINGULAR	*quel*	*quelle*
PLURAL	*quels*	*quelles*

16. DEMONSTRATIVE ADJECTIVES

	MASCULINE	FEMININE
SINGULAR	*ce, cet*	*cette*
PLURAL	*ces*	*ces*

17. IRREGULAR ADJECTIVES

MASCULINE	MASCULINE BEFORE VOWEL OR SILENT H	EXAMPLE
beau	*bel*	*un bel hôtel*
nouveau	*nouvel*	*le nouvel ordinateur*
vieux	*vieil*	*un vieil homme*
ce	*cet*	*cet arbre*

18. IRREGULAR COMPARATIVES AND SUPERLATIVES

POSITIVE	COMPARATIVE	SUPERLATIVE
bon	*meilleur*	*le meilleur*
mauvais	*plus mauvais* *pire*	*le plus mauvais* *le pire*
petit	*plus petit* *moindre*	*le plus petit* *le moindre*

TENSE FORMATION GUIDE

The following charts show the endings for regular verbs ending in *-er*, *-ir*, and *-re*. The endings for each tense represent the following persons:

je	*nous*
tu	*vous*
il, elle, on	*ils, elles*

The simple tenses (in the left column) are formed by adding the given endings to the verb stem. The infinitive stem, formed by simply removing the infinitive endings *-er*, *-ir*, or *-re* from the infinitive, is used to form most tenses. In the Imperfect, Present Subjunctive, and Imperfect Subjunctive, however, the *nous* stem, formed by removing the *-ons* ending from the *nous* form in the Present Indicative, is used.

The compound tenses (in the right column) are formed with the auxiliary verb, *avoir* or *être,* conjugated in the corresponding simple tense and the past participle (p.p.) of the main verb. Although most verbs take *avoir* as their auxiliary, certain verbs, including all pronominal verbs and many intransitive verbs expressing movement or change of state, take *être.* Remember that the past participle of verbs conjugated with *être* generally agrees with the subject of the verb.

1 Regular Verbs Ending in *-ER*

je	nous
tu	vous
il/elle/on	ils/elles

Indicatif

Présent

-e	-ons
-es	-ez
-e	-ent

Passé composé

ai/suis + p.p.	avons/sommes + p.p.
as/es + p.p.	avez/êtes + p.p.
a/est + p.p.	ont/sont + p.p.

Imparfait

-ais	-ions
-ais	-iez
-ait	-aient

Plus-que-parfait

avais/étais + p.p.	avions/étions + p.p.
avais/étais + p.p.	aviez/étiez + p.p.
avait/était + p.p.	avaient/étaient + p.p.

Passé simple

-ai	-âmes
-as	-âtes
-a	-èrent

Passé antérieur

eus/fus + p.p.	eûmes/fûmes + p.p.
eus/fus + p.p.	eûtes/fûtes + p.p.
eut/fut + p.p.	eurent/furent + p.p.

Futur simple

-erai	-erons
-eras	-erez
-era	-eront

Futur antérieur

aurai/serai + p.p.	aurons/serons + p.p.
auras/seras + p.p.	aurez/serez + p.p.
aura/sera + p.p.	auront/seront + p.p.

Subjonctif

Présent

-e	-ions
-es	-iez
-e	-ent

Passé

aie/sois + p.p.	ayons/soyons + p.p.
aies/sois + p.p.	ayez/soyez + p.p.
ait/soit + p.p.	aient/soient + p.p.

Imparfait

-asse	-assions
-asses	-assiez
-ât	-assent

Plus-que-parfait

eusse/fusse + p.p.	eussions/fussions + p.p.
eusses/fusses + p.p.	eussiez/fussiez + p.p.
eût/fût + p.p.	eussent/fussent + p.p.

Conditionnel

Présent

-erais	-erions
-erais	-eriez
-erait	-eraient

Passé

aurais/serais + p.p.	aurions/serions + p.p.
aurais/serais + p.p.	auriez/seriez + p.p.
aurait/serait + p.p.	auraient/seraient + p.p.

Impératif

| -e |
| -ons |
| -ez |

Participes

Présent

-ant

Passé

-é

2 Regular Verbs Ending in *-IR*

<table>
<tr><td></td><td>je</td><td>nous</td></tr>
<tr><td></td><td>tu</td><td>vous</td></tr>
<tr><td></td><td>il/elle/on</td><td>ils/elles</td></tr>
</table>

Indicatif

Présent
-is	-issons
-is	-issez
-it	-issent

Passé composé
ai/suis + p.p.	avons/sommes + p.p.
as/es + p.p.	avez/êtes + p.p.
a/est + p.p.	ont/sont + p.p.

Imparfait
-issais	-issions
-issais	-issiez
-issait	-issaient

Plus-que-parfait
avais/étais + p.p.	avions/étions + p.p.
avais/étais + p.p.	aviez/étiez + p.p.
avait/était + p.p.	avaient/étaient + p.p.

Passé simple
-is	-îmes
-is	-îtes
-it	-irent

Passé antérieur
eus/fus + p.p.	eûmes/fûmes + p.p.
eus/fus + p.p.	eûtes/fûtes + p.p.
eut/fut + p.p.	eurent/furent + p.p.

Futur simple
-irai	-irons
-iras	-irez
-ira	-iront

Futur antérieur
aurai/serai + p.p.	aurons/serons + p.p.
auras/seras + p.p.	aurez/serez + p.p.
aura/sera + p.p.	auront/seront + p.p.

Subjonctif

Présent
-isse	-issions
-isses	-issiez
-isse	-issent

Passé
aie/sois + p.p.	ayons/soyons + p.p.
aies/sois + p.p.	ayez/soyez + p.p.
ait/soit + p.p.	aient/soient + p.p.

Imparfait
-isse	-issions
-isses	-issiez
-ît	-issent

Plus-que-parfait
eusse/fusse + p.p.	eussions/fussions + p.p.
eusses/fusses + p.p.	eussiez/fussiez + p.p.
eût/fût + p.p.	eussent/fussent + p.p.

Conditionnel

Présent
-irais	-irions
-irais	-iriez
-irait	-iraient

Passé
aurais/serais + p.p.	aurions/serions + p.p.
aurais/serais + p.p.	auriez/seriez + p.p.
aurait/serait + p.p.	auraient/seraient + p.p.

Impératif
| -is |
| -issons |
| -issez |

Participes

Présent
-issant

Passé
-i

3 Regular Verbs Ending in -*RE*

	je	nous
	tu	vous
	il/elle/on	ils/elles

Indicatif

Présent

-s	-ons
-s	-ez
- / -t	-ent

Passé composé

ai/suis + p.p.	avons/sommes + p.p.
as/es + p.p.	avez/êtes + p.p.
a/est + p.p.	ont/sont + p.p.

Imparfait

-ais	-ions
-ais	-iez
-ait	-aient

Plus-que-parfait

avais/étais + p.p.	avions/étions + p.p.
avais/étais + p.p.	aviez/étiez + p.p.
avait/était + p.p.	avaient/étaient + p.p.

Passé simple

-is/-us	-îmes/-ûmes
-is/-us	-îtes/-ûtes
-it/-ut	-irent/-urent

Passé antérieur

eus/fus + p.p.	eûmes/fûmes + p.p.
eus/fus + p.p.	eûtes/fûtes + p.p.
eut/fut + p.p.	eurent/furent + p.p.

Futur simple

-rai	-rons
-ras	-rez
-ra	-ront

Futur antérieur

aurai/serai + p.p.	aurons/serons + p.p.
auras/seras + p.p.	aurez/serez + p.p.
aura/sera + p.p.	auront/seront + p.p.

Subjonctif

Présent

-e	-ions
-es	-iez
-e	-ent

Passé

aie/sois + p.p.	ayons/soyons + p.p.
aies/sois + p.p.	ayez/soyez + p.p.
ait/soit + p.p.	aient/soient + p.p.

Imparfait

-isse/-usse	-issions/-ussions
-isses/-usses	-issiez/-ussiez
-ît/-ût	-issent/-ussent

Plus-que-parfait

eusse/fusse + p.p.	eussions/fussions + p.p.
eusses/fusses + p.p.	eussiez/fussiez + p.p.
eût/fût + p.p.	eussent/fussent + p.p.

Conditionnel

Présent

-rais	-rions
-rais	-riez
-rait	-raient

Passé

aurais/serais + p.p.	aurions/serions + p.p.
aurais/serais + p.p.	auriez/seriez + p.p.
aurait/serait + p.p.	auraient/seraient + p.p.

Impératif

-s
-ons
-ez

Participes

Présent
-ant

Passé
-u

cela ne sert à rien	it is pointless
cela vaut la peine	it is worth the trouble
comment se fait-il	how come
il arrive	it happens
il est acceptable	it is acceptable
il est anormal	it is abnormal
il est bon	it is good
il est commun	it is common
il est concevable	it is conceivable
il est courant	it is usual
il est dommage	it is a shame
il est essentiel	it is essential
il est étrange	it is strange
il est fâcheux	it is unfortunate
il est honteux	it is a shame
il est impensable	it is unthinkable
il est impératif	it is imperative
il est impossible	it is impossible
ilest inadmissible	it is inadmissible
il est inconcevable	it is inconceivable
il est inutile	it is useless
il est inutile d'espérer	it is hopeless
il est juste	it is just
il est naturel	it is natural
il est nécessaire	it is necessary
il est normal	it is normal
il est possible	it is possible
il est préférable	it is preferable
il est rare	it is rare
il est rassurant	it is comforting
il est regrettable	it is regrettable

il est surprenant	it is surprising
il est temps	it is time
il faut	one must
il se peut	it may be
il semble	it seems
il suffit	it is enough
il vaut mieux	it is better

Verb Charts

1 abattre to knock down, to cut down

	je	nous
transitive	tu	vous
	il/elle/on	ils/elles

Indicatif

Présent
abats	abattons
abats	abattez
abat	abattent

Passé composé
ai abattu	avons abattu
as abattu	avez abattu
a abattu	ont abattu

Imparfait
abattais	abattions
abattais	abattiez
abattait	abattaient

Plus-que-parfait
avais abattu	avions abattu
avais abattu	aviez abattu
avait abattu	avaient abattu

Passé simple
abattis	abattîmes
abattis	abattîtes
abattit	abattirent

Passé antérieur
eus abattu	eûmes abattu
eus abattu	eûtes abattu
eut abattu	eurent abattu

Futur simple
abattrai	abattrons
abattras	abattrez
abattra	abattront

Futur antérieur
aurai abattu	aurons abattu
auras abattu	aurez abattu
aura abattu	auront abattu

Subjonctif

Présent
abatte	abattions
abattes	abattiez
abatte	abattent

Passé
aie abattu	ayons abattu
aies abattu	ayez abattu
ait abattu	aient abattu

Imparfait
abattisse	abattissions
abattisses	abattissiez
abattît	abattissent

Plus-que-parfait
eusse abattu	eussions abattu
eusses abattu	eussiez abattu
eût abattu	eussent abattu

Conditionnel

Présent
abattrais	abattrions
abattrais	abattriez
abattrait	abattraient

Passé
aurais abattu	aurions abattu
aurais abattu	auriez abattu
aurait abattu	auraient abattu

Impératif
abats
abattons
abattez

Participes

Présent
abattant

Passé
abattu

Related Words

abattu	*depressed*	abattre du travail	*to work a great deal*
l'abattement (m.)	*discount*	le rabat	*flap*

2 **aborder** to begin, to approach, to tackle

transitive

je	nous
tu	vous
il/elle/on	ils/elles

Indicatif

Présent
aborde	abordons
abordes	abordez
aborde	abordent

Passé composé
ai abordé	avons abordé
as abordé	avez abordé
a abordé	ont abordé

Imparfait
abordais	abordions
abordais	abordiez
abordait	abordaient

Plus-que-parfait
avais abordé	avions abordé
avais abordé	aviez abordé
avait abordé	avaient abordé

Passé simple
abordai	abordâmes
abordas	abordâtes
aborda	abordèrent

Passé antérieur
eus abordé	eûmes abordé
eus abordé	eûtes abordé
eut abordé	eurent abordé

Futur simple
aborderai	aborderons
aborderas	aborderez
abordera	aborderont

Futur antérieur
aurai abordé	aurons abordé
auras abordé	aurez abordé
aura abordé	auront abordé

Subjonctif

Présent
aborde	abordions
abordes	abordiez
aborde	abordent

Passé
aie abordé	ayons abordé
aies abordé	ayez abordé
ait abordé	aient abordé

Imparfait
abordasse	abordassions
abordasses	abordassiez
abordât	abordassent

Plus-que-parfait
eusse abordé	eussions abordé
eusses abordé	eussiez abordé
eût abordé	eussent abordé

Conditionnel

Présent
aborderais	aborderions
aborderais	aborderiez
aborderait	aborderaient

Passé
aurais abordé	aurions abordé
aurais abordé	auriez abordé
aurait abordé	auraient abordé

Impératif
aborde
abordons
abordez

Participes

Présent
abordant

Passé
abordé

Related Words

au premier abord	*at first glance*	déborder	*to overflow*
le débordement	*overflowing, outburst*		

3 **aboutir** to end, to lead into

intransitive

Indicatif

Présent
aboutis	aboutissons
aboutis	aboutissez
aboutit	aboutissent

Passé composé
ai abouti	avons abouti
as abouti	avez abouti
a abouti	ont abouti

Imparfait
aboutissais	aboutissions
aboutissais	aboutissiez
aboutissait	aboutissaient

Plus-que-parfait
avais abouti	avions abouti
avais abouti	aviez abouti
avait abouti	avaient abouti

Passé simple
aboutis	aboutîmes
aboutis	aboutîtes
aboutit	aboutirent

Passé antérieur
eus abouti	eûmes abouti
eus abouti	eûtes abouti
eut abouti	eurent abouti

Futur simple
aboutirai	aboutirons
aboutiras	aboutirez
aboutira	aboutiront

Futur antérieur
aurai abouti	aurons abouti
auras abouti	aurez abouti
aura abouti	auront abouti

Subjonctif

Présent
aboutisse	aboutissions
aboutisses	aboutissiez
aboutisse	aboutissent

Passé
aie abouti	ayons abouti
aies abouti	ayez abouti
ait abouti	aient abouti

Imparfait
aboutisse	aboutissions
aboutisses	aboutissiez
aboutît	aboutissent

Plus-que-parfait
eusse abouti	eussions abouti
eusses abouti	eussiez abouti
eût abouti	eussent abouti

Conditionnel

Présent
aboutirais	aboutirions
aboutirais	aboutiriez
aboutirait	aboutiraient

Passé
aurais abouti	aurions abouti
aurais abouti	auriez abouti
aurait abouti	auraient abouti

Impératif

aboutis
aboutissons
aboutissez

Participes

Présent
aboutissant

Passé
abouti

Related Words

aboutir à quelque chose	*to come to something*	tenants et aboutissants	*ins and outs*
		l'aboutissement (m.)	*result*

4 **acheter** to buy

transitive

Indicatif

Présent
achète	achetons		
achètes	achetez		
achète	achètent		

Passé composé
ai acheté	avons acheté		
as acheté	avez acheté		
a acheté	ont acheté		

Imparfait
achetais	achetions
achetais	achetiez
achetait	achetaient

Plus-que-parfait
avais acheté	avions acheté
avais acheté	aviez acheté
avait acheté	avaient acheté

Passé simple
achetai	achetâmes
achetas	achetâtes
acheta	achetèrent

Passé antérieur
eus acheté	eûmes acheté
eus acheté	eûtes acheté
eut acheté	eurent acheté

Futur simple
achèterai	achèterons
achèteras	achèterez
achètera	achèteront

Futur antérieur
aurai acheté	aurons acheté
auras acheté	aurez acheté
aura acheté	auront acheté

Subjonctif

Présent
achète	achetions
achètes	achetiez
achète	achètent

Passé
aie acheté	ayons acheté
aies acheté	ayez acheté
ait acheté	aient acheté

Imparfait
achetasse	achetassions
achetasses	achetassiez
achetât	achetassent

Plus-que-parfait
eusse acheté	eussions acheté
eusses acheté	eussiez acheté
eût acheté	eussent acheté

Conditionnel

Présent
achèterais	achèterions
achèterais	achèteriez
achèterait	achèteraient

Passé
aurais acheté	aurions acheté
aurais acheté	auriez acheté
aurait acheté	auraient acheté

Impératif
achète
achetons
achetez

Participes
Présent
achetant

Passé
acheté

Related Words
l'achat (m.)	*purchase*	l'acheteur (m.)	*buyer*

5 **aimer** to like, to love

	je	nous
transitive	tu	vous
	il/elle/on	ils/elles

Indicatif

Présent

aime	aimons
aimes	aimez
aime	aiment

Passé composé

ai aimé	avons aimé
as aimé	avez aimé
a aimé	ont aimé

Imparfait

aimais	aimions
aimais	aimiez
aimait	aimaient

Plus-que-parfait

avais aimé	avions aimé
avais aimé	aviez aimé
avait aimé	avaient aimé

Passé simple

aimai	aimâmes
aimas	aimâtes
aima	aimèrent

Passé antérieur

eus aimé	eûmes aimé
eus aimé	eûtes aimé
eut aimé	eurent aimé

Futur simple

aimerai	aimerons
aimeras	aimerez
aimera	aimeront

Futur antérieur

aurai aimé	aurons aimé
auras aimé	aurez aimé
aura aimé	auront aimé

Subjonctif

Présent

aime	aimions
aimes	aimiez
aime	aiment

Passé

aie aimé	ayons aimé
aies aimé	ayez aimé
ait aimé	aient aimé

Imparfait

aimasse	aimassions
aimasses	aimassiez
aimât	aimassent

Plus-que-parfait

eusse aimé	eussions aimé
eusses aimé	eussiez aimé
eût aimé	eussent aimé

Conditionnel

Présent

aimerais	aimerions
aimerais	aimeriez
aimerait	aimeraient

Passé

aurais aimé	aurions aimé
aurais aimé	auriez aimé
aurait aimé	auraient aimé

Impératif

| aime |
| aimons |
| aimez |

Participes

Présent
aimant

Passé
aimé

Related Words

| l'amour (m.) | *love* | aimable | *pleasant* |
| aimer bien | *to like* | l'amant/e (m./f.) | *lover* |

33

6 **aller** to go

intransitive

	je	nous
	tu	vous
	il/elle/on	ils/elles

Indicatif

Présent
vais	allons
vas	allez
va	vont

Passé composé
suis allé(e)	sommes allé(e)s
es allé(e)	êtes allé(e)(s)
est allé(e)	sont allé(e)s

Imparfait
allais	allions
allais	alliez
allait	allaient

Plus-que-parfait
étais allé(e)	étions allé(e)s
étais allé(e)	étiez allé(e)(s)
était allé(e)	étaient allé(e)s

Passé simple
allai	allâmes
allas	allâtes
alla	allèrent

Passé antérieur
fus allé(e)	fûmes allé(e)s
fus allé(e)	fûtes allé(e)(s)
fut allé(e)	furent allé(e)s

Futur simple
irai	irons
iras	irez
ira	iront

Futur antérieur
serai allé(e)	serons allé(e)s
seras allé(e)	serez allé(e)(s)
sera allé(e)	seront allé(e)s

Subjonctif

Présent
aille	allions
ailles	alliez
aille	aillent

Passé
sois allé(e)	soyons allé(e)s
sois allé(e)	soyez allé(e)(s)
soit allé(e)	soient allé(e)s

Imparfait
allasse	allassions
allasses	allassiez
allât	allassent

Plus-que-parfait
fusse allé(e)	fussions allé(e)s
fusses allé(e)	fussiez allé(e)(s)
fût allé(e)	fussent allé(e)s

Conditionnel

Présent
irais	irions
irais	iriez
irait	iraient

Passé
serais allé(e)	serions allé(e)s
serais allé(e)	seriez allé(e)(s)
serait allé(e)	seraient allé(e)s

Impératif
va
allons
allez

Participes

Présent
allant

Passé
allé(e)

Related Words

s'en aller	*to go away*	l'allée (f.)	*an alley*
l'allure (f.)	*speed*		

7 **appeler** to call

transitive

	je	nous
	tu	vous
	il/elle/on	ils/elles

Indicatif

Présent
appelle	appelons
appelles	appelez
appelle	appellent

Passé composé
ai appelé	avons appelé
as appelé	avez appelé
a appelé	ont appelé

Imparfait
appelais	appelions
appelais	appeliez
appelait	appelaient

Plus-que-parfait
avais appelé	avions appelé
avais appelé	aviez appelé
avait appelé	avaient appelé

Passé simple
appelai	appelâmes
appelas	appelâtes
appela	appelèrent

Passé antérieur
eus appelé	eûmes appelé
eus appelé	eûtes appelé
eut appelé	eurent appelé

Futur simple
appellerai	appellerons
appelleras	appellerez
appellera	appelleront

Futur antérieur
aurai appelé	aurons appelé
auras appelé	aurez appelé
aura appelé	auront appelé

Subjonctif

Présent
appelle	appelions
appelles	appeliez
appelle	appellent

Passé
aie appelé	ayons appelé
aies appelé	ayez appelé
ait appelé	aient appelé

Imparfait
appelasse	appelassions
appelasses	appelassiez
appelât	appelassent

Plus-que-parfait
eusse appelé	eussions appelé
eusses appelé	eussiez appelé
eût appelé	eussent appelé

Conditionnel

Présent
appellerais	appellerions
appellerais	appelleriez
appellerait	appelleraient

Passé
aurais appelé	aurions appelé
aurais appelé	auriez appelé
aurait appelé	auraient appelé

Impératif

appelle
appelons
appelez

Participes

Présent
appelant

Passé
appelé

Related Words

s'appeler	*to be named*	faire un appel	*to make a phone call*
l'appel (m.)	*a call*	lancer un appel	*to call out*
l'appellation (f.)	*designation, name*		

8 **apprécier** to appreciate

transitive

Indicatif _____

Présent

apprécie	apprécions
apprécies	appréciez
apprécie	apprécient

Passé composé

ai apprécié	avons apprécié
as apprécié	avez apprécié
a apprécié	ont apprécié

Imparfait

appréciais	appréciions
appréciais	appréciiez
appréciait	appréciaient

Plus-que-parfait

avais apprécié	avions apprécié
avais apprécié	aviez apprécié
avait apprécié	avaient apprécié

Passé simple

appréciai	appréciâmes
apprécias	appréciâtes
apprécia	apprécièrent

Passé antérieur

eus apprécié	eûmes apprécié
eus apprécié	eûtes apprécié
eut apprécié	eurent apprécié

Futur simple

apprécierai	apprécierons
apprécieras	apprécierez
appréciera	apprécieront

Futur antérieur

aurai apprécié	aurons apprécié
auras apprécié	aurez apprécié
aura apprécié	auront apprécié

Subjonctif _____

Présent

apprécie	appréciions
apprécies	appréciiez
apprécie	apprécient

Passé

aie apprécié	ayons apprécié
aies apprécié	ayez apprécié
ait apprécié	aient apprécié

Imparfait

appréciasse	appréciassions
appréciasses	appréciassiez
appréciât	appréciassent

Plus-que-parfait

eusse apprécié	eussions apprécié
eusses apprécié	eussiez apprécié
eût apprécié	eussent apprécié

Conditionnel _____

Présent

apprécierais	apprécierions
apprécierais	apprécieriez
apprécierait	apprécieraient

Passé

aurais apprécié	aurions apprécié
aurais apprécié	auriez apprécié
aurait apprécié	auraient apprécié

Impératif _____ ## Participes _____

apprécie	
apprécions	
appréciez	

Présent   **Passé**

appréciant   apprécié

Related Words _____

l'appréciation (f.)	*appreciation*	appréciable	*appreciable*

36

9 **apprendre** to learn

transitive

	je	nous
	tu	vous
	il/elle/on	ils/elles

Indicatif

Présent
apprends	apprenons
apprends	apprenez
apprend	apprennent

Passé composé
ai appris	avons appris
as appris	avez appris
a appris	ont appris

Imparfait
apprenais	apprenions
apprenais	appreniez
apprenait	apprenaient

Plus-que-parfait
avais appris	avions appris
avais appris	aviez appris
avait appris	avaient appris

Passé simple
appris	apprîmes
appris	apprîtes
apprit	apprirent

Passé antérieur
eus appris	eûmes appris
eus appris	eûtes appris
eut appris	eurent appris

Futur simple
apprendrai	apprendrons
apprendras	apprendrez
apprendra	apprendront

Futur antérieur
aurai appris	aurons appris
auras appris	aurez appris
aura appris	auront appris

Subjonctif

Présent
apprenne	apprenions
apprennes	appreniez
apprenne	apprennent

Passé
aie appris	ayons appris
aies appris	ayez appris
ait appris	aient appris

Imparfait
apprisse	apprissions
apprisses	apprissiez
apprît	apprissent

Plus-que-parfait
eusse appris	eussions appris
eusses appris	eussiez appris
eût appris	eussent appris

Conditionnel

Présent
apprendrais	apprendrions
apprendrais	apprendriez
apprendrait	apprendraient

Passé
aurais appris	aurions appris
aurais appris	auriez appris
aurait appris	auraient appris

Impératif
apprends
apprenons
apprenez

Participes

Présent
apprenant

Passé
appris

Related Words

bien appris	*well learned*	apprendre à	*to learn how to*
l'apprenti/e (m./f.)	*apprentice, novice*	l'apprentissage (m.)	*apprenticeship*

10 **arriver** to arrive

intransitive

	je	nous
	tu	vous
	il/elle/on	ils/elles

Indicatif

Présent
arrive	arrivons
arrives	arrivez
arrive	arrivent

Passé composé
suis arrivé(e)	sommes arrivé(e)s
es arrivé(e)	êtes arrivé(e)(s)
est arrivé(e)	sont arrivé(e)s

Imparfait
arrivais	arrivions
arrivais	arriviez
arrivait	arrivaient

Plus-que-parfait
étais arrivé(e)	étions arrivé(e)s
étais arrivé(e)	étiez arrivé(e)(s)
était arrivé(e)	étaient arrivé(e)s

Passé simple
arrivai	arrivâmes
arrivas	arrivâtes
arriva	arrivèrent

Passé antérieur
fus arrivé(e)	fûmes arrivé(e)s
fus arrivé(e)	fûtes arrivé(e)(s)
fut arrivé(e)	furent arrivé(e)s

Futur simple
arriverai	arriverons
arriveras	arriverez
arrivera	arriveront

Futur antérieur
serai arrivé(e)	serons arrivé(e)s
seras arrivé(e)	serez arrivé(e)(s)
sera arrivé(e)	seront arrivé(e)s

Subjonctif

Présent
arrive	arrivions
arrives	arriviez
arrive	arrivent

Passé
sois arrivé(e)	soyons arrivé(e)s
sois arrivé(e)	soyez arrivé(e)(s)
soit arrivé(e)	soient arrivé(e)s

Imparfait
arrivasse	arrivassions
arrivasses	arrivassiez
arrivât	arrivassent

Plus-que-parfait
fusse arrivé(e)	fussions arrivé(e)s
fusses arrivé(e)	fussiez arrivé(e)(s)
fût arrivé(e)	fussent arrivé(e)s

Conditionnel

Présent
arriverais	arriverions
arriverais	arriveriez
arriverait	arriveraient

Passé
serais arrivé(e)	serions arrivé(e)s
serais arrivé(e)	seriez arrivé(e)(s)
serait arrivé(e)	seraient arrivé(e)s

Impératif
arrive
arrivons
arrivez

Participes

Présent
arrivant

Passé
arrivé(e)

Related Words

l'arrivée (f.)	*arrival*	l'arrivage (m.)	*delivery*
l'arrivant (m.)	*newcomer*	arriver à faire quelque chose	*to manage to do something*

11a s'asseoir* to sit down

reflexive

	je	nous
	tu	vous
	il/elle/on	ils/elles

Indicatif

Présent
m'assieds	nous asseyons
t'assieds	vous asseyez
s'assied	s'asseyent

Passé composé
me suis assis(e)	nous sommes assis(es)
t'es assis(e)	vous êtes assis(e)(s)
s'est assis(e)	se sont assis(es)

Imparfait
m'asseyais	nous asseyions
t'asseyais	vous asseyiez
s'asseyait	s'asseyaient

Plus-que-parfait
m'étais assis(e)	nous étions assis(es)
t'étais assis(e)	vous étiez assis(e)(s)
s'était assis(e)	s'étaient assis(es)

Passé simple
m'assis	nous assîmes
t'assis	vous assîtes
s'assit	s'assirent

Passé antérieur
me fus assis(e)	nous fûmes assis(es)
te fus assis(e)	vous fûtes assis(e)(s)
se fut assis(e)	se furent assis(es)

Futur simple
m'assiérai	nous assiérons
t'assiéras	vous assiérez
s'assiéra	s'assiéront

Futur antérieur
me serai assis(e)	nous serons assis(es)
te seras assis(e)	vous serez assis(e)(s)
se sera assis(e)	se seront assis(es)

Subjonctif

Présent
m'asseye	nous asseyions
t'asseyes	vous asseyiez
s'asseye	s'asseyent

Passé
me sois assis(e)	nous soyons assis(es)
te sois assis(e)	vous soyez assis(e)(s)
se soit assis(e)	se soient assis(es)

Imparfait
m'assisse	nous assissions
t'assisses	vous assissiez
s'assît	s'assissent

Plus-que-parfait
me fusse assis(e)	nous fussions assis(es)
te fusses assis(e)	vous fussiez assis(e)(s)
se fût assis(e)	se fussent assis(es)

Conditionnel

Présent
m'assiérais	nous assiérions
t'assiérais	vous assiériez
s'assiérait	s'assiéraient

Passé
me serais assis(e)	nous serions assis(es)
te serais assis(e)	vous seriez assis(e)(s)
se serait assis(e)	se seraient assis(es)

Impératif

assieds-toi
asseyons-nous
asseyez-vous

Participes

Présent
m'asseyant, etc.

Passé
assis(e)

Related Words

veuillez vous asseoir	*please sit down*	places assises	*seats*
assises	*court of justice*	l'assise (f.)	*a foundation*

* The verb *asseoir* has two accepted conjugations. See next page for alternative conjugation.

11b s'asseoir to sit down

je   nous
reflexive   tu   vous
(Alternate Conjugation)   il/elle/on   ils/elles

Indicatif

Présent

m'assois	nous assoyons		
t'assois	vous assoyez		
s'assoit	s'assoient		

Passé composé

me suis assis(e)	nous sommes assis(es)
t'es assis(e)(s)	vous êtes assis(e)(s)
s'est assis(e)	se sont assis(es)

Imparfait

m'assoyais	nous assoyions
t'assoyais	vous assoyiez
s'assoyait	s'assoyaient

Plus-que-parfait

m'étais assis(e)	nous étions assis(es)
t'étais assis(e)	vous étiez assis(e)(s)
s'était assis(e)	s'étaient assis(es)

Passé simple

m'assis	nous assîmes
t'assis	vous assîtes
s'assit	s'assirent

Passé antérieur

me fus assis(e)	nous fûmes assis(es)
te fus assis(e)	vous fûtes assis(e)(s)
se fut assis(e)	se furent assis(es)

Futur simple

m'assoirai	nous assoirons
t'assoiras	vous assoirez
s'assoira	s'assoiront

Futur antérieur

me serai assis(e)	nous serons assis(es)
te seras assis(e)	vous serez assis(e)(s)
se sera assis(e)	se seront assis(es)

Subjonctif

Présent

m'assoie	nous assoyions
t'asseoies	vous assoyiez
s'assoie	s'assoient

Passé

me sois assis(e)	nous soyons assis(es)
te sois assis(e)	vous soyez assis(e)(s)
se soit assis(e)	se soient assis(es)

Imparfait

m'assisse	nous assissions
t'assisses	vous assissiez
s'assît	s'assissent

Plus-que-parfait

me fusse assis(e)	nous fussions assis(es)
te fusses assis(e)	vous fussiez assis(e)(s)
se fût assis(e)	se fussent assis(es)

Conditionnel

Présent

m'assoirais	nous assoirions
t'assoirais	vous assoiriez
s'assoirait	s'assoiraient

Passé

me serais assis(e)	nous serions assis(es)
te serais assis(e)	vous seriez assis(e)(s)
se serait assis(e)	se seraient assis(es)

Impératif

assois-toi
assoyons-nous
assoyez-vous

Participes

Présent

m'assoyant, etc.

Passé

assis(e)

12 avoir to have

	je	nous
transitive	tu	vous
auxiliary	il/elle/on	ils/elles

Indicatif

Présent

ai	avons
as	avez
a	ont

Passé composé

ai eu	avons eu
as eu	avez eu
a eu	ont eu

Imparfait

avais	avions
avais	aviez
avait	avaient

Plus-que-parfait

avais eu	avions eu
avais eu	aviez eu
avait eu	avaient eu

Passé simple

eus	eûmes
eus	eûtes
eut	eurent

Passé antérieur

eus eu	eûmes eu
eus eu	eûtes eu
eut eu	eurent eu

Futur simple

aurai	aurons
auras	aurez
aura	auront

Futur antérieur

aurai eu	aurons eu
auras eu	aurez eu
aura eu	auront eu

Subjonctif

Présent

aie	ayons
aies	ayez
ait	aient

Passé

aie eu	ayons eu
aies eu	ayez eu
ait eu	aient eu

Imparfait

eusse	eussions
eusses	eussiez
eût	eussent

Plus-que-parfait

eusse eu	eussions eu
eusses eu	eussiez eu
eût eu	eussent eu

Conditionnel

Présent

aurais	aurions
aurais	auriez
aurait	auraient

Passé

aurais eu	aurions eu
aurais eu	auriez eu
aurait eu	auraient eu

Impératif

aie
ayons
ayez

Participes

Présent

ayant

Passé

eu

Related Words

l'avoir (m.)	assets, holdings	avoir faim	to be hungry
avoir froid	to be cold	avoir chaud	to be hot
avoir peur	to be afraid	avoir soif	to be thirsty
avoir sommeil	to be sleepy	avoir . . . ans	to be . . . years old
avoir raison	to be right	avoir tort	to be wrong

13 blanchir to turn white; to launder

Indicatif

Présent
blanchis	blanchissons
blanchis	blanchissez
blanchit	blanchissent

Passé composé
ai blanchi	avons blanchi
as blanchi	avez blanchi
a blanchi	ont blanchi

Imparfait
blanchissais	blanchissions
blanchissais	blanchissiez
blanchissait	blanchissaient

Plus-que-parfait
avais blanchi	avions blanchi
avais blanchi	aviez blanchi
avait blanchi	avaient blanchi

Passé simple
blanchis	blanchîmes
blanchis	blanchîtes
blanchit	blanchirent

Passé antérieur
eus blanchi	eûmes blanchi
eus blanchi	eûtes blanchi
eut blanchi	eurent blanchi

Futur simple
blanchirai	blanchirons
blanchiras	blanchirez
blanchira	blanchiront

Futur antérieur
aurai blanchi	aurons blanchi
auras blanchi	aurez blanchi
aura blanchi	auront blanchi

Subjonctif

Présent
blanchisse	blanchissions
blanchisses	blanchissiez
blanchisse	blanchissent

Passé
aie blanchi	ayons blanchi
aies blanchi	ayez blanchi
ait blanchi	aient blanchi

Imparfait
blanchisse	blanchissions
blanchisses	blanchissiez
blanchît	blanchissent

Plus-que-parfait
eusse blanchi	eussions blanchi
eusses blanchi	eussiez blanchi
eût blanchi	eussent blanchi

Conditionnel

Présent
blanchirais	blanchirions
blanchirais	blanchiriez
blanchirait	blanchiraient

Passé
aurais blanchi	aurions blanchi
aurais blanchi	auriez blanchi
aurait blanchi	auraient blanchi

Impératif

blanchis
blanchissons
blanchissez

Participes

Présent
blanchissant

Passé
blanchi

Related Words

blanc	*white*	l'argent blanchi	*laundered money*
la blanchisserie	*laundry*	le blanchisseur	*launderer*
L'accusé est blanchi.	*The accused is acquitted.*		

14 **boire** to drink

transitive

	je	nous
	tu	vous
	il/elle/on	ils/elles

Indicatif

Présent
bois	buvons
bois	buvez
boit	boivent

Passé composé
ai bu	avons bu
as bu	avez bu
a bu	ont bu

Imparfait
buvais	buvions
buvais	buviez
buvait	buvaient

Plus-que-parfait
avais bu	avions bu
avais bu	aviez bu
avait bu	avaient bu

Passé simple
bus	bûmes
bus	bûtes
but	burent

Passé antérieur
eus bu	eûmes bu
eus bu	eûtes bu
eut bu	eurent bu

Futur simple
boirai	boirons
boiras	boirez
boira	boiront

Futur antérieur
aurai bu	aurons bu
auras bu	aurez bu
aura bu	auront bu

Subjonctif

Présent
boive	buvions
boives	buviez
boive	boivent

Passé
aie bu	ayons bu
aies bu	ayez bu
ait bu	aient bu

Imparfait
busse	bussions
busses	bussiez
bût	bussent

Plus-que-parfait
eusse bu	eussions bu
eusses bu	eussiez bu
eût bu	eussent bu

Conditionnel

Présent
boirais	boirions
boirais	boiriez
boirait	boiraient

Passé
aurais bu	aurions bu
aurais bu	auriez bu
aurait bu	auraient bu

Impératif
bois
buvons
buvez

Participes

Présent
buvant

Passé
bu

Related Words
la boisson	*drink*	le grand buveur	*big drinker*

15 **briller** to shine

	je	nous
intransitive	tu	vous
	il/elle/on	ils/elles

Indicatif _____

Présent
brille	brillons
brilles	brillez
brille	brillent

Passé composé
ai brillé	avons brillé
as brillé	avez brillé
a brillé	ont brillé

Imparfait
brillais	brillions
brillais	brilliez
brillait	brillaient

Plus-que-parfait
avais brillé	avions brillé
avais brillé	aviez brillé
avait brillé	avaient brillé

Passé simple
brillai	brillâmes
brillas	brillâtes
brilla	brillèrent

Passé antérieur
eus brillé	eûmes brillé
eus brillé	eûtes brillé
eut brillé	eurent brillé

Futur simple
brillerai	brillerons
brilleras	brillerez
brillera	brilleront

Futur antérieur
aurai brillé	aurons brillé
auras brillé	aurez brillé
aura brillé	auront brillé

Subjonctif _____

Présent
brille	brillions
brilles	brilliez
brille	brillent

Passé
aie brillé	ayons brillé
aies brillé	ayez brillé
ait brillé	aient brillé

Imparfait
brillasse	brillassions
brillasses	brillassiez
brillât	brillassent

Plus-que-parfait
eusse brillé	eussions brillé
eusses brillé	eussiez brillé
eût brillé	eussent brillé

Conditionnel _____

Présent
brillerais	brillerions
brillerais	brilleriez
brillerait	brilleraient

Passé
aurais brillé	aurions brillé
aurais brillé	auriez brillé
aurait brillé	auraient brillé

Impératif _____ ## Participes _____

brille	
brillons	
brillez	

Présent
brillant

Passé
brillé

Related Words _____

brillant	*brilliant*	brillamment	*with gusto*
le brillant	*shine, diamond*	faire briller	*to polish*

16 célébrer to celebrate

transitive

	je	nous
	tu	vous
	il/elle/on	ils/elles

Indicatif

Présent
célèbre	célébrons
célèbres	célébrez
célèbre	célèbrent

Passé composé
ai célébré	avons célébré
as célébré	avez célébré
a célébré	ont célébré

Imparfait
célébrais	célébrions
célébrais	célébriez
célébrait	célébraient

Plus-que-parfait
avais célébré	avions célébré
avais célébré	aviez célébré
avait célébré	avaient célébré

Passé simple
célébrai	célébrâmes
célébras	célébrâtes
célébra	célébrèrent

Passé antérieur
eus célébré	eûmes célébré
eus célébré	eûtes célébré
eut célébré	eurent célébré

Futur simple
célébrerai	célébrerons
célébreras	célébrerez
célébrera	célébreront

Futur antérieur
aurai célébré	aurons célébré
auras célébré	aurez célébré
aura célébré	auront célébré

Subjonctif

Présent
célèbre	célébrions
célèbres	célébriez
célèbre	célèbrent

Passé
aie célébré	ayons célébré
aies célébré	ayez célébré
ait célébré	aient célébré

Imparfait
célébrasse	célébrassions
célébrasses	célébrassiez
célébrât	célébrassent

Plus-que-parfait
eusse célébré	eussions célébré
eusses célébré	eussiez célébré
eût célébré	eussent célébré

Conditionnel

Présent
célébrerais	célébrerions
célébrerais	célébreriez
célébrerait	célébreraient

Passé
aurais célébré	aurions célébré
aurais célébré	auriez célébré
aurait célébré	auraient célébré

Impératif

célèbre
célébrez
célébrons

Participes

Présent
célébrant

Passé
célébré

Related Words

la célébration	*celebration*	la célébrité	*celebrity*
célèbre	*famous*		

17 choisir to choose

transitive

	je	nous
	tu	vous
	il/elle/on	ils/elles

Indicatif

Présent
choisis	choisissons
choisis	choisissez
choisit	choisissent

Passé composé
ai choisi	avons choisi
as choisi	avez choisi
a choisi	ont choisi

Imparfait
choisissais	choisissions
choisissais	choisissiez
choisissait	choisissaient

Plus-que-parfait
avais choisi	avions choisi
avais choisi	aviez choisi
avait choisi	avaient choisi

Passé simple
choisis	choisîmes
choisis	choisîtes
choisit	choisirent

Passé antérieur
eus choisi	eûmes choisi
eus choisi	eûtes choisi
eut choisi	eurent choisi

Futur simple
choisirai	choisirons
choisiras	choisirez
choisira	choisiront

Futur antérieur
aurai choisi	aurons choisi
auras choisi	aurez choisi
aura choisi	auront choisi

Subjonctif

Présent
choisisse	choisissions
choisisses	choisissiez
choisisse	choisissent

Passé
aie choisi	ayons choisi
aies choisi	ayez choisi
ait choisi	aient choisi

Imparfait
choisisse	choisissions
choisisses	choisissiez
choisit	choisissent

Plus-que-parfait
eusse choisi	eussions choisi
eusses choisi	eussiez choisi
eût choisi	eussent choisi

Conditionnel

Présent
choisirais	choisirions
choisirais	choisiriez
choisirait	choisiraient

Passé
aurais choisi	aurions choisi
aurais choisi	auriez choisi
aurait choisi	auraient choisi

Impératif
choisis
choisissons
choisissez

Participes

Présent
choisissant

Passé
choisi

Related Words

le choix	*choice*	faire un choix	*to make a choice*
choisi(e)	*carefully chosen*	morceaux choisis	*selections*
au choix	*a choice of*		

18 commencer to begin, to start

	je	nous
transitive	tu	vous
	il/elle/on	ils/elles

Indicatif

Présent
commence	commençons
commences	commencez
commence	commencent

Passé composé
ai commencé	avons commencé
as commencé	avez commencé
a commencé	ont commencé

Imparfait
commençais	commencions
commençais	commenciez
commençait	commençaient

Plus-que-parfait
avais commencé	avions commencé
avais commencé	aviez commencé
avait commencé	avaient commencé

Passé simple
commençai	commençâmes
commenças	commençâtes
commença	commencèrent

Passé antérieur
eus commencé	eûmes commencé
eus commencé	eûtes commencé
eut commencé	eurent commencé

Futur simple
commencerai	commencerons
commenceras	commencerez
commencera	commenceront

Futur antérieur
aurai commencé	aurons commencé
auras commencé	aurez commencé
aura commencé	auront commencé

Subjonctif

Présent
commence	commencions
commences	commenciez
commence	commencent

Passé
aie commencé	ayons commencé
aies commencé	ayez commencé
ait commencé	aient commencé

Imparfait
commençasse	commençassions
commençasses	commençassiez
commençât	commençassent

Plus-que-parfait
eusse commencé	eussions commencé
eusses commencé	eussiez commencé
eût commencé	eussent commencé

Conditionnel

Présent
commencerais	commencerions
commencerais	commenceriez
commencerait	commenceraient

Passé
aurais commencé	aurions commencé
aurais commencé	auriez commencé
aurait commencé	auraient commencé

Impératif

commence
commençons
commencez

Participes

Présent
commençant

Passé
commencé

Related Words

le commencement	*beginning*	recommencer	*to begin again*
le commençant	*beginner*		

19 **comprendre** to understand; to comprise

transitive

	je	nous
	tu	vous
	il/elle/on	ils/elles

Indicatif

Présent
comprends	comprenons
comprends	comprenez
comprend	comprennent

Passé composé
ai compris	avons compris
as compris	avez compris
a compris	ont compris

Imparfait
comprenais	comprenions
comprenais	compreniez
comprenait	comprenaient

Plus-que-parfait
avais compris	avions compris
avais compris	aviez compris
avait compris	avaient compris

Passé simple
compris	comprîmes
compris	comprîtes
comprit	comprirent

Passé antérieur
eus compris	eûmes compris
eus compris	eûtes compris
eut compris	eurent compris

Futur simple
comprendrai	comprendrons
comprendras	comprendrez
comprendra	comprendront

Futur antérieur
aurai compris	aurons compris
auras compris	aurez compris
aura compris	auront compris

Subjonctif

Présent
comprenne	comprenions
comprennes	compreniez
comprenne	comprennent

Passé
aie compris	ayons compris
aies compris	ayez compris
ait compris	aient compris

Imparfait
comprisse	comprissions
comprisses	comprissiez
comprît	comprissent

Plus-que-parfait
eusse compris	eussions compris
eusses compris	eussiez compris
eût compris	eussent compris

Conditionnel

Présent
comprendrais	comprendrions
comprendrais	comprendriez
comprendrait	comprendraient

Passé
aurais compris	aurions compris
aurais compris	auriez compris
aurait compris	auraient compris

Impératif
comprends
comprenons
comprenez

Participes

Présent
comprenant

Passé
compris

Related Words

| la compréhension | *comprehension* | service compris | *service included* |
| compréhensif | *understanding* | | |

20 conduire to drive, to lead

transitive

	je	nous
	tu	vous
	il/elle/on	ils/elles

Indicatif

Présent
conduis	conduisons
conduis	conduisez
conduit	conduisent

Passé composé
ai conduit	avons conduit
as conduit	avez conduit
a conduit	ont conduit

Imparfait
conduisais	conduisions
conduisais	conduisiez
conduisait	conduisaient

Plus-que-parfait
avais conduit	avions conduit
avais conduit	aviez conduit
avait conduit	avaient conduit

Passé simple
conduisis	conduisîmes
conduisis	conduisîtes
conduisit	conduisirent

Passé antérieur
eus conduit	eûmes conduit
eus conduit	eûtes conduit
eut conduit	eurent conduit

Futur simple
conduirai	conduirons
conduiras	conduirez
conduira	conduiront

Futur antérieur
aurai conduit	aurons conduit
auras conduit	aurez conduit
aura conduit	auront conduit

Subjonctif

Présent
conduise	conduisions
conduises	conduisiez
conduise	conduisent

Passé
aie conduit	ayons conduit
aies conduit	ayez conduit
ait conduit	aient conduit

Imparfait
conduisisse	conduisissions
conduisisses	conduisissiez
conduisît	conduisissent

Plus-que-parfait
eusse conduit	eussions conduit
eusses conduit	eussiez conduit
eût conduit	eussent conduit

Conditionnel

Présent
conduirais	conduirions
conduirais	conduiriez
conduirait	conduiraient

Passé
aurais conduit	aurions conduit
aurais conduit	auriez conduit
aurait conduit	auraient conduit

Impératif

conduis
conduisons
conduisez

Participes

Présent
conduisant

Passé
conduit

Related Words

| la conduite | *behavior* | conduire une enquête | *lead an inquiry* |
| le conducteur | *driver* | | |

21 connaître to know, to be familiar with

transitive

	je	nous
	tu	vous
	il/elle/on	ils/elles

Indicatif

Présent
connais	connaissons
connais	connaissez
connaît	connaissent

Passé composé
ai connu	avons connu
as connu	avez connu
a connu	ont connu

Imparfait
connaissais	connaissions
connaissais	connaissiez
connaissait	connaissaient

Plus-que-parfait
avais connu	avions connu
avais connu	aviez connu
avait connu	avaient connu

Passé simple
connus	connûmes
connus	connûtes
connut	connurent

Passé antérieur
eus connu	eûmes connu
eus connu	eûtes connu
eut connu	eurent connu

Futur simple
connaîtrai	connaîtrons
connaîtras	connaîtrez
connaîtra	connaîtront

Futur antérieur
aurai connu	aurons connu
auras connu	aurez connu
aura connu	auront connu

Subjonctif

Présent
connaisse	connaissions
connaisses	connaissiez
connaisse	connaissent

Passé
aie connu	ayons connu
aies connu	ayez connu
ait connu	aient connu

Imparfait
connusse	connussions
connusses	connussiez
connût	connussent

Plus-que-parfait
eusse connu	eussions connu
eusses connu	eussiez connu
eût connu	eussent connu

Conditionnel

Présent
connaîtrais	connaîtrions
connaîtrais	connaîtriez
connaîtrait	connaîtraient

Passé
aurais connu	aurions connu
aurais connu	auriez connu
aurait connu	auraient connu

Impératif
connais
connaissons
connaissez

Participes

Présent
connaissant

Passé
connu

Related Words

la connaissance	knowledge; acquaintance	connu	well known, famous
reconnaître	to recognize	reconnaissant	grateful

22 consacrer to dedicate, to consecrate

	je	nous
transitive	tu	vous
	il/elle/on	ils/elles

Indicatif

Présent
consacre	consacrons
consacres	consacrez
consacre	consacrent

Passé composé
ai consacré	avons consacré
as consacré	avez consacré
a consacré	ont consacré

Imparfait
consacrais	consacrions
consacrais	consacriez
consacrait	consacraient

Plus-que-parfait
avais consacré	avions consacré
avais consacré	aviez consacré
avait consacré	avaient consacré

Passé simple
consacrai	consacrâmes
consacras	consacrâtes
consacra	consacrèrent

Passé antérieur
eus consacré	eûmes consacré
eus consacré	eûtes consacré
eut consacré	eurent consacré

Futur simple
consacrerai	consacrerons
consacreras	consacrerez
consacrera	consacreront

Futur antérieur
aurai consacré	aurons consacré
auras consacré	aurez consacré
aura consacré	auront consacré

Subjonctif

Présent
consacre	consacrions
consacres	consacriez
consacre	consacrent

Passé
aie consacré	ayons consacré
aies consacré	ayez consacré
ait consacré	aient consacré

Imparfait
consacrasse	consacrassions
consacrasses	consacrassiez
consacrât	consacrassent

Plus-que-parfait
eusse consacré	eussions consacré
eusses consacré	eussiez consacré
eût consacré	eussent consacré

Conditionnel

Présent
consacrerais	consacrerions
consacrerais	consacreriez
consacrerait	consacreraient

Passé
aurais consacré	aurions consacré
aurais consacré	auriez consacré
aurait consacré	auraient consacré

Impératif

consacre
consacrons
consacrez

Participes

Présent
consacrant

Passé
consacré

Related Words

la consécration	*consecration*	se consacrer à	*to dedicate*
sacré(e)	*sacred*		*oneself to*

23 **contribuer** to contribute

intransitive

	je	nous
	tu	vous
	il/elle/on	ils/elles

Indicatif

Présent
contribue	contribuons
contribues	contribuez
contribue	contribuent

Passé composé
ai contribué	avons contribué
as contribué	avez contribué
a contribué	ont contribué

Imparfait
contribuais	contribuions
contribuais	contribuiez
contribuait	contribuaient

Plus-que-parfait
avais contribué	avions contribué
avais contribué	aviez contribué
avait contribué	avaient contribué

Passé simple
contribuai	contribuâmes
contribuas	contribuâtes
contribua	contribuèrent

Passé antérieur
eus contribué	eûmes contribué
eus contribué	eûtes contribué
eut contribué	eurent contribué

Futur simple
contribuerai	contribuerons
contribueras	contribuerez
contribuera	contribueront

Futur antérieur
aurai contribué	aurons contribué
auras contribué	aurez contribué
aura contribué	auront contribué

Subjonctif

Présent
contribue	contribuions
contribues	contribuiez
contribue	contribuent

Passé
aie contribué	ayons contribué
aies contribué	ayez contribué
ait contribué	aient contribué

Imparfait
contribuasse	contribuassions
contribuasses	contribuassiez
contribuât	contribuassent

Plus-que-parfait
eusse contribué	eussions contribué
eusses contribué	eussiez contribué
eût contribué	eussent contribué

Conditionnel

Présent
contribuerais	contribuerions
contribuerais	contribueriez
contribuerait	contribueraient

Passé
aurais contribué	aurions contribué
aurais contribué	auriez contribué
aurait contribué	auraient contribué

Impératif

contribue
contribuons
contribuez

Participes

Présent
contribuant

Passé
contribué

Related Words

la contribution	*contribution*	le/la contribuable	*taxpayer*
les contribu- tions (f. pl.)	*taxes*	contributions directes	*direct taxes*

24 corriger to correct

transitive

Indicatif

Présent
corrige	corrigeons
corriges	corrigez
corrige	corrigent

Passé composé
ai corrigé	avons corrigé
as corrigé	avez corrigé
a corrigé	ont corrigé

Imparfait
corrigeais	corrigions
corrigeais	corrigiez
corrigeait	corrigeaient

Plus-que-parfait
avais corrigé	avions corrigé
avais corrigé	aviez corrigé
avait corrigé	avaient corrigé

Passé simple
corrigeai	corrigeâmes
corrigeas	corrigeâtes
corrigea	corrigèrent

Passé antérieur
eus corrigé	eûmes corrigé
eus corrigé	eûtes corrigé
eut corrigé	eurent corrigé

Futur simple
corrigerai	corrigerons
corrigeras	corrigerez
corrigera	corrigeront

Futur antérieur
aurai corrigé	aurons corrigé
auras corrigé	aurez corrigé
aura corrigé	auront corrigé

Subjonctif

Présent
corrige	corrigions
corriges	corrigiez
corrige	corrigent

Passé
aie corrigé	ayons corrigé
aies corrigé	ayez corrigé
ait corrigé	aient corrigé

Imparfait
corrigeasse	corrigeâmes
corrigeasses	corrigeâtes
corrigeât	corrigeassent

Plus-que-parfait
eusse corrigé	eussions corrigé
eusses corrigé	eussiez corrigé
eût corrigé	eussent corrigé

Conditionnel

Présent
corrigerais	corrigerions
corrigerais	corrigeriez
corrigerait	corrigeraient

Passé
aurais corrigé	aurions corrigé
aurais corrigé	auriez corrigé
aurait corrigé	auraient corrigé

Impératif
corrige
corrigeons
corrigez

Participes
Présent
corrigeant

Passé
corrigé

Related Words

la correction	*correction, grading, proofreading*	le tribunal correctionnel	*criminal court*
le/la correcteur/ -trice	*proofreader*		

25 **courir** to run

intransitive

Indicatif

Présent
cours	courons
cours	courez
court	courent

Passé composé
ai couru	avons couru
as couru	avez couru
a couru	ont couru

Imparfait
courais	courions
courais	couriez
courait	couraient

Plus-que-parfait
avais couru	avions couru
avais couru	aviez couru
avait couru	avaient couru

Passé simple
courus	courûmes
courus	courûtes
courut	coururent

Passé antérieur
eus couru	eûmes couru
eus couru	eûtes couru
eut couru	eurent couru

Futur simple
courrai	courrons
courras	courrez
courra	courront

Futur antérieur
aurai couru	aurons couru
auras couru	aurez couru
aura couru	auront couru

Subjonctif

Présent
coure	courions
coures	couriez
coure	courent

Passé
aie couru	ayons couru
aies couru	ayez couru
ait couru	aient couru

Imparfait
courusse	courussions
courusses	courussiez
courût	courussent

Plus-que-parfait
eusse couru	eussions couru
eusses couru	eussiez couru
eût couru	eussent couru

Conditionnel

Présent
courrais	courrions
courrais	courriez
courrait	courraient

Passé
aurais couru	aurions couru
aurais couru	auriez couru
aurait couru	auraient couru

Impératif
cours
courons
courez

Participes
Présent	Passé
courant	couru

Related Words

la course	*race*	faire des courses	*to shop, run errands*
courir sa chance	*to try one's luck*	faire courir un bruit	*to spread a rumor*
		être au courant	*to be informed*
le/la coureur/-euse	*runner*	le parcours	*distance*
parcourir	*to travel all over*		

26 couvrir to cover

transitive

Indicatif

Présent
couvre	couvrons		
couvres	couvrez		
couvre	couvrent		

Passé composé
ai couvert	avons couvert
as couvert	avez couvert
a couvert	ont couvert

Imparfait
couvrais	couvrions
couvrais	couvriez
couvrait	couvraient

Plus-que-parfait
avais couvert	avions couvert
avais couvert	aviez couvert
avait couvert	avaient couvert

Passé simple
couvris	couvrîmes
couvris	couvrîtes
couvrit	couvrirent

Passé antérieur
eus couvert	eûmes couvert
eus couvert	eûtes couvert
eut couvert	eurent couvert

Futur simple
couvrirai	couvrirons
couvriras	couvrirez
couvrira	couvriront

Futur antérieur
aurai couvert	aurons couvert
auras couvert	aurez couvert
aura couvert	auront couvert

Subjonctif

Présent
couvre	couvrions
couvres	couvriez
couvre	couvrent

Passé
aie couvert	ayons couvert
aies couvert	ayez couvert
ait couvert	aient couvert

Imparfait
couvrisse	couvrissions
couvrisses	couvrissiez
couvrît	couvrissent

Plus-que-parfait
eusse couvert	eussions couvert
eusses couvert	eussiez couvert
eût couvert	eussent couvert

Conditionnel

Présent
couvrirais	couvririons
couvrirais	couvririez
couvrirait	couvriraient

Passé
aurais couvert	aurions couvert
aurais couvert	auriez couvert
aurait couvert	auraient couvert

Impératif
couvre
couvrons
couvrez

Participes

Présent
couvrant

Passé
couvert

Related Words
la couverture	*blanket, cover*	découvrir	*to discover*
couvert(e)	*covered*		

27 croire to think, to believe

transitive

	je	nous
	tu	vous
	il/elle/on	ils/elles

Indicatif

Présent
crois	croyons
crois	croyez
croit	croient

Passé composé
ai cru	avons cru
as cru	avez cru
a cru	ont cru

Imparfait
croyais	croyions
croyais	croyiez
croyait	croyaient

Plus-que-parfait
avais cru	avions cru
avais cru	aviez cru
avait cru	avaient cru

Passé simple
crus	crûmes
crus	crûtes
crut	crurent

Passé antérieur
eus cru	eûmes cru
eus cru	eûtes cru
eut cru	eurent cru

Futur simple
croirai	croirons
croiras	croirez
croira	croiront

Futur antérieur
aurai cru	aurons cru
auras cru	aurez cru
aura cru	auront cru

Subjonctif

Présent
croie	croyions
croies	croyiez
croie	croient

Passé
aie cru	ayons cru
aies cru	ayez cru
ait cru	aient cru

Imparfait
crusse	crussions
crusses	crussiez
crût	crussent

Plus-que-parfait
eusse cru	eussions cru
eusses cru	eussiez cru
eût cru	eussent cru

Conditionnel

Présent
croirais	croirions
croirais	croiriez
croirait	croiraient

Passé
aurais cru	aurions cru
aurais cru	auriez cru
aurait cru	auraient cru

Impératif

crois
croyons
croyez

Participes

Présent
croyant

Passé
cru

Related Words

la croyance   *belief*

28 débarrasser to clear, to rid

transitive

	je	nous
	tu	vous
	il/elle/on	ils/elles

Indicatif

Présent
débarrasse	débarrassons
débarrasses	débarrassez
débarrasse	débarrassent

Passé composé
ai débarrassé	avons débarrassé
as débarrassé	avez débarrassé
a débarrassé	ont débarrassé

Imparfait
débarrassais	débarrassions
débarrassais	débarrassiez
débarrassait	débarrassaient

Plus-que-parfait
avais débarrassé	avions débarrassé
avais débarrassé	aviez débarrassé
avait débarrassé	avaient débarrassé

Passé simple
débarrassai	débarrassâmes
débarrassas	débarrassâtes
débarrassa	débarrassèrent

Passé antérieur
eus débarrassé	eûmes débarrassé
eus débarrassé	eûtes débarrassé
eut débarrassé	eurent débarrassé

Futur simple
débarrasserai	débarrasserons
débarrasseras	débarrasserez
débarrassera	débarrasseront

Futur antérieur
aurai débarrassé	aurons débarrassé
auras débarrassé	aurez débarrassé
aura débarrassé	auront débarrassé

Subjonctif

Présent
débarrasse	débarrassions
débarrasses	débarrassiez
débarrasse	débarrassent

Passé
aie débarrassé	ayons débarrassé
aies débarrassé	ayez débarrassé
ait débarrassé	aient débarrassé

Imparfait
débarrassasse	débarrassassions
débarrassasses	débarrassassiez
débarrassât	débarrassassent

Plus-que-parfait
eus débarrassé	eussions débarrassé
eusses débarrassé	eussiez débarrassé
eût débarrassé	eussent débarrassé

Conditionnel

Présent
débarrasserais	débarrasserions
débarrasserais	débarrasseriez
débarrasserait	débarrasseraient

Passé
aurais débarrassé	aurions débarrassé
aurais débarrassé	auriez débarrassé
aurait débarrassé	auraient débarrassé

Impératif

débarrasse
débarrassons
débarrassez

Participes

Présent
débarrassant

Passé
débarrassé

Related Words

| se débarrasser de | *to get rid of* | le débarras | *storage room, "junk" room* |
| Bon débarras! | *Good riddance!* | | |

29 décider to decide, to settle

transitive

	je	nous
	tu	vous
	il/elle/on	ils/elles

Indicatif

Présent

décide	décidons
décides	décidez
décide	décident

Passé composé

ai décidé	avons décidé
as décidé	avez décidé
a décidé	ont décidé

Imparfait

décidais	décidions
décidais	décidiez
décidait	décidaient

Plus-que-parfait

avais décidé	avions décidé
avais décidé	aviez décidé
avait décidé	avaient décidé

Passé simple

décidai	décidâmes
décidas	décidâtes
décida	décidèrent

Passé antérieur

eus décidé	eûmes décidé
eus décidé	eûtes décidé
eut décidé	eurent décidé

Futur simple

déciderai	déciderons
décideras	déciderez
décidera	décideront

Futur antérieur

aurai décidé	aurons décidé
auras décidé	aurez décidé
aura décidé	auront décidé

Subjonctif

Présent

décide	décidions
décides	décidiez
décide	décident

Passé

aie décidé	ayons décidé
aies décidé	ayez décidé
ait décidé	aient décidé

Imparfait

décidasse	décidassions
décidasses	décidassiez
décidât	décidassent

Plus-que-parfait

eusse décidé	eussions décidé
eusses décidé	eussiez décidé
eût décidé	eussent décidé

Conditionnel

Présent

déciderais	déciderions
déciderais	décideriez
déciderait	décideraient

Passé

aurais décidé	aurions décidé
aurais décidé	auriez décidé
aurait décidé	auraient décidé

Impératif

décide
décidons
décidez

Participes

Présent

décidant

Passé

décidé

Related Words

la décision	*decision*	décisif	*decisive*
indécis	*undecided*	le décideur	*decision-maker*

30 **décrocher** to unhook, to lift, to pick up

transitive

	je	nous
	tu	vous
	il/elle/on	ils/elles

Indicatif

Présent
décroche	décrochons
décroches	décrochez
décroche	décrochent

Passé composé
ai décroché	avons décroché
as décroché	avez décroché
a décroché	ont décroché

Imparfait
décrochais	décrochions
décrochais	décrochiez
décrochait	décrochaient

Plus-que-parfait
avais décroché	avions décroché
avais décroché	aviez décroché
avait décroché	avaient décroché

Passé simple
décrochai	décrochâmes
décrochas	décrochâtes
décrocha	décrochèrent

Passé antérieur
eus décroché	eûmes décroché
eus décroché	eûtes décroché
eut décroché	eurent décroché

Futur simple
décrocherai	décrocherons
décrocheras	décrocherez
décrochera	décrocheront

Futur antérieur
aurai décroché	aurons décroché
auras décroché	aurez décroché
aura décroché	auront décroché

Subjonctif

Présent
décroche	décrochions
décroches	décrochiez
décroche	décrochent

Passé
aie décroché	ayons décroché
aies décroché	ayez décroché
ait décroché	aient décroché

Imparfait
décrochasse	décrochassions
décrochasses	décrochassiez
décrochât	décrochassent

Plus-que-parfait
eusse décroché	eussions décroché
eusses décroché	eussiez décroché
eût décroché	eussent décroché

Conditionnel

Présent
décrocherais	décrocherions
décrocherais	décrocheriez
décrocherait	décrocheraient

Passé
aurais décroché	aurions décroché
aurais décroché	auriez décroché
aurait décroché	auraient décroché

Impératif
décroche
décrochons
décrochez

Participes

Présent
décrochant

Passé
décroché

Related Words

| décrocher le téléphone | *to pick up the phone* | raccrocher le téléphone | *hang up the phone* |
| décrocher le gros lot | *to hit the jackpot* | le crochet | *hook, fastener* |

31 se dépêcher to hurry

je   nous
tu   vous
il/elle/on   ils/elles

reflexive

Indicatif

Présent
me dépêche	nous dépêchons
te dépêches	vous dépêchez
se dépêche	se dépêchent

Passé composé
me suis dépêché(e)	nous sommes dépêché(e)s
t'es dépêché(e)	vous êtes dépêché(e)(s)
s'est dépêché(e)	se sont dépêché(e)s

Imparfait
me dépêchais	nous dépêchions
te dépêchais	vous dépêchiez
se dépêchait	se dépêchaient

Plus-que-parfait
m'étais dépêché(e)	nous étions dépêché(e)s
t'étais dépêché(e)	vous étiez dépêché(e)(s)
s'était dépêché(e)	s'étaient dépêché(e)s

Passé simple
me dépêchai	nous dépêchâmes
te dépêchas	vous dépêchâtes
se dépêcha	se dépêchèrent

Passé antérieur
me fus dépêché(e)	nous fûmes dépêché(e)s
te fus dépêché(e)	vous fûtes dépêché(e)(s)
se fut dépêché(e)	se furent dépêché(e)s

Futur simple
me dépêcherai	nous dépêcherons
te dépêcheras	vous dépêcherez
se dépêchera	se dépêcheront

Futur antérieur
me serai dépêché(e)	nous serons dépêché(e)s
te seras dépêché(e)	vous serez dépêché(e)(s)
se sera dépêché(e)	se seront dépêché(e)s

Subjonctif

Présent
me dépêche	nous dépêchions
te dépêches	vous dépêchiez
se dépêche	se dépêchent

Passé
me sois dépêché(e)	nous soyons dépêché(e)s
te sois dépêché(e)	vous soyez dépêché(e)(s)
se soit dépêché(e)	se soient dépêché(e)s

Imparfait
me dépêchasse	nous dépêchassions
te dépêchasses	vous dépêchassiez
se dépêchât	se dépêchassent

Plus-que-parfait
me fusse dépêché(e)	nous fussions dépêché(e)s
te fusses dépêché(e)	vous fussiez dépêché(e)(s)
se fût dépêché(e)	se fussent dépêché(e)s

Conditionnel

Présent
me dépêcherais	nous dépêcherions
te dépêcherais	vous dépêcheriez
se dépêcherait	se dépêcheraient

Passé
me serais dépêché(e)	nous serions dépêché(e)s
te serais dépêché(e)	vous seriez dépêché(e)(s)
se serait dépêché(e)	se seraient dépêché(e)s

Impératif
dépêche-toi
dépêchons-nous
dépêchez-vous

Participes

Présent
me dépêchant, etc.

Passé
dépêché(e)

Related Words
| dépêcher | *to dispatch, to send* | la dépêche | *dispatch* |

60

32 descendre to descend, to go down

	je	nous
transitive	tu	vous
intransitive	il/elle/on	ils/elles

Indicatif

Présent
descends	descendons
descends	descendez
descend	descendent

Passé composé
suis descendu(e)	sommes descendu(e)s
es descendu(e)	êtes descendu(e)(s)
est descendu(e)	sont descendu(e)s

Imparfait
descendais	descendions
descendais	descendiez
descendait	descendaient

Plus-que-parfait
étais descendu(e)	étions descendu(e)s
étais descendu(e)	étiez descendu(e)(s)
était descendu(e)	étaient descendu(e)s

Passé simple
descendis	descendîmes
descendis	descendîtes
descendit	descendirent

Passé antérieur
fus descendu(e)	fûmes descendu(e)s
fus descendu(e)	fûtes descendu(e)(s)
fut descendu(e)	furent descendu(e)s

Futur simple
descendrai	descendrons
descendras	descendrez
descendra	descendront

Futur antérieur
serai descendu(e)	serons descendu(e)s
seras descendu(e)	serez descendu(e)(s)
sera descendu(e)	seront descendu(e)s

Subjonctif

Présent
descende	descendions
descendes	descendiez
descende	descendent

Passé
sois descendu(e)	soyons descendu(e)s
sois descendu(e)	soyez descendu(e)(s)
soit descendu(e)	soient descendu(e)s

Imparfait
descendisse	descendissions
descendisses	descendissiez
descendît	descendissent

Plus-que-parfait
fusse descendu(e)	fussions descendu(e)s
fusses descendu(e)	fussiez descendu(e)(s)
fût descendu(e)	fussent descendu(e)s

Conditionnel

Présent
descendrais	descendrions
descendrais	descendriez
descendrait	descendraient

Passé
serais descendu(e)	serions descendu(e)s
serais descendu(e)	seriez descendu(e)(s)
serait descendu(e)	seraient descendu(e)s

Impératif
descends
descendons
descendez

Participes

Présent
descendant

Passé
descendu(e)

Related Words

la descente	*descent*	descendant	*downward, falling*
le/la descendant/e	*descendant*	la descendance	*descendants*

33 désirer to desire, to wish

transitive

	je	nous
	tu	vous
	il/elle/on	ils/elles

Indicatif

Présent

désire	désirons
désires	désirez
désire	désirent

Passé composé

ai désiré	avons désiré
as désiré	avez désiré
a désiré	ont désiré

Imparfait

désirais	désirions
désirais	désiriez
désirait	désiraient

Plus-que-parfait

avais désiré	avions désiré
avais désiré	aviez désiré
avait désiré	avaient désiré

Passé simple

désirai	désirâmes
désiras	désirâtes
désira	désirèrent

Passé antérieur

eus désiré	eûmes désiré
eus désiré	eûtes désiré
eut désiré	eurent désiré

Futur simple

désirerai	désirerons
désireras	désirerez
désirera	désireront

Futur antérieur

aurai désiré	aurons désiré
auras désiré	aurez désiré
aura désiré	auront désiré

Subjonctif

Présent

désire	désirions
désires	désiriez
désire	désirent

Passé

aie désiré	ayons désiré
aies désiré	ayez désiré
ait désiré	aient désiré

Imparfait

désirasse	désirassions
désirasses	désirassiez
désirât	désirassent

Plus-que-parfait

eusse désiré	eussions désiré
eusses désiré	eussiez désiré
eût désiré	eussent désiré

Conditionnel

Présent

désirerais	désirerions
désirerais	désireriez
désirerait	désireraient

Passé

aurais désiré	aurions désiré
aurais désiré	auriez désiré
aurait désiré	auraient désiré

Impératif

désire
désirons
désirez

Participes

Présent

désirant

Passé

désiré

Related Words

le désir	*desire*	désireux	*desirous*
désirable	*desirable*	peu désirable	*undesirable*

34 détester to hate, to detest

transitive

Indicatif

Présent
déteste	détestons
détestes	détestez
déteste	détestent

Passé composé
ai détesté	avons détesté
as détesté	avez détesté
a détesté	ont détesté

Imparfait
détestais	détestions
détestais	détestiez
détestait	détestaient

Plus-que-parfait
avais détesté	avions détesté
avais détesté	aviez détesté
avait détesté	avaient détesté

Passé simple
détestai	détestâmes
détestas	détestâtes
détesta	détestèrent

Passé antérieur
eus détesté	eûmes détesté
eus détesté	eûtes détesté
eut détesté	eurent détesté

Futur simple
détesterai	détesterons
détesteras	détesterez
détestera	détesteront

Futur antérieur
aurai détesté	aurons détesté
auras détesté	aurez détesté
aura détesté	auront détesté

Subjonctif

Présent
déteste	détestions
détestes	détestiez
déteste	détestent

Passé
aie détesté	ayons détesté
aies détesté	ayez détesté
ait détesté	aient détesté

Imparfait
détestasse	détestassions
détestasses	détestassiez
détestât	détestassent

Plus-que-parfait
eusse détesté	eussions détesté
eusses détesté	eussiez détesté
eût détesté	eussent détesté

Conditionnel

Présent
détesterais	détesterions
détesterais	détesteriez
détesterait	détesteraient

Passé
aurais détesté	aurions détesté
aurais détesté	auriez détesté
aurait détesté	auraient détesté

Impératif
déteste
détestons
détestez

Participes

Présent
détestant

Passé
détesté

Related Words
détestable *awful, detestable*

35 **devoir** to have to, must

	je	nous
transitive	tu	vous
	il/elle/on	ils/elles

Indicatif

Présent
dois	devons
dois	devez
doit	doivent

Passé composé
ai dû	avons dû
as dû	avez dû
a dû	ont dû

Imparfait
devais	devions
devais	deviez
devait	devaient

Plus-que-parfait
avais dû	avions dû
avais dû	aviez dû
avait dû	avaient dû

Passé simple
dus	dûmes
dus	dûtes
dut	durent

Passé antérieur
eus dû	eûmes dû
eus dû	eûtes dû
eut dû	eurent dû

Futur simple
devrai	devrons
devras	devrez
devra	devront

Futur antérieur
aurai dû	aurons dû
auras dû	aurez dû
aura dû	auront dû

Subjonctif

Présent
doive	devions
doives	deviez
doive	doivent

Passé
aie dû	ayons dû
aies dû	ayez dû
ait dû	aient dû

Imparfait
dusse	dussions
dusses	dussiez
dût	dussent

Plus-que-parfait
eusse dû	eussions dû
eusses dû	eussiez dû
eût dû	eussent dû

Conditionnel

Présent
devrais	devrions
devrais	devriez
devrait	devraient

Passé
aurais dû	aurions dû
aurais dû	auriez dû
aurait dû	auraient dû

Impératif
dois
devons
devez

Participes
Présent	Passé
devant	dû

Related Words
le devoir	duty, obligation	dû	due, owed
les devoirs (m. pl.)	homework		

64

36 dîner to have dinner

intransitive

Indicatif

Présent

dîne	dînons
dînes	dînez
dîne	dînent

Passé composé

ai dîné	avons dîné
as dîné	avez dîné
a dîné	ont dîné

Imparfait

dînais	dînions
dînais	dîniez
dînait	dinaient

Plus-que-parfait

avais dîné	avions dîné
avais dîné	aviez dîné
avait dîné	avaient dîné

Passé simple

dinai	dînâmes
dinas	dînâtes
dîna	dînèrent

Passé antérieur

eus dîné	eûmes dîné
eus dîné	eûtes dîné
eut dîné	eurent dîné

Futur simple

dinerai	dînerons
dineras	dînerez
dinera	dîneront

Futur antérieur

aurai dîné	aurons dîné
auras dîné	aurez dîné
aura dîné	auront dîné

Subjonctif

Présent

dîne	dînions
dînes	dîniez
dîne	dînent

Passé

aie dîné	ayons dîné
aies dîné	ayez dîné
ait dîné	aient dîné

Imparfait

dinasse	dinassions
dinasses	dinassiez
dinât	dinassent

Plus-que-parfait

eusse dîné	eussions dîné
eusses dîné	eussiez dîné
eût dîné	eussent dîné

Conditionnel

Présent

dinerais	dînerions
dinerais	dîneriez
dinerait	dîneraient

Passé

aurais dîné	aurions dîné
aurais dîné	auriez dîné
aurait dîné	auraient dîné

Impératif

dîne
dînons
dînez

Participes

Présent

dînant

Passé

dîné

Related Words

le dîneur	*diner, person having dinner*	le dîner	*dinner*

37 dire to say, to tell

	je	nous
transitive	tu	vous
	il/elle/on	ils/elles

Indicatif

Présent
dis	disons
dis	dites
dit	disent

Passé composé
ai dit	avons dit
as dit	avez dit
a dit	ont dit

Imparfait
disais	disions
disais	disiez
disait	disaient

Plus-que-parfait
avais dit	avions dit
avais dit	aviez dit
avait dit	avaient dit

Passé simple
dis	dîmes
dis	dîtes
dit	dirent

Passé antérieur
eus dit	eûmes dit
eus dit	eûtes dit
eut dit	eurent dit

Futur simple
dirai	dirons
diras	direz
dira	diront

Futur antérieur
aurai dit	aurons dit
auras dit	aurez dit
aura dit	auront dit

Subjonctif

Présent
dise	disions
dises	disiez
dise	disent

Passé
aie dit	ayons dit
aies dit	ayez dit
ait dit	aient dit

Imparfait
disse	dissions
disses	dissiez
dît	dissent

Plus-que-parfait
eusse dit	eussions dit
eusses dit	eussiez dit
eût dit	eussent dit

Conditionnel

Présent
dirais	dirions
dirais	diriez
dirait	diraient

Passé
aurais dit	aurions dit
aurais dit	auriez dit
aurait dit	auraient dit

Impératif
dis
disons
disez

Participes

Présent
disant

Passé
dit

Related Words

médire	*to slander, to speak ill*	prédire	*to predict*
		maudire	*to curse*

38 discuter to discuss

transitive

	je	nous
	tu	vous
	il/elle/on	ils/elles

Indicatif

Présent
discute	discutons
discutes	discutez
discute	discutent

Passé composé
ai discuté	avons discuté
as discuté	avez discuté
a discuté	ont discuté

Imparfait
discutais	discutions
discutais	discutiez
discutait	discutaient

Plus-que-parfait
avais discuté	avions discuté
avais discuté	aviez discuté
avait discuté	avaient discuté

Passé simple
discutai	discutâmes
discutas	discutâtes
discuta	discutèrent

Passé antérieur
eus discuté	eûmes discuté
eus discuté	eûtes discuté
eut discuté	eurent discuté

Futur simple
discuterai	discuterons
discuteras	discuterez
discutera	discuteront

Futur antérieur
aurai discuté	aurons discuté
auras discuté	aurez discuté
aura discuté	auront discuté

Subjonctif

Présent
discute	discutions
discutes	discutiez
discute	discutent

Passé
aie discuté	ayons discuté
aies discuté	ayez discuté
ait discuté	aient discuté

Imparfait
discutasse	discutassions
discutasses	discutassiez
discutât	discutassent

Plus-que-parfait
eusse discuté	eussions discuté
eusses discuté	eussiez discuté
eût discuté	eussent discuté

Conditionnel

Présent
discuterais	discuterions
discuterais	discuteriez
discuterait	discuteraient

Passé
aurais discuté	aurions discuté
aurais discuté	auriez discuté
aurait discuté	auraient discuté

Impératif
discute
discutons
discutez

Participes

Présent
discutant

Passé
discuté

Related Words

la discussion	*discussion, debate*	discutable	*debatable, questionable*

39 disputer to dispute, to scold

transitive

	je	nous
	tu	vous
	il/elle/on	ils/elles

Indicatif

Présent
dispute	disputons
disputes	disputez
dispute	disputent

Passé composé
ai disputé	avons disputé
as disputé	avez disputé
a disputé	ont disputé

Imparfait
disputais	disputions
disputais	disputiez
disputait	disputaient

Plus-que-parfait
avais disputé	avions disputé
avais disputé	aviez disputé
avait disputé	avaient disputé

Passé simple
disputai	disputâmes
disputas	disputâtes
disputa	disputèrent

Passé antérieur
eus disputé	eûmes disputé
eus disputé	eûtes disputé
eut disputé	eurent disputé

Futur simple
disputerai	disputerons
disputeras	disputerez
disputera	disputeront

Futur antérieur
aurai disputé	aurons disputé
auras disputé	aurez disputé
aura disputé	auront disputé

Subjonctif

Présent
dispute	disputions
disputes	disputiez
dispute	disputent

Passé
aie disputé	ayons disputé
aies disputé	ayez disputé
ait disputé	aient disputé

Imparfait
disputasse	disputassions
disputasses	disputassiez
disputât	disputassent

Plus-que-parfait
eusse disputé	eussions disputé
eusses disputé	eussiez disputé
eût disputé	eussent disputé

Conditionnel

Présent
disputerais	disputerions
disputerais	disputeriez
disputerait	disputeraient

Passé
aurais disputé	aurions disputé
aurais disputé	auriez disputé
aurait disputé	auraient disputé

Impératif
dispute
disputons
disputez

Participes
Présent	Passé
disputant	disputé

Related Words

se disputer	*to fight over*	la dispute	*argument, quarrel*
disputé(e)	*contested*		

40 **donner** to give

transitive

Indicatif

Présent		**Passé composé**	
donne	donnons	ai donné	avons donné
donnes	donnez	as donné	avez donné
donne	donnent	a donné	ont donné

Imparfait		**Plus-que-parfait**	
donnais	donnions	avais donné	avions donné
donnais	donniez	avais donné	aviez donné
donnait	donnaient	avait donné	avaient donné

Passé simple		**Passé antérieur**	
donnai	donnâmes	eus donné	eûmes donné
donnas	donnâtes	eus donné	eûtes donné
donna	donnèrent	eut donné	eurent donné

Futur simple		**Futur antérieur**	
donnerai	donnerons	aurai donné	aurons donné
donneras	donnerez	auras donné	aurez donné
donnera	donneront	aura donné	auront donné

Subjonctif

Présent		**Passé**	
donne	donnions	aie donné	ayons donné
donnes	donniez	aies donné	ayez donné
donne	donnent	ait donné	aient donné

Imparfait		**Plus-que-parfait**	
donnasse	donnassions	eusse donné	eussions donné
donnasses	donnassiez	eusses donné	eussiez donné
donnât	donnassent	eût donné	eussent donné

Conditionnel

Présent		**Passé**	
donnerais	donnerions	aurais donné	aurions donné
donnerais	donneriez	aurais donné	auriez donné
donnerait	donneraient	aurait donné	auraient donné

Impératif

donne
donnons
donnez

Participes

Présent	**Passé**
donnant	donné

Related Words

le don	*gift*	le donateur	*donor*
donné	*given, fixed*	la donnée	*fact, datum*

41 dormir to sleep

Indicatif

Présent
dors	dormons
dors	dormez
dort	dorment

Passé composé
ai dormi	avons dormi
as dormi	avez dormi
a dormi	ont dormi

Imparfait
dormais	dormions
dormais	dormiez
dormait	dormaient

Plus-que-parfait
avais dormi	avions dormi
avais dormi	aviez dormi
avait dormi	avaient dormi

Passé simple
dormis	dormîmes
dormis	dormîtes
dormit	dormirent

Passé antérieur
eus dormi	eûmes dormi
eus dormi	eûtes dormi
eut dormi	eurent dormi

Futur simple
dormirai	dormirons
dormiras	dormirez
dormira	dormiront

Futur antérieur
aurai dormi	aurons dormi
auras dormi	aurez dormi
aura dormi	auront dormi

Subjonctif

Présent
dorme	dormions
dormes	dormiez
dorme	dorment

Passé
aie dormi	ayons dormi
aies dormi	ayez dormi
ait dormi	aient dormi

Imparfait
dormisse	dormissions
dormisses	dormissiez
dormît	dormissent

Plus-que-parfait
eusse dormi	eussions dormi
eusses dormi	eussiez dormi
eût dormi	eussent dormi

Conditionnel

Présent
dormirais	dormirions
dormirais	dormiriez
dormirait	dormiraient

Passé
aurais dormi	aurions dormi
aurais dormi	auriez dormi
aurait dormi	auraient dormi

Impératif
dors
dormons
dormez

Participes

Présent
dormant

Passé
dormi

Related Words
| s'endormir | *to fall asleep* | dormant | *still, calm* |
| endormi | *asleep* | | |

42 écouter to listen

transitive

	je	nous
	tu	vous
	il/elle/on	ils/elles

Indicatif

Présent
écoute	écoutons
écoutes	écoutez
écoute	écoutent

Passé composé
ai écouté	avons écouté
as écouté	avez écouté
a écouté	ont écouté

Imparfait
écoutais	écoutions
écoutais	écoutiez
écoutait	écoutaient

Plus-que-parfait
avais écouté	avions écouté
avais écouté	aviez écouté
avait écouté	avaient écouté

Passé simple
écoutai	écoutâmes
écoutas	écoutâtes
écouta	écoutèrent

Passé antérieur
eus écouté	eûmes écouté
eus écouté	eûtes écouté
eut écouté	eurent écouté

Futur simple
écouterai	écouterons
écouteras	écouterez
écoutera	écouteront

Futur antérieur
aurai écouté	aurons écouté
auras écouté	aurez écouté
aura écouté	auront écouté

Subjonctif

Présent
écoute	écoutions
écoutes	écoutiez
écoute	écoutent

Passé
aie écouté	ayons écouté
aies écouté	ayez écouté
ait écouté	aient écouté

Imparfait
écoutasse	écoutassions
écoutasses	écoutassiez
écoutât	écoutassent

Plus-que-parfait
eusse écouté	eussions écouté
eusses écouté	eussiez écouté
eût écouté	eussent écouté

Conditionnel

Présent
écouterais	écouterions
écouterais	écouteriez
écouterait	écouteraient

Passé
aurais écouté	aurions écouté
aurais écouté	auriez écouté
aurait écouté	auraient écouté

Impératif
écoute
écoutons
écoutez

Participes

Présent
écoutant

Passé
écouté

Related Words

écouter aux portes	*to eavesdrop*	l'écouteur (m.)	*earphone*

43 écrire to write

je   nous
transitive   tu   vous
                                       il/elle/on ils/elles

Indicatif

Présent		**Passé composé**	
écris	écrivons	ai écrit	avons écrit
écris	écrivez	as écrit	avez écrit
écrit	écrivent	a écrit	ont écrit

Imparfait		**Plus-que-parfait**	
écrivais	écrivions	avais écrit	avions écrit
écrivais	écriviez	avais écrit	aviez écrit
écrivait	écrivaient	avait écrit	avaient écrit

Passé simple		**Passé antérieur**	
écrivis	écrivîmes	eus écrit	eûmes écrit
écrivis	écrivîtes	eus écrit	eûtes écrit
écrivit	écrivirent	eut écrit	eurent écrit

Futur simple		**Futur antérieur**	
écrirai	écrirons	aurai écrit	aurons écrit
écriras	écrirez	auras écrit	aurez écrit
écrira	écriront	aura écrit	auront écrit

Subjonctif

Présent		**Passé**	
écrive	écrivions	aie écrit	ayons écrit
écrives	écriviez	aies écrit	ayez écrit
écrive	écrivent	ait écrit	aient écrit

Imparfait		**Plus-que-parfait**	
écrivisse	écrivissions	eusse écrit	eussions écrit
écrivisses	écrivissiez	eusses écrit	eussiez écrit
écrivît	écrivissent	eût écrit	eussent écrit

Conditionnel

Présent		**Passé**	
écrirais	écririons	aurais écrit	aurions écrit
écrirais	écririez	aurais écrit	auriez écrit
écrirait	écriraient	aurait écrit	auraient écrit

Impératif / Participes

Impératif	Participes	
	Présent	**Passé**
écris	écrit	écrit
écrivons		
écrivez		

Related Words

l'écriture (f.)	writing, handwriting	l'écrivain (m.)	writer
par écrit	in writing	l'écrit (m.)	piece of writing

44 effectuer to perform

transitive

	je	nous
	tu	vous
	il/elle/on	ils/elles

Indicatif

Présent
effectue	effectuons
effectues	effectuez
effectue	effectuent

Passé composé
ai effectué	avons effectué
as effectué	avez effectué
a effectué	ont effectué

Imparfait
effectuais	effectuions
effectuais	effectuiez
effectuait	effectuaient

Plus-que-parfait
avais effectué	avions effectué
avais effectué	aviez effectué
avait effectué	avaient effectué

Passé simple
effectuai	effectuâmes
effectuas	effectuâtes
effectua	effectuèrent

Passé antérieur
eus effectué	eûmes effectué
eus effectué	eûtes effectué
eut effectué	eurent effectué

Futur simple
effectuerai	effectuerons
effectueras	effectuerez
effectuera	effectueront

Futur antérieur
aurai effectué	aurons effectué
auras effectué	aurez effectué
aura effectué	auront effectué

Subjonctif

Présent
effectue	effectuions
effectues	effectuiez
effectue	effectuent

Passé
aie effectué	ayons effectué
aies effectué	ayez effectué
ait effectué	aient effectué

Imparfait
effectuasse	effectuassions
effectuasses	effectuassiez
effectuât	effectuassent

Plus-que-parfait
eusse effectué	eussions effectué
eusses effectué	eussiez effectué
eût effectué	eussent effectué

Conditionnel

Présent
effectuerais	effectuerions
effectuerais	effectueriez
effectuerait	effectueraient

Passé
aurais effectué	aurions effectué
aurais effectué	auriez effectué
aurait effectué	auraient effectué

Impératif
effectue
effectuons
effectuez

Participes

Présent
effectuant

Passé
effectué

Related Words

effectivement	indeed, effectively, actually, really	effectif	effective, actual

45 **embrasser** to kiss, to embrace

transitive

	je	nous
	tu	vous
	il/elle/on	ils/elles

Indicatif

Présent

embrasse	embrassons
embrasses	embrassez
embrasse	embrassent

Passé composé

ai embrassé	avons embrassé
as embrassé	avez embrassé
a embrassé	ont embrassé

Imparfait

embrassais	embrassions
embrassais	embrassiez
embrassait	embrassaient

Plus-que-parfait

avais embrassé	avions embrassé
avais embrassé	aviez embrassé
avait embrassé	avaient embrassé

Passé simple

embrassai	embrassâmes
embrassas	embrassâtes
embrassa	embrassèrent

Passé antérieur

eus embrassé	eûmes embrassé
eus embrassé	eûtes embrassé
eut embrassé	eurent embrassé

Futur simple

embrasserai	embrasserons
embrasseras	embrasserez
embrassera	embrasseront

Futur antérieur

aurai embrassé	aurons embrassé
auras embrassé	aurez embrassé
aura embrassé	auront embrassé

Subjonctif

Présent

embrasse	embrassions
embrasses	embrassiez
embrasse	embrassent

Passé

aie embrassé	ayons embrassé
aies embrassé	ayez embrassé
ait embrassé	aient embrassé

Imparfait

embrassasse	embrassassions
embrassasses	embrassassiez
embrassât	embrassassent

Plus-que-parfait

eusse embrassé	eussions embrassé
eusses embrassé	eussiez embrassé
eût embrassé	eussent embrassé

Conditionnel

Présent

embrasserais	embrasserions
embrasserais	embrasseriez
embrasserait	embrasseraient

Passé

aurais embrassé	aurions embrassé
aurais embrassé	auriez embrassé
aurait embrassé	auraient embrassé

Impératif

embrasse
embrassons
embrassez

Participes

Présent

embrassant

Passé

embrassé

Related Words

| l'embrassade (f.) | *kissing* | embrasser une cause | *to rally for a cause* |
| s'embrasser | *to kiss each other* | | |

74

46 enlever to remove, to take off

	je	nous
transitive	tu	vous
	il/elle/on	ils/elles

Indicatif

Présent

enlève	enlevons
enlèves	enlevez
enlève	enlèvent

Passé composé

ai enlevé	avons enlevé
as enlevé	avez enlevé
a enlevé	ont enlevé

Imparfait

enlevais	enlevions
enlevais	enleviez
enlevait	enlevaient

Plus-que-parfait

avais enlevé	avions enlevé
avais enlevé	aviez enlevé
avait enlevé	avaient enlevé

Passé simple

enlevai	enlevâmes
enlevas	enlevâtes
enleva	enlevèrent

Passé antérieur

eus enlevé	eûmes enlevé
eus enlevé	eûtes enlevé
eut enlevé	eurent enlevé

Futur simple

enlèverai	enlèverons
enlèveras	enlèverez
enlèvera	enlèveront

Futur antérieur

aurai enlevé	aurons enlevé
auras enlevé	aurez enlevé
aura enlevé	auront enlevé

Subjonctif

Présent

enlève	enlevions
enlèves	enleviez
enlève	enlèvent

Passé

aie enlevé	ayons enlevé
aies enlevé	ayez enlevé
ait enlevé	aient enlevé

Imparfait

enlevasse	enlevassions
enlevasses	enlevassiez
enlevât	enlevassent

Plus-que-parfait

eusse enlevé	eussions enlevé
eusses enlevé	eussiez enlevé
eût enlevé	eussent enlevé

Conditionnel

Présent

enlèverais	enlèverions
enlèverais	enlèveriez
enlèverait	enlèveraient

Passé

aurais enlevé	aurions enlevé
aurais enlevé	auriez enlevé
aurait enlevé	auraient enlevé

Impératif

enlève
enlevons
enlevez

Participes

Présent

enlevant

Passé

enlevé

Related Words

l'enlèvement (m.)	kidnapping, abduction	enlevé	spirited (rhythm, etc.)
s'enlever	to come off, to peel off		

47 entendre to hear, to understand

transitive

	je	nous
	tu	vous
	il/elle/on	ils/elles

Indicatif

Présent
entends	entendons
entends	entendez
entend	entendent

Passé composé
ai entendu	avons entendu
as entendu	avez entendu
a entendu	ont entendu

Imparfait
entendais	entendions
entendais	entendiez
entendait	entendaient

Plus-que-parfait
avais entendu	avions entendu
avais entendu	aviez entendu
avait entendu	avaient entendu

Passé simple
entendis	entendîmes
entendis	entendîtes
entendit	entendirent

Passé antérieur
eus entendu	eûmes entendu
eus entendu	eûtes entendu
eut entendu	eurent entendu

Futur simple
entendrai	entendrons
entendras	entendrez
entendra	entendront

Futur antérieur
aurai entendu	aurons entendu
auras entendu	aurez entendu
aura entendu	auront entendu

Subjonctif

Présent
entende	entendions
entendes	entendiez
entende	entendent

Passé
aie entendu	ayons entendu
aies entendu	ayez entendu
ait entendu	aient entendu

Imparfait
entendisse	entendissions
entendisses	entendissiez
entendît	entendissent

Plus-que-parfait
eusse entendu	eussions entendu
eusses entendu	eussiez entendu
eût entendu	eussent entendu

Conditionnel

Présent
entendrais	entendrions
entendrais	entendriez
entendrait	entendraient

Passé
aurais entendu	aurions entendu
aurais entendu	auriez entendu
aurait entendu	auraient entendu

Impératif
entends
entendons
entendez

Participes

Présent
entendant

Passé
entendu

Related Words

s'entendre	*to get along*	l'entendement (m.)	*reason, understanding*
l'entente (f.)	*agreement, understanding*	entendu	*understood*

76

48 entrer to enter, to go in

intransitive

	je	nous
	tu	vous
	il/elle/on	ils/elles

Indicatif

Présent
entre	entrons
entres	entrez
entre	entrent

Passé composé
suis entré(e)	sommes entré(e)s
es entré(e)	êtes entré(e)(s)
est entré(e)	sont entré(e)s

Imparfait
entrais	entrions
entrais	entriez
entrait	entraient

Plus-que-parfait
étais entré(e)	étions entré(e)s
étais entré(e)	étiez entré(e)(s)
était entré(e)	étaient entré(e)s

Passé simple
entrai	entrâmes
entras	entrâtes
entra	entrèrent

Passé antérieur
fus entré(e)	fûmes entré(e)s
fus entré(e)	fûtes entré(e)(s)
fut entré(e)	furent entré(e)s

Futur simple
entrerai	entrerons
entreras	entrerez
entrera	entreront

Futur antérieur
serai entré(e)	serons entré(e)s
seras entré(e)	serez entré(e)(s)
sera entré(e)	seront entré(e)s

Subjonctif

Présent
entre	entrions
entres	entriez
entre	entrent

Passé
sois entré(e)	soyons entré(e)s
sois entré(e)	soyez entré(e)(s)
soit entré(e)	soient entré(e)s

Imparfait
entrasse	entrassions
entrasses	entrassiez
entrât	entrassent

Plus-que-parfait
fusse entré(e)	fussions entré(e)s
fusses entré(e)	fussiez entré(e)(s)
fût entré(e)	fussent entré(e)s

Conditionnel

Présent
entrerais	entrerions
entrerais	entreriez
entrerait	entreraient

Passé
serais entré(e)	serions entré(e)s
serais entré(e)	seriez entré(e)(s)
serait entré(e)	seraient entré(e)s

Impératif
entre
entrons
entrez

Participes

Présent
entrant

Passé
entré(e)

Related Words

l'entrée (f.)	*entrance*	entrer à l'université	*to start college*
la rentrée	*back-to-school*	Entrez!	*Come in!*

49 envoyer to send

je   nous
tu   vous
il/elle/on   ils/elles

transitive

Indicatif

Présent

envoie	envoyons		
envoies	envoyez		
envoie	envoient		

Passé composé

ai envoyé	avons envoyé
as envoyé	avez envoyé
a envoyé	ont envoyé

Imparfait

envoyais	envoyions
envoyais	envoyiez
envoyait	envoyaient

Plus-que-parfait

avais envoyé	avions envoyé
avais envoyé	aviez envoyé
avait envoyé	avaient envoyé

Passé simple

envoyai	envoyâmes
envoyas	envoyâtes
envoya	envoyèrent

Passé antérieur

eus envoyé	eûmes envoyé
eus envoyé	eûtes envoyé
eut envoyé	eurent envoyé

Futur simple

enverrai	enverrons
enverras	enverrez
enverra	enverront

Futur antérieur

aurai envoyé	aurons envoyé
auras envoyé	aurez envoyé
aura envoyé	auront envoyé

Subjonctif

Présent

envoie	envoyions
envoies	envoyiez
envoie	envoient

Passé

aie envoyé	ayons envoyé
aies envoyé	ayez envoyé
ait envoyé	aient envoyé

Imparfait

envoyasse	envoyassions
envoyasses	envoyassiez
envoyât	envoyassent

Plus-que-parfait

eusse envoyé	eussions envoyé
eusses envoyé	eussiez envoyé
eût envoyé	eussent envoyé

Conditionnel

Présent

enverrais	enverrons
enverrais	enverrez
enverrait	enverront

Passé

aurais envoyé	aurions envoyé
aurais envoyé	auriez envoyé
aurait envoyé	auraient envoyé

Impératif

envoie
envoyons
envoyez

Participes

Présent

envoyant

Passé

envoyé

Related Words

l'envoi (m.)	*sending, package*	l'envoyé (m.)	*envoy*

50 espérer to hope

Indicatif

Présent

espère	espérons
espères	espérez
espère	espèrent

Passé composé

ai espéré	avons espéré
as espéré	avez espéré
a espéré	ont espéré

Imparfait

espérais	espérions
espérais	espériez
espérait	espéraient

Plus-que-parfait

avais espéré	avions espéré
avais espéré	aviez espéré
avait espéré	avaient espéré

Passé simple

espérai	espérâmes
espéras	espérâtes
espéra	espérèrent

Passé antérieur

eus espéré	eûmes espéré
eus espéré	eûtes espéré
eut espéré	eurent espéré

Futur simple

espérerai	espérerons
espéreras	espérerez
espérera	espéreront

Futur antérieur

aurai espéré	aurons espéré
auras espéré	aurez espéré
aura espéré	auront espéré

Subjonctif

Présent

espère	espérions
espères	espériez
espère	espèrent

Passé

aie espéré	ayons espéré
aies espéré	ayez espéré
ait espéré	aient espéré

Imparfait

espérasse	espérassions
espérasses	espérassiez
espérât	espérassent

Plus-que-parfait

eusse espéré	eussions espéré
eusses espéré	eussiez espéré
eût espéré	eussent espéré

Conditionnel

Présent

espérerais	espérerions
espérerais	espéreriez
espérerait	espéreraient

Passé

aurais espéré	aurions espéré
aurais espéré	auriez espéré
aurait espéré	auraient espéré

Impératif

espère
espérons
espérez

Participes

Présent

espérant

Passé

espéré

Related Words

l'espoir (m.)	hope	l'espérance (f.)	hope, expectancy

51a essayer* to try

transitive

Indicatif

Présent
essaie	essayons
essaies	essayez
essaie	essaient

Passé composé
ai essayé	avons essayé
as essayé	avez essayé
a essayé	ont essayé

Imparfait
essayais	essayions
essayais	essayiez
essayait	essayaient

Plus-que-parfait
avais essayé	avions essayé
avais essayé	aviez essayé
avait essayé	avaient essayé

Passé simple
essayai	essayâmes
essayas	essayâtes
essaya	essayèrent

Passé antérieur
eus essayé	eûmes essayé
eus essayé	eûtes essayé
eut essayé	eurent essayé

Futur simple
essaierai	essaierons
essaieras	essaierez
essaiera	essaieront

Futur antérieur
aurai essayé	aurons essayé
auras essayé	aurez essayé
aura essayé	auront essayé

Subjonctif

Présent
essaie	essayions
essaies	essayiez
essaie	essaient

Passé
aie essayé	ayons essayé
aies essayé	ayez essayé
ait essayé	aient essayé

Imparfait
essayasse	essayassions
essayasses	essayassiez
essayât	essayassent

Plus-que-parfait
eusse essayé	eussions essayé
eusses essayé	eussiez essayé
eût essayé	eussent essayé

Conditionnel

Présent
essaierais	essaierions
essaierais	essaieriez
essaierait	essaieraient

Passé
aurais essayé	aurions essayé
aurais essayé	auriez essayé
aurait essayé	auraient essayé

Impératif
essaie
essayons
essayez

Participes

Présent
essayant

Passé
essayé

Related Words

l'essai (m.)	*trying out, testing; essay*	l'essayage (m.) à l'essai	*fitting (clothing) on a trial basis*

* The verb *essayer* has two accepted conjugations. See next page for alternative conjugation.

51b essayer to try

transitive
(Alternate Conjugation)

Indicatif _____

Présent
essaye	essayons		
essayes	essayez		
essaye	essayent		

Passé composé
ai essayé		avons essayé	
as essayé		avez essayé	
a essayé		ont essayé	

Imparfait
essayais	essayions
essayais	essayiez
essayait	essayaient

Plus-que-parfait
avais essayé	avions essayé
avais essayé	aviez essayé
avait essayé	avaient essayé

Passé simple
essayai	essayâmes
essayas	essayâtes
essaya	essayèrent

Passé antérieur
eus essayé	eûmes essayé
eus essayé	eûtes essayé
eut essayé	eurent essayé

Futur simple
essayerai	essayerons
essayeras	essayerez
essayera	essayeront

Futur antérieur
aurai essayé	aurons essayé
auras essayé	aurez essayé
aura essayé	auront essayé

Subjonctif _____

Présent
essaye	essayions
essayes	essayiez
essaye	essayent

Passé
aie essayé	ayons essayé
aies essayé	ayez essayé
ait essayé	aient essayé

Imparfait
essayasse	essayassions
essayasses	essayassiez
essayât	essayassent

Plus-que-parfait
eusse essayé	eussions essayé
eusses essayé	eussiez essayé
eût essayé	eussent essayé

Conditionnel _____

Présent
essayerais	essayerions
essayerais	essayeriez
essayerait	essayeraient

Passé
aurais essayé	aurions essayé
aurais essayé	auriez essayé
aurait essayé	auraient essayé

Impératif _____

essaye
essayons
essayez

Participes _____

Présent
essayant

Passé
essayé

52 être to be

je   nous
tu   vous
il/elle/on   ils/elles

intransitive
auxiliary

Indicatif

Présent

suis	sommes
es	êtes
est	sont

Imparfait

étais	étions
étais	étiez
était	étaient

Passé simple

fus	fûmes
fus	fûtes
fut	furent

Futur simple

serai	serons
seras	serez
sera	seront

Passé composé

ai été	avons été
as été	avez été
a été	ont été

Plus-que-parfait

avais été	avions été
avais été	aviez été
avait été	avaient été

Passé antérieur

eus été	eûmes été
eus été	eûtes été
eut été	eurent été

Futur antérieur

aurai été	aurons été
auras été	aurez été
aura été	auront été

Subjonctif

Présent

sois	soyons
sois	soyez
soit	soient

Imparfait

fusse	fussions
fusses	fussiez
fût	fussent

Passé

aie été	ayons été
aies été	ayez été
ait été	aient été

Plus-que-parfait

eusse été	eussions été
eusses été	eussiez été
eût été	eussent été

Conditionnel

Présent

serais	serions
serais	seriez
serait	seraient

Passé

aurais été	aurions été
aurais été	auriez été
aurait été	auraient été

Impératif

sois
soyons
soyez

Participes

Présent
étant

Passé
été

Related Words

| l'être (m.) | *being* | l'être humain (m.) | *human being* |

53 **étudier** to study

transitive

Indicatif

Présent
étudie	étudions
étudies	étudiez
étudie	étudient

Passé composé
ai étudié	avons étudié
as étudié	avez étudié
a étudié	ont étudié

Imparfait
étudiais	étudiions
étudiais	étudiiez
étudiait	étudiaient

Plus-que-parfait
avais étudié	avions étudié
avais étudié	aviez étudié
avait étudié	avaient étudié

Passé simple
étudiai	étudiâmes
étudias	étudiâtes
étudia	étudièrent

Passé antérieur
eus étudié	eûmes étudié
eus étudié	eûtes étudié
eut étudié	eurent étudié

Futur simple
étudierai	étudierons
étudieras	étudierez
étudiera	étudieront

Futur antérieur
aurai étudié	aurons étudié
auras étudié	aurez étudié
aura étudié	auront étudié

Subjonctif

Présent
étudie	étudiions
étudies	étudiiez
étudie	étudient

Passé
aie étudié	ayons étudié
aies étudié	ayez étudié
ait étudié	aient étudié

Imparfait
étudiasse	étudiassions
étudiasses	étudiassiez
étudiât	étudiassent

Plus-que-parfait
eusse étudié	eussions étudié
eusses étudié	eussiez étudié
eût étudié	eussent étudié

Conditionnel

Présent
étudierais	étudierions
étudierais	étudieriez
étudierait	étudieraient

Passé
aurais étudié	aurions étudié
aurais étudié	auriez étudié
aurait étudié	auraient étudié

Impératif
étudie
étudions
étudiez

Participes

Présent
étudiant

Passé
étudié

Related Words

l'étudiant/e (m./f.)	*student*	l'étude (f.)	*study*
étudié	*studied, well thought out*		

54 exiger to demand

transitive

	je	nous
	tu	vous
	il/elle/on	ils/elles

Indicatif

Présent
exige	exigeons
exiges	exigez
exige	exigent

Passé composé
ai exigé	avons exigé
as exigé	avez exigé
a exigé	ont exigé

Imparfait
exigeais	exigions
exigeais	exigiez
exigeait	exigeaient

Plus-que-parfait
avais exigé	avions exigé
avais exigé	aviez exigé
avait exigé	avaient exigé

Passé simple
exigeai	exigeâmes
exigeas	exigeâtes
exigea	exigèrent

Passé antérieur
eus exigé	eûmes exigé
eus exigé	eûtes exigé
eut exigé	eurent exigé

Futur simple
exigerai	exigerons
exigeras	exigerez
exigera	exigeront

Futur antérieur
aurai exigé	aurons exigé
auras exigé	aurez exigé
aura exigé	auront exigé

Subjonctif

Présent
exige	exigions
exiges	exigiez
exige	exigent

Passé
aie exigé	ayons exigé
aies exigé	ayez exigé
ait exigé	aient exigé

Imparfait
exigeasse	exigeassions
exigeasses	exigeassiez
exigeât	exigeassent

Plus-que-parfait
eusse exigé	eussions exigé
eusses exigé	eussiez exigé
eût exigé	eussent exigé

Conditionnel

Présent
exigerais	exigerions
exigerais	exigeriez
exigerait	exigeraient

Passé
aurais exigé	aurions exigé
aurais exigé	auriez exigé
aurait exigé	auraient exigé

Impératif

exige
exigeons
exigez

Participes

Présent
exigeant

Passé
exigé

Related Words

| l'exigence (f.) | *particularity, strictness* | exigeant | *demanding* |
| | | exigible | *payable* |

55 **expliquer** to explain

transitive

	je	nous
	tu	vous
	il/elle/on	ils/elles

Indicatif

Présent

explique	expliquons
expliques	expliquez
explique	expliquent

Passé composé

ai expliqué	avons expliqué
as expliqué	avez expliqué
a expliqué	ont expliqué

Imparfait

expliquais	expliquions
expliquais	expliquiez
expliquait	expliquaient

Plus-que-parfait

avais expliqué	avions expliqué
avais expliqué	aviez expliqué
avait expliqué	avaient expliqué

Passé simple

expliquai	expliquâmes
expliquas	expliquâtes
expliqua	expliquèrent

Passé antérieur

eus expliqué	eûmes expliqué
eus expliqué	eûtes expliqué
eut expliqué	eurent expliqué

Futur simple

expliquerai	expliquerons
expliqueras	expliquerez
expliquera	expliqueront

Futur antérieur

aurai expliqué	aurons expliqué
auras expliqué	aurez expliqué
aura expliqué	auront expliqué

Subjonctif

Présent

explique	expliquions
expliques	expliquiez
explique	expliquent

Passé

aie expliqué	ayons expliqué
aies expliqué	ayez expliqué
ait expliqué	aient expliqué

Imparfait

expliquasse	expliquassions
expliquasses	expliquassiez
expliquât	expliquassent

Plus-que-parfait

eusse expliqué	eussions expliqué
eusses expliqué	eussiez expliqué
eût expliqué	eussent expliqué

Conditionnel

Présent

expliquerais	expliquerions
expliquerais	expliqueriez
expliquerait	expliqueraient

Passé

aurais expliqué	aurions expliqué
aurais expliqué	auriez expliqué
aurait expliqué	auraient expliqué

Impératif

| explique |
| expliquons |
| expliquez |

Participes

Présent

expliquant

Passé

expliqué

Related Words

| l'explication (f.) | *explanation* | explicable | *explicable* |

56 **fabriquer** to make, to fabricate

transitive

	je	nous
	tu	vous
	il/elle/on	ils/elles

Indicatif

Présent
fabrique	fabriquons
fabriques	fabriquez
fabrique	fabriquent

Passé composé
ai fabriqué	avons fabriqué
as fabriqué	avez fabriqué
a fabriqué	ont fabriqué

Imparfait
fabriquais	fabriquions
fabriquais	fabriquiez
fabriquait	fabriquaient

Plus-que-parfait
avais fabriqué	avions fabriqué
avais fabriqué	aviez fabriqué
avait fabriqué	avaient fabriqué

Passé simple
fabriquai	fabriquâmes
fabriquas	fabriquâtes
fabriqua	fabriquèrent

Passé antérieur
eus fabriqué	eûmes fabriqué
eus fabriqué	eûtes fabriqué
eut fabriqué	eurent fabriqué

Futur simple
fabriquerai	fabriquerons
fabriqueras	fabriquerez
fabriquera	fabriqueront

Futur antérieur
aurai fabriqué	aurons fabriqué
auras fabriqué	aurez fabriqué
aura fabriqué	auront fabriqué

Subjonctif

Présent
fabrique	fabriquions
fabriques	fabriquiez
fabrique	fabriquent

Passé
aie fabriqué	ayons fabriqué
aies fabriqué	ayez fabriqué
ait fabriqué	aient fabriqué

Imparfait
fabriquasse	fabriquassions
fabriquasses	fabriquassiez
fabriquât	fabriquassent

Plus-que-parfait
eusse fabriqué	eussions fabriqué
eusses fabriqué	eussiez fabriqué
eût fabriqué	eussent fabriqué

Conditionnel

Présent
fabriquerais	fabriquerions
fabriquerais	fabriqueriez
fabriquerait	fabriqueraient

Passé
aurais fabriqué	aurions fabriqué
aurais fabriqué	auriez fabriqué
aurait fabriqué	auraient fabriqué

Impératif
fabrique
fabriquons
fabriquez

Participes

Présent
fabriquant

Passé
fabriqué

Related Words

la fabrication	*manufacturing*	le fabricant	*manufacturer*
la fabrique	*plant*		

57 **faire** to make, to do

transitive

	je	nous
	tu	vous
	il/elle/on	ils/elles

Indicatif

Présent

fais	faisons
fais	faites
fait	font

Passé composé

ai fait	avons fait
as fait	avez fait
a fait	ont fait

Imparfait

faisais	faisions
faisais	faisiez
faisait	faisaient

Plus-que-parfait

avais fait	avions fait
avais fait	aviez fait
avait fait	avaient fait

Passé simple

fis	fîmes
fis	fîtes
fit	firent

Passé antérieur

eus fait	eûmes fait
eus fait	eûtes fait
eut fait	eurent fait

Futur simple

ferai	ferons
feras	ferez
fera	feront

Futur antérieur

aurai fait	aurons fait
auras fait	aurez fait
aura fait	auront fait

Subjonctif

Présent

fasse	fassions
fasses	fassiez
fasse	fassent

Passé

aie fait	ayons fait
aies fait	ayez fait
ait fait	aient fait

Imparfait

fisse	fissions
fisses	fissiez
fît	fissent

Plus-que-parfait

eusse fait	eussions fait
eusses fait	eussiez fait
eût fait	eussent fait

Conditionnel

Présent

ferais	ferions
ferais	feriez
ferait	feraient

Passé

aurais fait	aurions fait
aurais fait	auriez fait
aurait fait	auraient fait

Impératif

fais
faisons
faisez

Participes

Présent

faisant

Passé

fait

Related Words

se faire	to become, to make oneself	le fait	event, occurrence, fact
faisable	feasable		

58 falloir it is necessary to, that . . .

transitive
impersonal

Indicatif

Présent
il faut

Passé composé
il a fallu

Imparfait
il fallait

Plus-que-parfait
il avait fallu

Passé simple
il fallut

Passé antérieur
il eut fallu

Futur simple
il faudra

Futur antérieur
il aurait fallu

Subjonctif

Présent
qu'il faille

Passé
qu'il ait fallu

Imparfait
qu'il fallût

Plus-que-parfait
qu'il eût fallu

Conditionnel

Présent
il faudrait

Passé
il aurait fallu

Impératif

Participes

Présent

Passé
fallu

——

——

59 féliciter to congratulate

transitive

	je	nous
	tu	vous
	il/elle/on	ils/elles

Indicatif

Présent
félicite	félicitons
félicites	félicitez
félicite	félicitent

Passé composé
ai félicité	avons félicité
as félicité	avez félicité
a félicité	ont félicité

Imparfait
félicitais	félicitions
félicitais	félicitiez
félicitait	félicitaient

Plus-que-parfait
avais félicité	avions félicité
avais félicité	aviez félicité
avait félicité	avaient félicité

Passé simple
félicitai	félicitâmes
félicitas	félicitâtes
félicita	félicitèrent

Passé antérieur
eus félicité	eûmes félicité
eus félicité	eûtes félicité
eut félicité	eurent félicité

Futur simple
féliciterai	féliciterons
féliciteras	féliciterez
félicitera	féliciteront

Futur antérieur
aurai félicité	aurons félicité
auras félicité	aurez félicité
aura félicité	auront félicité

Subjonctif

Présent
félicite	félicitions
félicites	félicitiez
félicite	félicitent

Passé
aie félicité	ayons félicité
aies félicité	ayez félicité
ait félicité	aient félicité

Imparfait
félicitasse	félicitassions
félicitasses	félicitassiez
félicitât	félicitassent

Plus-que-parfait
eusse félicité	eussions félicité
eusses félicité	eussiez félicité
eût félicité	eussent félicité

Conditionnel

Présent
féliciterais	féliciterions
féliciterais	féliciteriez
féliciterait	féliciteraient

Passé
aurais félicité	aurions félicité
aurais félicité	auriez félicité
aurait félicité	auraient félicité

Impératif

félicite
félicitons
félicitez

Participes

Présent
félicitant

Passé
félicité

Related Words

Félicitations!   *Congratulations!*

89

60 **fermer** to close, to shut

transitive

	je	nous
	tu	vous
	il/elle/on	ils/elles

Indicatif

Présent
ferme	fermons
fermes	fermez
ferme	ferment

Passé composé
ai fermé	avons fermé
as fermé	avez fermé
a fermé	ont fermé

Imparfait
fermais	fermions
fermais	fermiez
fermait	fermaient

Plus-que-parfait
avais fermé	avions fermé
avais fermé	aviez fermé
avait fermé	avaient fermé

Passé simple
fermai	fermâmes
fermas	fermâtes
ferma	fermèrent

Passé antérieur
eus fermé	eûmes fermé
eus fermé	eûtes fermé
eut fermé	eurent fermé

Futur simple
fermerai	fermerons
fermeras	fermerez
fermera	fermeront

Futur antérieur
aurai fermé	aurons fermé
auras fermé	aurez fermé
aura fermé	auront fermé

Subjonctif

Présent
ferme	fermions
fermes	fermiez
ferme	ferment

Passé
aie fermé	ayons fermé
aies fermé	ayez fermé
ait fermé	aient fermé

Imparfait
fermasse	fermassions
fermasses	fermassiez
fermât	fermassent

Plus-que-parfait
eusse fermé	eussions fermé
eusses fermé	eussiez fermé
eût fermé	eussent fermé

Conditionnel

Présent
fermerais	fermerions
fermerais	fermeriez
fermerait	fermeraient

Passé
aurais fermé	aurions fermé
aurais fermé	auriez fermé
aurait fermé	auraient fermé

Impératif
ferme
fermons
fermez

Participes

Présent
fermant

Passé
fermé

Related Words

la fermeture	*closing*	la fermeture-éclair	*zipper*
fermer à clef	*to lock*	fermer au verrou	*to bolt*
fermé	*closed*		

61 finir to finish, to end

transitive

Indicatif

Présent
finis	finissons
finis	finissez
finit	finissent

Passé composé
ai fini	avons fini
as fini	avez fini
a fini	ont fini

Imparfait
finissais	finissions
finissais	finissiez
finissait	finissaient

Plus-que-parfait
avais fini	avions fini
avais fini	aviez fini
avait fini	avaient fini

Passé simple
finis	finîmes
finis	finîtes
finit	finirent

Passé antérieur
eus fini	eûmes fini
eus fini	eûtes fini
eut fini	eurent fini

Futur simple
finirai	finirons
finiras	finirez
finira	finiront

Futur antérieur
aurai fini	aurons fini
auras fini	aurez fini
aura fini	auront fini

Subjonctif

Présent
finisse	finissions
finisses	finissiez
finisse	finissent

Passé
aie fini	ayons fini
aies fini	ayez fini
ait fini	aient fini

Imparfait
finisse	finissions
finisses	finissiez
finît	finissent

Plus-que-parfait
eusse fini	eussions fini
eusses fini	eussiez fini
eût fini	eussent fini

Conditionnel

Présent
finirais	finirions
finirais	finiriez
finirait	finiraient

Passé
aurais fini	aurions fini
aurais fini	auriez fini
aurait fini	auraient fini

Impératif
finis
finissons
finissez

Participes

Présent
finissant

Passé
fini

Related Words
la fin	end	fini	finished, finite
en avoir fini	to be done with	infini	infinite

62 frapper to hit, to knock

transitive

	je	nous
	tu	vous
	il/elle/on	ils/elles

Indicatif

Présent
frappe	frappons
frappes	frappez
frappe	frappent

Passé composé
ai frappé	avons frappé
as frappé	avez frappé
a frappé	ont frappé

Imparfait
frappais	frappions
frappais	frappiez
frappait	frappaient

Plus-que-parfait
avais frappé	avions frappé
avais frappé	aviez frappé
avait frappé	avaient frappé

Passé simple
frappai	frappâmes
frappas	frappâtes
frappa	frappèrent

Passé antérieur
eus frappé	eûmes frappé
eus frappé	eûtes frappé
eut frappé	eurent frappé

Futur simple
frapperai	frapperons
frapperas	frapperez
frappera	frapperont

Futur antérieur
aurai frappé	aurons frappé
auras frappé	aurez frappé
aura frappé	auront frappé

Subjonctif

Présent
frappe	frappions
frappes	frappiez
frappe	frappent

Passé
aie frappé	ayons frappé
aies frappé	ayez frappé
ait frappé	aient frappé

Imparfait
frappasse	frappassions
frappasses	frappassiez
frappât	frappassent

Plus-que-parfait
eusse frappé	eussions frappé
eusses frappé	eussiez frappé
eût frappé	eussent frappé

Conditionnel

Présent
frapperais	frapperions
frapperais	frapperiez
frapperait	frapperaient

Passé
aurais frappé	aurions frappé
aurais frappé	auriez frappé
aurait frappé	auraient frappé

Impératif
frappe
frappons
frappez

Participes

Présent
frappant

Passé
frappé

Related Words

frapper à la porte	*knock at the door*	frappant	*striking*
		la frappe	*striking, stamp*

63 **fumer** to smoke

transitive

	je	nous
	tu	vous
	il/elle/on	ils/elles

Indicatif

Présent
fume	fumons
fumes	fumez
fume	fument

Passé composé
ai fumé	avons fumé
as fumé	avez fumé
a fumé	ont fumé

Imparfait
fumais	fumions
fumais	fumiez
fumait	fumaient

Plus-que-parfait
avais fumé	avions fumé
avais fumé	aviez fumé
avait fumé	avaient fumé

Passé simple
fumai	fumâmes
fumas	fumâtes
fuma	fumèrent

Passé antérieur
eus fumé	eûmes fumé
eus fumé	eûtes fumé
eut fumé	eurent fumé

Futur simple
fumerai	fumerons
fumeras	fumerez
fumera	fumeront

Futur antérieur
aurai fumé	aurons fumé
auras fumé	aurez fumé
aura fumé	auront fumé

Subjonctif

Présent
fume	fumions
fumes	fumiez
fume	fument

Passé
aie fumé	ayons fumé
aies fumé	ayez fumé
ait fumé	aient fumé

Imparfait
fumasse	fumassions
fumasses	fumassiez
fumât	fumassent

Plus-que-parfait
eusse fumé	eussions fumé
eusses fumé	eussiez fumé
eût fumé	eussent fumé

Conditionnel

Présent
fumerais	fumerions
fumerais	fumeriez
fumerait	fumeraient

Passé
aurais fumé	aurions fumé
aurais fumé	auriez fumé
aurait fumé	auraient fumé

Impératif
fume
fumons
fumez

Participes

Présent
fumant

Passé
fumé

Related Words

la fumée	*smoke*	le/la fumeur/euse	*smoker*
le fumoir	*smokehouse*	le/la non-fumeur/euse	*nonsmoker*

64 **gagner** to win, to earn

je nous
tu vous
il/elle/on ils/elles

transitive

Indicatif

Présent

gagne	gagnons
gagnes	gagnez
gagne	gagnent

Passé composé

ai gagné	avons gagné
as gagné	avez gagné
a gagné	ont gagné

Imparfait

gagnais	gagnions
gagnais	gagniez
gagnait	gagnaient

Plus-que-parfait

avais gagné	avions gagné
avais gagné	aviez gagné
avait gagné	avaient gagné

Passé simple

gagnai	gagnâmes
gagnas	gagnâtes
gagna	gagnèrent

Passé antérieur

eus gagné	eûmes gagné
eus gagné	eûtes gagné
eut gagné	eurent gagné

Futur simple

gagnerai	gagnerons
gagneras	gagnerez
gagnera	gagneront

Futur antérieur

aurai gagné	aurons gagné
auras gagné	aurez gagné
aura gagné	auront gagné

Subjonctif

Présent

gagne	gagnions
gagnes	gagniez
gagne	gagnent

Passé

aie gagné	ayons gagné
aies gagné	ayez gagné
ait gagné	aient gagné

Imparfait

gagnasse	gagnassions
gagnasses	gagnassiez
gagnât	gagnassent

Plus-que-parfait

eusse gagné	eussions gagné
eusses gagné	eussiez gagné
eût gagné	eussent gagné

Conditionnel

Présent

gagnerais	gagnerions
gagnerais	gagneriez
gagnerait	gagneraient

Passé

aurais gagné	aurions gagné
aurais gagné	auriez gagné
aurait gagné	auraient gagné

Impératif

gagne
gagnons
gagnez

Participes

Présent

gagnant

Passé

gagné

Related Words

gagner de l'argent	to make or earn money	le gagnant	winner
		le gagne-pain	job
le gagne-petit	low wage earner		

65 **garer** to park

transitive

je	nous
tu	vous
il/elle/on	ils/elles

Indicatif

Présent
gare	garons
gares	garez
gare	garent

Passé composé
ai garé	avons garé
as garé	avez garé
a garé	ont garé

Imparfait
garais	garions
garais	gariez
garait	garaient

Plus-que-parfait
avais garé	avions garé
avais garé	aviez garé
avait garé	avaient garé

Passé simple
garai	garâmes
garas	garâtes
gara	garèrent

Passé antérieur
eus garé	eûmes garé
eus garé	eûtes garé
eut garé	eurent garé

Futur simple
garerai	garerons
gareras	garerez
garera	gareront

Futur antérieur
aurai garé	aurons garé
auras garé	aurez garé
aura garé	auront garé

Subjonctif

Présent
gare	garions
gares	gariez
gare	garent

Passé
aie garé	ayons garé
aies garé	ayez garé
ait garé	aient garé

Imparfait
garasse	garassions
garasses	garassiez
garât	garassent

Plus-que-parfait
eusse garé	eussions garé
eusses garé	eussiez garé
eût garé	eussent garé

Conditionnel

Présent
garerais	garerions
garerais	gareriez
garerait	gareraient

Passé
aurais garé	aurions garé
aurais garé	auriez garé
aurait garé	auraient garé

Impératif
gare
garons
garez

Participes

Présent
garant

Passé
garé

Related Words

garer	to station	le garage	*garage*
se garer	to be careful, to get out of the way	Gare à toi!	*Watch it!*
		la gare	*station*

66 grossir to get fat

intransitive

Indicatif

Présent
		Passé composé	
grossis	grossissons	ai grossi	avons grossi
grossis	grossissez	as grossi	avez grossi
grossit	grossissent	a grossi	ont grossi

Imparfait
		Plus-que-parfait	
grossissais	grossissions	avais grossi	avions grossi
grossissais	grossissiez	avais grossi	aviez grossi
grossissait	grossissaient	avait grossi	avaient grossi

Passé simple
		Passé antérieur	
grossis	grossîmes	eus grossi	eûmes grossi
grossis	grossîtes	eus grossi	eûtes grossi
grossit	grossirent	eut grossi	eurent grossi

Futur simple
		Futur antérieur	
grossirai	grossirons	aurai grossi	aurons grossi
grossiras	grossirez	auras grossi	aurez grossi
grossira	grossiront	aura grossi	auront grossi

Subjonctif

Présent
		Passé	
grossisse	grossissions	aie grossi	ayons grossi
grossisses	grossissiez	aies grossi	ayez grossi
grossisse	grossissent	ait grossi	aient grossi

Imparfait
		Plus-que-parfait	
grossisse	grossissions	eusse grossi	eussions grossi
grossisses	grossissiez	eusses grossi	eussiez grossi
grossit	grossissent	eût grossi	eussent grossi

Conditionnel

Présent
		Passé	
grossirais	grossirions	aurais grossi	aurions grossi
grossirais	grossiriez	aurais grossi	auriez grossi
grossirait	grossiraient	aurait grossi	auraient grossi

Impératif

grossis
grossissons
grossissez

Participes

Présent	Passé
grossissant	grossi

Related Words

le grossissement	swelling, enlargement	la grossesse	pregnancy
gros, grosse	fat	qui fait grossir	fattening

67 s'habiller to get dressed

reflexive   to dress (oneself)

Indicatif

Présent
m'habille	nous habillons
t'habilles	vous habillez
s'habille	s'habillent

Imparfait
m'habillais	nous habillions
t'habillais	vous habilliez
s'habillait	s'habillaient

Passé simple
m'habillai	nous habillâmes
t'habillas	vous habillâtes
s'habilla	s'habillèrent

Futur simple
m'habillerai	nous habillerons
t'habilleras	vous habillerez
s'habillera	s'habilleront

Passé composé
me suis habillé(e)	nous sommes habillé(e)s
t'es habillé(e)	vous êtes habillé(e)(s)
s'est habillé(e)	se sont habillé(e)s

Plus-que-parfait
m'étais habillé(e)	nous étions habillé(e)s
t'étais habillé(e)	vous étiez habillé(e)(s)
s'était habillé(e)	s'étaient habillé(e)s

Passé antérieur
me fus habillé(e)	nous fûmes habillé(e)s
te fus habillé(e)	vous fûtes habillé(e)(s)
se fut habillé(e)	se furent habillé(e)s

Futur antérieur
me serai habillé(e)	nous serons habillé(e)s
te seras habillé(e)	vous serez habillé(e)(s)
se sera habillé(e)	se seront habillé(e)s

Subjonctif

Présent
m'habille	nous habillions
t'habilles	vous habilliez
s'habille	s'habillent

Imparfait
m'habillasse	nous habillassions
t'habillasses	vous habillassiez
s'habillât	s'habillassent

Passé
me sois habillé(e)	nous soyons habillé(e)s
te sois habillé(e)	vous soyez habillé(e)(s)
se soit habillé(e)	se soient habillé(e)s

Plus-que-parfait
me fusse habillé(e)	nous fussions habillé(e)s
te fusses habillé(e)	vous fussiez habillé(e)(s)
se fût habillé(e)	se fussent habillé(e)s

Conditionnel

Présent
m'habillerais	nous habillerions
t'habillerais	vous habilleriez
s'habillerait	s'habilleraient

Passé
me serais habillé(e)	nous serions habillé(e)s
te serais habillé(e)	vous seriez habillé(e)(s)
se serait habillé(e)	se seraient habillé(e)s

Impératif

habille-toi
habillons-nous
habillez-vous

Participes

Présent
m'habillant, etc.

Passé
habillé(e)

Related Words

| l'habillement (m.) | way of dressing | la soirée habillée | formal party |
| habiller quelqu'un | to dress someone | bien habillé | well dressed |

97

68 interdire to forbid

je   nous
tu   vous
il/elle/on   ils/elles

transitive

Indicatif

Présent		Passé composé	
interdis	interdisons	ai interdit	avons interdit
interdis	interdites	as interdit	avez interdit
interdit	interdisent	a interdit	ont interdit

Imparfait		Plus-que-parfait	
interdisais	interdisions	avais interdit	avions interdit
interdisais	interdisiez	avais interdit	aviez interdit
interdisait	interdisaient	avait interdit	avaient interdit

Passé simple		Passé antérieur	
interdis	interdîmes	eus interdit	eûmes interdit
interdis	interdîtes	eus interdit	eûtes interdit
interdit	interdirent	eut interdit	eurent interdit

Futur simple		Futur antérieur	
interdirai	interdirons	aurai interdit	aurons interdit
interdiras	interdirez	auras interdit	aurez interdit
interdira	interdiront	aura interdit	auront interdit

Subjonctif

Présent		Passé	
interdise	interdisions	aie interdit	ayons interdit
interdises	interdisiez	aies interdit	ayez interdit
interdise	interdisent	ait interdit	aient interdit

Imparfait		Plus-que-parfait	
interdisse	interdissions	eusse interdit	eussions interdit
interdisses	interdissiez	eusses interdit	eussiez interdit
interdît	interdissent	eût interdit	eussent interdit

Conditionnel

Présent		Passé	
interdirais	interdirions	aurais interdit	aurions interdit
interdirais	interdiriez	aurais interdit	auriez interdit
interdirait	interdiraient	aurait interdit	auraient interdit

Impératif

interdis
interdisons
interdisez

Participes

Présent	Passé
interdisant	interdit

Related Words

l'interdiction (f.)	*ban, prohibition*	interdit	*forbidden*
interdit de fumer	*no smoking*		

69 **interrompre** to interrupt

	je	nous
transitive	tu	vous
	il/elle/on	ils/elles

Indicatif

Présent

		Passé composé	
interromps	interrompons	ai interrompu	avons interrompu
interromps	interrompez	as interrompu	avez interrompu
interromp	interrompent	a interrompu	ont interrompu

Imparfait

		Plus-que-parfait	
interrompais	interrompions	avais interrompu	avions interrompu
interrompais	interrompiez	avais interrompu	aviez interrompu
interrompait	interrompaient	avait interrompu	avaient interrompu

Passé simple

		Passé antérieur	
interrompis	interrompîmes	eus interrompu	eûmes interrompu
interrompis	interrompîtes	eus interrompu	eûtes interrompu
interrompit	interrompirent	eut interrompu	eurent interrompu

Futur simple

		Futur antérieur	
interromprai	interromprons	aurai interrompu	aurons interrompu
interrompras	interromprez	auras interrompu	aurez interrompu
interrompra	interrompront	aura interrompu	auront interrompu

Subjonctif

Présent

		Passé	
interrompe	interrompions	aie interrompu	ayons interrompu
interrompes	interrompiez	aies interrompu	ayez interrompu
interrompe	interrompent	ait interrompu	aient interrompu

Imparfait

		Plus-que-parfait	
interrompisse	interrompissions	eusse interrompu	eussions interrompu
interrompisses	interrompissiez	eusses interrompu	eussiez interrompu
interrompît	interrompissent	eût interrompu	eussent interrompu

Conditionnel

Présent

		Passé	
interromprais	interromprions	aurais interrompu	aurions interrompu
interromprais	interrompriez	aurais interrompu	auriez interrompu
interromprait	interrompraient	aurait interrompu	auraient interrompu

Impératif

	Participes	
interromps	**Présent**	**Passé**
interrompons	interrompant	interrompu
interrompez		

Related Words

l'interruption (f.)	*interruption*	ininterrompu	*continuous*
rompre	*to break*		

70 **inventer** to invent, to make up

transitive

	je	nous
	tu	vous
	il/elle/on	ils/elles

Indicatif

Présent
invente	inventons
inventes	inventez
invente	inventent

Passé composé
ai inventé	avons inventé
as inventé	avez inventé
a inventé	ont inventé

Imparfait
inventais	inventions
inventais	inventiez
inventait	inventaient

Plus-que-parfait
avais inventé	avions inventé
avais inventé	aviez inventé
avait inventé	avaient inventé

Passé simple
inventai	inventâmes
inventas	inventâtes
inventa	inventèrent

Passé antérieur
eus inventé	eûmes inventé
eus inventé	eûtes inventé
eut inventé	eurent inventé

Futur simple
inventerai	inventerons
inventeras	inventerez
inventera	inventeront

Futur antérieur
aurai inventé	aurons inventé
auras inventé	aurez inventé
aura inventé	auront inventé

Subjonctif

Présent
invente	inventions
inventes	inventiez
invente	inventent

Passé
aie inventé	ayons inventé
aies inventé	ayez inventé
ait inventé	aient inventé

Imparfait
inventasse	inventassions
inventasses	inventassiez
inventât	inventassent

Plus-que-parfait
eusse inventé	eussions inventé
eusses inventé	eussiez inventé
eût inventé	eussent inventé

Conditionnel

Présent
inventerais	inventerions
inventerais	inventeriez
inventerait	inventeraient

Passé
aurais inventé	aurions inventé
aurais inventé	auriez inventé
aurait inventé	auraient inventé

Impératif
invente
inventons
inventez

Participes

Présent
inventant

Passé
inventé

Related Words
l'invention (f.)	*invention*	l'inventeur (m.)	*inventor*
inventif	*inventive*	l'inventivité (f.)	*inventiveness*

71 **inviter** to invite

	je	nous
	tu	vous
	il/elle/on	ils/elles

Indicatif

Présent
invite	invitons
invites	invitez
invite	invitent

Passé composé
ai invité	avons invité
as invité	avez invité
a invité	ont invité

Imparfait
invitais	invitions
invitais	invitiez
invitait	invitaient

Plus-que-parfait
avais invité	avions invité
avais invité	aviez invité
avait invité	avaient invité

Passé simple
invitai	invitâmes
invitas	invitâtes
invita	invitèrent

Passé antérieur
eus invité	eûmes invité
eus invité	eûtes invité
eut invité	eurent invité

Futur simple
inviterai	inviterons
inviteras	inviterez
invitera	inviteront

Futur antérieur
aurai invité	aurons invité
auras invité	aurez invité
aura invité	auront invité

Subjonctif

Présent
invite	invitions
invites	invitiez
invite	invitent

Passé
aie invité	ayons invité
aies invité	ayez invité
ait invité	aient invité

Imparfait
invitasse	invitassions
invitasses	invitassiez
invitât	invitassent

Plus-que-parfait
eusse invité	eussions invité
eusses invité	eussiez invité
eût invité	eussent invité

Conditionnel

Présent
inviterais	inviterions
inviterais	inviteriez
inviterait	inviteraient

Passé
aurais invité	aurions invité
aurais invité	auriez invité
aurait invité	auraient invité

Impératif
invite
invitons
invitez

Participes

Présent
invitant

Passé
invité

Related Words

l'invitation (f.)	*invitation*	
l'invité/e (m./f.)	*guest*	

72 **jaunir** to turn yellow

intransitive

	je	nous
	tu	vous
	il/elle/on	ils/elles

Indicatif

Présent

jaunis	jaunissons
jaunis	jaunissez
jaunit	jaunissent

Passé composé

ai jauni	avons jauni
as jauni	avez jauni
a jauni	ont jauni

Imparfait

jaunissais	jaunissions
jaunissais	jaunissiez
jaunissait	jaunissaient

Plus-que-parfait

avais jauni	avions jauni
avais jauni	aviez jauni
avait jauni	avaient jauni

Passé simple

jaunis	jaunîmes
jaunis	jaunîtes
jaunit	jaunirent

Passé antérieur

eus jauni	eûmes jauni
eus jauni	eûtes jauni
eut jauni	eurent jauni

Futur simple

jaunirai	jaunirons
jauniras	jaunirez
jaunira	jauniront

Futur antérieur

aurai jauni	aurons jauni
auras jauni	aurez jauni
aura jauni	auront jauni

Subjonctif

Présent

jaunisse	jaunissions
jaunisses	jaunissiez
jaunisse	jaunissent

Passé

aie jauni	ayons jauni
aies jauni	ayez jauni
ait jauni	aient jauni

Imparfait

jaunisse	jaunissions
jaunisses	jaunissiez
jaunît	jaunissent

Plus-que-parfait

eusse jauni	eussions jauni
eusses jauni	eussiez jauni
eût jauni	eussent jauni

Conditionnel

Présent

jaunirais	jaunirions
jaunirais	jauniriez
jaunirait	jauniraient

Passé

aurais jauni	aurions jauni
aurais jauni	auriez jauni
aurait jauni	auraient jauni

Impératif

jaunis
jaunissons
jaunissez

Participes

Présent

jaunissant

Passé

jauni

Related Words

jaune	*yellow*	la jaunisse	*jaundice*

73 joindre to join, to bring together

transitive

Indicatif

Présent
joins	joignons
joins	joignez
joint	joignent

Passé composé
ai joint	avons joint
as joint	avez joint
a joint	ont joint

Imparfait
joignais	joignions
joignais	joigniez
joignait	joignaient

Plus-que-parfait
avais joint	avions joint
avais joint	aviez joint
avait joint	avaient joint

Passé simple
joignis	joignîmes
joignis	joignîtes
joignit	joignirent

Passé antérieur
eus joint	eûmes joint
eus joint	eûtes joint
eut joint	eurent joint

Futur simple
joindrai	joindrons
joindras	joindrez
joindra	joindront

Futur antérieur
aurai joint	aurons joint
auras joint	aurez joint
aura joint	auront joint

Subjonctif

Présent
joigne	joignions
joignes	joigniez
joigne	joignent

Passé
aie joint	ayons joint
aies joint	ayez joint
ait joint	aient joint

Imparfait
joignisse	joignissions
joignisses	joignissiez
joignît	joignissent

Plus-que-parfait
eusse joint	eussions joint
eusses joint	eussiez joint
eût joint	eussent joint

Conditionnel

Présent
joindrais	joindrions
joindrais	joindriez
joindrait	joindraient

Passé
aurais joint	aurions joint
aurais joint	auriez joint
aurait joint	auraient joint

Impératif
joins
joignons
joignez

Participes

Présent
joignant

Passé
joint

Related Words

se joindre à la foule	to mingle, to mix	rejoindre	to join, to meet
se rejoindre	to meet	faire craquer ses jointures	to crack one's knuckles

103

74 **jouer** to play, to gamble

transitive

	je	nous
	tu	vous
	il/elle/on	ils/elles

Indicatif

Présent
joue	jouons
joues	jouez
joue	jouent

Passé composé
ai joué	avons joué
as joué	avez joué
a joué	ont joué

Imparfait
jouais	jouions
jouais	jouiez
jouait	jouaient

Plus-que-parfait
avais joué	avions joué
avais joué	aviez joué
avait joué	avaient joué

Passé simple
jouai	jouâmes
jouas	jouâtes
joua	jouèrent

Passé antérieur
eus joué	eûmes joué
eus joué	eûtes joué
eut joué	eurent joué

Futur simple
jouerai	jouerons
joueras	jouerez
jouera	joueront

Futur antérieur
aurai joué	aurons joué
auras joué	aurez joué
aura joué	auront joué

Subjonctif

Présent
joue	jouions
joues	jouiez
joue	jouent

Passé
aie joué	ayons joué
aies joué	ayez joué
ait joué	aient joué

Imparfait
jouasse	jouassions
jouasses	jouassiez
jouât	jouassent

Plus-que-parfait
eusse joué	eussions joué
eusses joué	eussiez joué
eût joué	eussent joué

Conditionnel

Présent
jouerais	jouerions
jouerais	joueriez
jouerait	joueraient

Passé
aurais joué	aurions joué
aurais joué	auriez joué
aurait joué	auraient joué

Impératif
joue
jouons
jouez

Participes

Présent
jouant

Passé
joué

Related Words

le jeu	game	déjoué	undermined
le joueur	player	le jouet	toy

75 **lancer** to throw; to launch

transitive

	je	nous
	tu	vous
	il/elle/on	ils/elles

Indicatif

Présent
lance	lançons
lances	lancez
lance	lancent

Passé composé
ai lancé	avons lancé
as lancé	avez lancé
a lancé	ont lancé

Imparfait
lançais	lancions
lançais	lanciez
lançait	lançaient

Plus-que-parfait
avais lancé	avions lancé
avais lancé	aviez lancé
avait lancé	avaient lancé

Passé simple
lançai	lançâmes
lanças	lançâtes
lança	lancèrent

Passé antérieur
eus lancé	eûmes lancé
eus lancé	eûtes lancé
eut lancé	eurent lancé

Futur simple
lancerai	lancerons
lanceras	lancerez
lancera	lanceront

Futur antérieur
aurai lancé	aurons lancé
auras lancé	aurez lancé
aura lancé	auront lancé

Subjonctif

Présent
lance	lancions
lances	lanciez
lance	lancent

Passé
aie lancé	ayons lancé
aies lancé	ayez lancé
ait lancé	aient lancé

Imparfait
lançasse	lançassions
lançasses	lançassiez
lançât	lançassent

Plus-que-parfait
eusse lancé	eussions lancé
eusses lancé	eussiez lancé
eût lancé	eussent lancé

Conditionnel

Présent
lancerais	lancerions
lancerais	lanceriez
lancerait	lanceraient

Passé
aurais lancé	aurions lancé
aurais lancé	auriez lancé
aurait lancé	auraient lancé

Impératif
lance
lançons
lancez

Participes
Présent
lançant

Passé
lancé

Related Words

la lance	*spear, lance*	se lancer	*to build up speed, to leap*
le lancement publicitaire	*commercial launching*	le lanceur	*promoter*

76 se laver to wash (oneself)

reflexive

		je	nous
		tu	vous
		il/elle/on	ils/elles

Indicatif

Présent
me lave	nous lavons
te laves	vous lavez
se lave	se lavent

Passé composé
me suis lavé(e)	nous sommes lavé(e)s
t'es lavé(e)	vous êtes lavé(e)(s)
s'est lavé(e)	se sont lavé(e)s

Imparfait
me lavais	nous lavions
te lavais	vous laviez
se lavait	se lavaient

Plus-que-parfait
m'étais lavé(e)	nous étions lavé(e)s
t'étais lavé(e)	vous étiez lavé(e)(s)
s'était lavé(e)	s'étaient lavé(e)s

Passé simple
me lavai	nous lavâmes
te lavas	vous lavâtes
se lava	se lavèrent

Passé antérieur
me fus lavé(e)	nous fûmes lavé(e)s
tu fus lavé(e)	vous fûtes lavé(e)(s)
se fut lavé(e)	se furent lavé(e)s

Futur simple
me laverai	nous laverons
te laveras	vous laverez
se lavera	se laveront

Futur antérieur
me serai lavé(e)	nous serons lavé(e)s
te seras lavé(e)	vous serez lavé(e)(s)
se sera lavé(e)	se seront lavé(e)s

Subjonctif

Présent
me lave	nous lavions
te laves	vous laviez
se lave	se lavent

Passé
me sois lavé(e)	nous soyons lavé(e)s
te sois lavé(e)	vous soyez lavé(e)(s)
se soit lavé(e)	se soient lavé(e)s

Imparfait
me lavasse	nous lavassions
te lavasses	vous lavassiez
se lavât	se lavassent

Plus-que-parfait
me fusse lavé(e)	nous fussions lavé(e)s
te fusses lavé(e)	vous fussiez lavé(e)(s)
se fût lavé(e)	se fussent lavé(e)s

Conditionnel

Présent
me laverais	nous laverions
te laverais	vous laveriez
se laverait	se laveraient

Passé
me serais lavé(e)	nous serions lavé(e)s
te serais lavé(e)	vous seriez lavé(e)(s)
se serait lavé(e)	se seraient lavé(e)s

Impératif
lave-toi
lavons-nous
lavez-vous

Participes

Présent
me lavant, etc.

Passé
lavé

Related Words

le lavage	*washing*	le lave-glace	*windshield washer*
le lave-vaisselle	*dishwasher*	le lavabo	*sink (bathroom)*
la laverie	*laundry*	la lavette	*dish cloth*
le lavage de cerveau	*brainwashing*	le lave-linge	*washing machine*

77 **se lever** to get up, to rise, to stand up

reflexive

Indicatif

Présent
me lève	nous levons
te lèves	vous levez
se lève	se lèvent

Passé composé
me suis levé(e)	nous sommes levé(e)s
t'es levé(e)	vous êtes levé(e)(s)
s'est levé(e)	se sont levé(e)s

Imparfait
me levais	nous levions
te levais	vous leviez
se levait	se levaient

Plus-que-parfait
m'étais levé(e)	nous étions levé(e)s
t'étais levé(e)	vous étiez levé(e)(s)
s'était levé(e)	s'étaient levé(e)s

Passé simple
me levai	nous levâmes
te levas	vous levâtes
se leva	se levèrent

Passé antérieur
me fus levé(e)	nous fûmes levé(e)s
te fus levé(e)	vous fûtes levé(e)(s)
se fut levé(e)	se furent levé(e)s

Futur simple
me lèverai	nous lèverons
te lèveras	vous lèverez
se lèvera	se lèveront

Futur antérieur
me serai levé(e)	nous serons levé(e)s
te seras levé(e)	vous serez levé(e)(s)
se sera levé(e)	se seront levé(e)s

Subjonctif

Présent
me lève	nous levions
te lèves	vous leviez
se lève	se lèvent

Passé
me sois levé(e)	nous soyons levé(e)s
te sois levé(e)	vous soyez levé(e)(s)
se soit levé(e)	se soient levé(e)s

Imparfait
me levasse	nous levassions
te levasses	vous levassiez
se levât	se levassent

Plus-que-parfait
me fusse levé(e)	nous fussions levé(e)s
te fusses levé(e)	vous fussiez levé(e)(s)
se fût levé(e)	se fussent levé(e)s

Conditionnel

Présent
me lèverais	nous lèverions
te lèverais	vous lèveriez
se lèverait	se lèveraient

Passé
me serais levé(e)	nous serions levé(e)s
te serais levé(e)	vous seriez levé(e)(s)
se serait levé(e)	se seraient levé(e)s

Impératif
lève-toi
levons-nous
levez-vous

Participes

Présent
me levant, etc.

Passé
levé

Related Words

lever	to lift	le levant	the East
le lever	sunrise	levant	rising (adj.)
du soleil		le levain	leaven
la levure	yeast	le lève-tard	late riser
la levée	trick (cards)	le lève-tôt	early riser

78 lire to read

transitive

Indicatif

Présent
lis	lisons		
lis	lisez		
lit	lisent		

Passé composé
ai lu	avons lu		
as lu	avez lu		
a lu	ont lu		

Imparfait
lisais	lisions
lisais	lisiez
lisait	lisaient

Plus-que-parfait
avais lu	avions lu
avais lu	aviez lu
avait lu	avaient lu

Passé simple
lus	lûmes
lus	lûtes
lut	lurent

Passé antérieur
eus lu	eûmes lu
eus lu	eûtes lu
eut lu	eurent lu

Futur simple
lirai	lirons
liras	lirez
lira	liront

Futur antérieur
aurai lu	aurons lu
auras lu	aurez lu
aura lu	auront lu

Subjonctif

Présent
lise	lisions
lises	lisiez
lise	lisent

Passé
aie lu	ayons lu
aies lu	ayez lu
ait lu	aient lu

Imparfait
lusse	lussions
lusses	lussiez
lût	lussent

Plus-que-parfait
eusse lu	eussions lu
eusses lu	eussiez lu
eût lu	eussent lu

Conditionnel

Présent
lirais	lirions
lirais	liriez
lirait	liraient

Passé
aurais lu	aurions lu
aurais lu	auriez lu
aurait lu	auraient lu

Impératif
lis
lisons
lisez

Participes
Présent
lisant

Passé
lu

Related Words
la lecture	*reading*	lisible	*legible*
le lecteur	*reader*	lisibilité	*legibility*

108

79 **maigrir** to lose weight

intransitive

	je	nous
	tu	vous
	il/elle/on	ils/elles

Indicatif

Présent
maigris	maigrissons
maigris	maigrissez
maigrit	maigrissent

Passé composé
ai maigri	avons maigri
as maigri	avez maigri
a maigri	ont maigri

Imparfait
maigrissais	maigrissions
maigrissais	maigrissiez
maigrissait	maigrissaient

Plus-que-parfait
avais maigri	avions maigri
avais maigri	aviez maigri
avait maigri	avaient maigri

Passé simple
maigris	maigrîmes
maigris	maigrîtes
maigrit	maigrirent

Passé antérieur
eus maigri	eûmes maigri
eus maigri	eûtes maigri
eut maigri	eurent maigri

Futur simple
maigrirai	maigrirons
maigriras	maigrirez
maigrira	maigriront

Futur antérieur
aurai maigri	aurons maigri
auras maigri	aurez maigri
aura maigri	auront maigri

Subjonctif

Présent
maigrisse	maigrissions
maigrisses	maigrissiez
maigrisse	maigrissent

Passé
aie maigri	ayons maigri
aies maigri	ayez maigri
ait maigri	aient maigri

Imparfait
maigrisse	maigrissions
maigrisses	maigrissiez
maigrit	maigrissent

Plus-que-parfait
eusse maigri	eussions maigri
eusses maigri	eussiez maigri
eût maigri	eussent maigri

Conditionnel

Présent
maigrirais	maigririons
maigrirais	maigririez
maigrirait	maigriraient

Passé
aurais maigri	aurions maigri
aurais maigri	auriez maigri
aurait maigri	auraient maigri

Impératif

maigris
maigrissons
maigrissez

Participes

Présent
maigrissant

Passé
maigri

Related Words

| maigre | *skinny, thin* | amaigri | *one who lost weight* |
| la maigreur | *thinness, meagerness* | régime amaigrissant | *weight-loss diet* |

80 **manger** to eat

transitive

	je	nous
	tu	vous
	il/elle/on	ils/elles

Indicatif

Présent
mange	mangeons
manges	mangez
mange	mangent

Passé composé
ai mangé	avons mangé
as mangé	avez mangé
a mangé	ont mangé

Imparfait
mangeais	mangions
mangeais	mangiez
mangeait	mangeaient

Plus-que-parfait
avais mangé	avions mangé
avais mangé	aviez mangé
avait mangé	avaient mangé

Passé simple
mangeai	mangeâmes
mangeas	mangeâtes
mangea	mangèrent

Passé antérieur
eus mangé	eûmes mangé
eus mangé	eûtes mangé
eut mangé	eurent mangé

Futur simple
mangerai	mangerons
mangeras	mangerez
mangera	mangeront

Futur antérieur
aurai mangé	aurons mangé
auras mangé	aurez mangé
aura mangé	auront mangé

Subjonctif

Présent
mange	mangions
manges	mangiez
mange	mangent

Passé
aie mangé	ayons mangé
aies mangé	ayez mangé
ait mangé	aient mangé

Imparfait
mangeasse	mangeassions
mangeasses	mangeassiez
mangeât	mangeassent

Plus-que-parfait
eusse mangé	eussions mangé
eusses mangé	eussiez mangé
eût mangé	eussent mangé

Conditionnel

Présent
mangerais	mangerions
mangerais	mangeriez
mangerait	mangeraient

Passé
aurais mangé	aurions mangé
aurais mangé	auriez mangé
aurait mangé	auraient mangé

Impératif
mange
mangeons
mangez

Participes

Présent
mangeant

Passé
mangé

Related Words

manger son argent	*to squander money*	mangeable	*edible*
la mangeoire	*trough*	le gros mangeur	*big eater*
		le garde-manger	*pantry*

81 mettre to put, to place

transitive

	je	nous
	tu	vous
	il/elle/on	ils/elles

Indicatif

Présent
mets	mettons
mets	mettez
met	mettent

Passé composé
ai mis	avons mis
as mis	avez mis
a mis	ont mis

Imparfait
mettais	mettions
mettais	mettiez
mettait	mettaient

Plus-que-parfait
avais mis	avions mis
avais mis	aviez mis
avait mis	avaient mis

Passé simple
mis	mîmes
mis	mîtes
mit	mirent

Passé antérieur
eus mis	eûmes mis
eus mis	eûtes mis
eut mis	eurent mis

Futur simple
mettrai	mettrons
mettras	mettrez
mettra	mettront

Futur antérieur
aurai mis	aurons mis
auras mis	aurez mis
aura mis	auront mis

Subjonctif

Présent
mette	mettions
mettes	mettiez
mette	mettent

Passé
aie mis	ayons mis
aies mis	ayez mis
ait mis	aient mis

Imparfait
misse	missions
misses	missiez
mît	missent

Plus-que-parfait
eusse mis	eussions mis
eusses mis	eussiez mis
eût mis	eussent mis

Conditionnel

Présent
mettrais	mettrions
mettrais	mettriez
mettrait	mettraient

Passé
aurais mis	aurions mis
aurais mis	auriez mis
aurait mis	auraient mis

Impératif
mets
mettons
mettez

Participes

Présent
mettant

Passé
mis

Related Words

admettre	*to admit, to let in*	commettre	*to commit (a crime)*
émettre	*to emit*	omettre	*to omit*
permettre	*to permit, to allow*	promettre	*to promise*
soumettre	*to subject, to submit*	transmettre	*to transmit*
se mettre à	*to begin, to start*	la mise en bouteilles	*bottling*
la mise en scène	*staging*	la mise au point	*tuning, focusing*

111

82 **monter** to rise, to go up

	je	nous
transitive	tu	vous
	il/elle/on	ils/elles

Indicatif

Présent
monte	montons
montes	montez
monte	montent

Passé composé
suis monté(e)	sommes monté(e)s
es monté(e)	êtes monté(e)(s)
est monté(e)	sont monté(e)s

Imparfait
montais	montions
montais	montiez
montait	montaient

Plus-que-parfait
étais monté(e)	étions monté(e)s
étais monté(e)	étiez monté(e)(s)
était monté(e)	étaient monté(e)s

Passé simple
montai	montâmes
montas	montâtes
monta	montèrent

Passé antérieur
fus monté(e)	fûmes monté(e)s
fus monté(e)	fûtes monté(e)(s)
fut monté(e)	furent monté(e)s

Futur simple
monterai	monterons
monteras	monterez
montera	monteront

Futur antérieur
serai monté(e)	serons monté(e)s
seras monté(e)	serez monté(e)(s)
sera monté(e)	seront monté(e)s

Subjonctif

Présent
monte	montions
montes	montiez
monte	montent

Passé
sois monté(e)	soyons monté(e)s
sois monté(e)	soyez monté(e)(s)
soit monté(e)	soient monté(e)s

Imparfait
montasse	montassions
montasses	montassiez
montât	montassent

Plus-que-parfait
fusse monté(e)	fussions monté(e)s
fusses monté(e)	fussiez monté(e)(s)
fût monté(e)	fussent monté(e)s

Conditionnel

Présent
monterais	monterions
monterais	monteriez
monterait	monteraient

Passé
serais monté(e)	serions monté(e)s
serais monté(e)	seriez monté(e)(s)
serait monté(e)	seraient monté(e)s

Impératif
monte
montons
montez

Participes

Présent
montant

Passé
monté

Related Words

démonter	*to disassemble*	la monture	*mount (horse),*
le monte-charge	*service elevator*		*frame (glasses)*
le/la monteur/-euse	*film editor*	le promontoire	*promontory, headland*
		la montée	*climb*
montant	*rising*		

83 montrer to show

je   nous
tu   vous
il/elle/on   ils/elles

transitive

Indicatif

Présent

montre	montrons
montres	montrez
montre	montrent

Passé composé

ai montré	avons montré
as montré	avez montré
a montré	ont montré

Imparfait

montrais	montrions
montrais	montriez
montrait	montraient

Plus-que-parfait

avais montré	avions montré
avais montré	aviez montré
avait montré	avaient montré

Passé simple

montrai	montrâmes
montras	montrâtes
montra	montrèrent

Passé antérieur

eus montré	eûmes montré
eus montré	eûtes montré
eut montré	eurent montré

Futur simple

montrerai	montrerons
montreras	montrerez
montrera	montreront

Futur antérieur

aurai montré	aurons montré
auras montré	aurez montré
aura montré	auront montré

Subjonctif

Présent

montre	montrions
montres	montriez
montre	montrent

Passé

aie montré	ayons montré
aies montré	ayez montré
ait montré	aient montré

Imparfait

montrasse	montrassions
montrasses	montrassiez
montrât	montrassent

Plus-que-parfait

eusse montré	eussions montré
eusses montré	eussiez montré
eût montré	eussent montré

Conditionnel

Présent

montrerais	montrerions
montrerais	montreriez
montrerait	montreraient

Passé

aurais montré	aurions montré
aurais montré	auriez montré
aurait montré	auraient montré

Impératif

montre
montrons
montrez

Participes

Présent

montrant

Passé

montré

Related Words

la montre	*watch*	montrer le chemin	*to show the way*
démontrer	*to demonstrate*	la démonstration	*demonstration*

84 mourir to die

intransitive

	je	nous
	tu	vous
	il/elle/on	ils/elles

Indicatif

Présent
		Passé composé	
meurs	mourons	suis mort(e)	sommes mort(e)s
meurs	mourez	es mort(e)	êtes mort(e)(s)
meurt	meurent	est mort(e)	sont mort(e)s

Imparfait
		Plus-que-parfait	
mourais	mourions	étais mort(e)	étions mort(e)s
mourais	mouriez	étais mort(e)	étiez mort(e)(s)
mourait	mouraient	était mort(e)	étaient mort(e)s

Passé simple
		Passé antérieur	
mourus	mourûmes	fus mort(e)	fûmes mort(e)s
mourus	mourûtes	fus mort(e)	fûtes mort(e)(s)
mourut	moururent	fut mort(e)	furent mort(e)s

Futur simple
		Futur antérieur	
mourrai	mourrons	serai mort(e)	serons mort(e)s
mourras	mourrez	seras mort(e)	serez mort(e)(s)
mourra	mourront	sera mort(e)	seront mort(e)s

Subjonctif

Présent
		Passé	
meure	mourions	sois mort(e)	soyons mort(e)s
meures	mouriez	sois mort(e)	soyez mort(e)(s)
meure	meurent	soit mort(e)	soient mort(e)s

Imparfait
		Plus-que-parfait	
mourusse	mourussions	fusse mort(e)	fussions mort(e)s
mourusses	mourussiez	fusses mort(e)	fussiez mort(e)(s)
mourût	mourussent	fût mort(e)	fussent mort(e)s

Conditionnel

Présent
		Passé	
mourrais	mourrions	serais mort(e)	serions mort(e)s
mourrais	mourriez	serais mort(e)	seriez mort(e)(s)
mourrait	mourraient	serait mort(e)	seraient mort(e)s

Impératif

Participes		

meurs
mourons
mourez

Présent
mourant

Passé
mort

Related Words

la mort	*death*	mortel	*mortal*
mortuaire	*mortuary*	la morte-saison	*off-season*
la mortalité	*mortality*		

85 nager to swim

intransitive

	je	nous
	tu	vous
	il/elle/on	ils/elles

Indicatif

Présent
nage	nageons
nages	nagez
nage	nagent

Passé composé
ai nagé	avons nagé
as nagé	avez nagé
a nagé	ont nagé

Imparfait
nageais	nagions
nageais	nagiez
nageait	nageaient

Plus-que-parfait
avais nagé	avions nagé
avais nagé	aviez nagé
avait nagé	avaient nagé

Passé simple
nageai	nageâmes
nageas	nageâtes
nagea	nagèrent

Passé antérieur
eus nagé	eûmes nagé
eus nagé	eûtes nagé
eut nagé	eurent nagé

Futur simple
nagerai	nagerons
nageras	nagerez
nagera	nageront

Futur antérieur
aurai nagé	aurons nagé
auras nagé	aurez nagé
aura nagé	auront nagé

Subjonctif

Présent
nage	nagions
nages	nagiez
nage	nagent

Passé
aie nagé	ayons nagé
aies nagé	ayez nagé
ait nagé	aient nagé

Imparfait
nageasse	nageassions
nageasses	nageassiez
nageât	nageassent

Plus-que-parfait
eusse nagé	eussions nagé
eusses nagé	eussiez nagé
eût nagé	eussent nagé

Conditionnel

Présent
nagerais	nagerions
nagerais	nageriez
nagerait	nageraient

Passé
aurais nagé	aurions nagé
aurais nagé	auriez nagé
aurait nagé	auraient nagé

Impératif
nage
nageons
nagez

Participes

Présent
nageant

Passé
nagé

Related Words
le nageur	*swimmer*	la natation	*swimming*
la nageoire	*fin, flipper*	être en nage	*to be bathed in sweat*

86 naître to be born

intransitive

Indicatif

Présent
nais	naissons
nais	naissez
naît	naissent

Passé composé
suis né(e)	sommes né(e)s
es né(e)	êtes né(e)(s)
est né(e)	sont né(e)s

Imparfait
naissais	naissions
naissais	naissiez
naissait	naissaient

Plus-que-parfait
étais né(e)	étions né(e)s
étais né(e)	étiez né(e)(s)
était né(e)	étaient né(e)s

Passé simple
naquis	naquîmes
naquis	naquîtes
naquit	naquirent

Passé antérieur
fus né(e)	fûmes né(e)s
fus né(e)	fûtes né(e)(s)
fut né(e)	furent né(e)s

Futur simple
naîtrai	naîtrons
naîtras	naîtrez
naîtra	naîtront

Futur antérieur
serai né(e)	serons né(e)s
seras né(e)	serez né(e)(s)
sera né(e)	seront né(e)s

Subjonctif

Présent
naisse	naissions
naisses	naissiez
naisse	naissent

Passé
sois né(e)	soyons né(e)s
sois né(e)	soyez né(e)(s)
soit né(e)	soient né(e)s

Imparfait
naquisse	naquissions
naquisses	naquissiez
naquît	naquissent

Plus-que-parfait
fusse né(e)	fussions né(e)s
fusses né(e)	fussiez né(e)(s)
fût né(e)	fussent né(e)s

Conditionnel

Présent
naîtrais	naîtrions
naîtrais	naîtriez
naîtrait	naîtraient

Passé
serais né(e)	serions né(e)s
serais né(e)	seriez né(e)(s)
serait né(e)	seraient né(e)s

Impératif
nais
naissons
naissez

Participes

Présent
naissant

Passé
né

Related Words
la naissance	*birth*	la natalité	*birth rate*
la renaissance	*rebirth, renaissance*		

87 nettoyer to clean

transitive

	je	nous
	tu	vous
	il/elle/on	ils/elles

Indicatif

Présent
nettoie	nettoyons
nettoies	nettoyez
nettoie	nettoient

Passé composé
ai nettoyé	avons nettoyé
as nettoyé	avez nettoyé
a nettoyé	ont nettoyé

Imparfait
nettoyais	nettoyions
nettoyais	nettoyiez
nettoyait	nettoyaient

Plus-que-parfait
avais nettoyé	avions nettoyé
avais nettoyé	aviez nettoyé
avait nettoyé	avaient nettoyé

Passé simple
nettoyai	nettoyâmes
nettoyas	nettoyâtes
nettoya	nettoyèrent

Passé antérieur
eus nettoyé	eûmes nettoyé
eus nettoyé	eûtes nettoyé
eut nettoyé	eurent nettoyé

Futur simple
nettoierai	nettoierons
nettoieras	nettoierez
nettoiera	nettoieront

Futur antérieur
aurai nettoyé	aurons nettoyé
auras nettoyé	aurez nettoyé
aura nettoyé	auront nettoyé

Subjonctif

Présent
nettoie	nettoyions
nettoies	nettoyiez
nettoie	nettoient

Passé
aie nettoyé	ayons nettoyé
aies nettoyé	ayez nettoyé
ait nettoyé	aient nettoyé

Imparfait
nettoyasse	nettoyassions
nettoyasses	nettoyassiez
nettoyât	nettoyassent

Plus-que-parfait
eusse nettoyé	eussions nettoyé
eusses nettoyé	eussiez nettoyé
eût nettoyé	eussent nettoyé

Conditionnel

Présent
nettoierais	nettoierions
nettoierais	nettoieriez
nettoierait	nettoieraient

Passé
aurais nettoyé	aurions nettoyé
aurais nettoyé	auriez nettoyé
aurait nettoyé	auraient nettoyé

Impératif

nettoie
nettoyons
nettoyez

Participes

Présent
nettoyant

Passé
nettoyé

Related Words

| le nettoyage | *cleaning* | le service de nettoiement | *sanitation department* |
| le nettoyage de printemps | *spring cleaning* | le nettoyage à sec | *dry cleaning* |

88 occuper to occupy

transitive

	je	nous
	tu	vous
	il/elle/on	ils/elles

Indicatif

Présent
occupe	occupons
occupes	occupez
occupe	occupent

Passé composé
ai occupé	avons occupé
as occupé	avez occupé
a occupé	ont occupé

Imparfait
occupais	occupions
occupais	occupiez
occupait	occupaient

Plus-que-parfait
avais occupé	avions occupé
avais occupé	aviez occupé
avait occupé	avaient occupé

Passé simple
occupai	occupâmes
occupas	occupâtes
occupa	occupèrent

Passé antérieur
eus occupé	eûmes occupé
eus occupé	eûtes occupé
eut occupé	eurent occupé

Futur simple
occuperai	occuperons
occuperas	occuperez
occupera	occuperont

Futur antérieur
aurai occupé	aurons occupé
auras occupé	aurez occupé
aura occupé	auront occupé

Subjonctif

Présent
occupe	occupions
occupes	occupiez
occupe	occupent

Passé
aie occupé	ayons occupé
aies occupé	ayez occupé
ait occupé	aient occupé

Imparfait
occupasse	occupassions
occupasses	occupassiez
occupât	occupassent

Plus-que-parfait
eusse occupé	eussions occupé
eusses occupé	eussiez occupé
eût occupé	eussent occupé

Conditionnel

Présent
occuperais	occuperions
occuperais	occuperiez
occuperait	occuperaient

Passé
aurais occupé	aurions occupé
aurais occupé	auriez occupé
aurait occupé	auraient occupé

Impératif
occupe
occupons
occupez

Participes
Présent	Passé
occupant	occupé

Related Words

s'occuper de	to take care of, to deal with	l'occupant (m./f.)	occupant
occupation	occupation	occupé	busy, occupied

89 **offrir** to offer

Indicatif

Présent

offre	offrons
offres	offrez
offre	offrent

Passé composé

ai offert	avons offert
as offert	avez offert
a offert	ont offert

Imparfait

offrais	offrions
offrais	offriez
offrait	offraient

Plus-que-parfait

avais offert	avions offert
avais offert	aviez offert
avait offert	avaient offert

Passé simple

offris	offrîmes
offris	offrîtes
offrit	offrirent

Passé antérieur

eus offert	eûmes offert
eus offert	eûtes offert
eut offert	eurent offert

Futur simple

offrirai	offrirons
offriras	offrirez
offrira	offriront

Futur antérieur

aurai offert	aurons offert
auras offert	aurez offert
aura offert	auront offert

Subjonctif

Présent

offre	offrions
offres	offriez
offre	offrent

Passé

aie offert	ayons offert
aies offert	ayez offert
ait offert	aient offert

Imparfait

offrisse	offrissions
offrisses	offrissiez
offrît	offrissent

Plus-que-parfait

eusse offert	eussions offert
eusses offert	eussiez offert
eût offert	eussent offert

Conditionnel

Présent

offrirais	offririons
offrirais	offririez
offrirait	offriraient

Passé

aurais offert	aurions offert
aurais offert	auriez offert
aurait offert	auraient offert

Impératif

offre
offrons
offrez

Participes

Présent

offrant

Passé

offert

Related Words

l'offre (f.)	*offer*	l'offrande (f.)	*offering*
l'offrant (m.)	*bidder*	au plus offrant	*to the highest bidder*

90 organiser to organize

transitive

je   nous
tu   vous
il/elle/on   ils/elles

Indicatif

Présent
organise	organisons	
organises	organisez	
organise	organisent	

Passé composé
ai organisé	avons organisé
as organisé	avez organisé
a organisé	ont organisé

Imparfait
organisais	organisions
organisais	organisiez
organisait	organisaient

Plus-que-parfait
avais organisé	avions organisé
avais organisé	aviez organisé
avait organisé	avaient organisé

Passé simple
organisai	organisâmes
organisas	organisâtes
organisa	organisèrent

Passé antérieur
eus organisé	eûmes organisé
eus organisé	eûtes organisé
eut organisé	eurent organisé

Futur simple
organiserai	organiserons
organiseras	organiserez
organisera	organiseront

Futur antérieur
aurai organisé	aurons organisé
auras organisé	aurez organisé
aura organisé	auront organisé

Subjonctif

Présent
organise	organisions
organises	organisiez
organise	organisent

Passé
aie organisé	ayons organisé
aies organisé	ayez organisé
ait organisé	aient organisé

Imparfait
organisasse	organisassions
organisasses	organisassiez
organisât	organisassent

Plus-que-parfait
eusse organisé	eussions organisé
eusses organisé	eussiez organisé
eût organisé	eussent organisé

Conditionnel

Présent
organiserais	organiserions
organiserais	organiseriez
organiserait	organiseraient

Passé
aurais organisé	aurions organisé
aurais organisé	auriez organisé
aurait organisé	auraient organisé

Impératif
organise
organisons
organisez

Participes

Présent
organisant

Passé
organisé

Related Words

s'organiser	*to get organized*	l'organisateur (m.)	*organizer*
l'organisation (f.)	*organization*	organisé	*organized*

91 ouvrir to open

transitive

	je	nous
	tu	vous
	il/elle/on	ils/elles

Indicatif

Présent
ouvre	ouvrons
ouvres	ouvrez
ouvre	ouvrent

Passé composé
ai ouvert	avons ouvert
as ouvert	avez ouvert
a ouvert	ont ouvert

Imparfait
ouvrais	ouvrions
ouvrais	ouvriez
ouvrait	ouvraient

Plus-que-parfait
avais ouvert	avions ouvert
avais ouvert	aviez ouvert
avait ouvert	avaient ouvert

Passé simple
ouvris	ouvrîmes
ouvris	ouvrîtes
ouvrit	ouvrirent

Passé antérieur
eus ouvert	eûmes ouvert
eus ouvert	eûtes ouvert
eut ouvert	eurent ouvert

Futur simple
ouvrirai	ouvrirons
ouvriras	ouvrirez
ouvrira	ouvriront

Futur antérieur
aurai ouvert	aurons ouvert
auras ouvert	aurez ouvert
aura ouvert	auront ouvert

Subjonctif

Présent
ouvre	ouvrions
ouvres	ouvriez
ouvre	ouvrent

Passé
aie ouvert	ayons ouvert
aies ouvert	ayez ouvert
ait ouvert	aient ouvert

Imparfait
ouvrisse	ouvrissions
ouvrisses	ouvrissiez
ouvrît	ouvrissent

Plus-que-parfait
eusse ouvert	eussions ouvert
eusses ouvert	eussiez ouvert
eût ouvert	eussent ouvert

Conditionnel

Présent
ouvrirais	ouvririons
ouvrirais	ouvririez
ouvrirait	ouvriraient

Passé
aurais ouvert	aurions ouvert
aurais ouvert	auriez ouvert
aurait ouvert	auraient ouvert

Impératif
ouvre
ouvrons
ouvrez

Participes

Présent
ouvrant

Passé
ouvert

Related Words

l'ouverture (f.)	*opening*	le jour ouvrable	*working day*
ouvertement	*openly*	l'ouvreuse (f.)	*usherette*

92 pâlir to turn pale

intransitive

je   nous
tu   vous
il/elle/on   ils/elles

Indicatif

Présent
pâlis	pâlissons
pâlis	pâlissez
pâlit	pâlissent

Passé composé
ai pâli	avons pâli
as pâli	avez pâli
a pâli	ont pâli

Imparfait
pâlissais	pâlissions
pâlissais	pâlissiez
pâlissait	pâlissaient

Plus-que-parfait
avais pâli	avions pâli
avais pâli	aviez pâli
avait pâli	avaient pâli

Passé simple
pâlis	pâlîmes
pâlis	pâlîtes
pâlit	pâlirent

Passé antérieur
eus pâli	eûmes pâli
eus pâli	eûtes pâli
eut pâli	eurent pâli

Futur simple
pâlirai	pâlirons
pâliras	pâlirez
pâlira	pâliront

Futur antérieur
aurai pâli	aurons pâli
auras pâli	aurez pâli
aura pâli	auront pâli

Subjonctif

Présent
pâlisse	pâlissions
pâlisses	pâlissiez
pâlisse	pâlissent

Passé
aie pâli	ayons pâli
aies pâli	ayez pâli
ait pâli	aient pâli

Imparfait
pâlisse	pâlissions
pâlisses	pâlissiez
pâlît	pâlissent

Plus-que-parfait
eusse pâli	eussions pâli
eusses pâli	eussiez pâli
eût pâli	eussent pâli

Conditionnel

Présent
pâlirais	pâlirions
pâlirais	pâliriez
pâlirait	pâliraient

Passé
aurais pâli	aurions pâli
aurais pâli	auriez pâli
aurait pâli	auraient pâli

Impératif

pâlis
pâlissons
pâlissez

Participes

Présent
pâlissant

Passé
pâli

Related Words

pâlissant	*fading*	la pâleur	*pallor, paleness*
pâle	*pale, pallid*		

93 paraître to seem, to appear

intransitive

Indicatif

Présent
parais	paraissons
parais	paraissez
paraît	paraissent

Passé composé
ai paru	avons paru
as paru	avez paru
a paru	ont paru

Imparfait
paraissais	paraissions
paraissais	paraissiez
paraissait	paraissaient

Plus-que-parfait
avais paru	avions paru
avais paru	aviez paru
avait paru	avaient paru

Passé simple
parus	parûmes
parus	parûtes
parut	parurent

Passé antérieur
eus paru	eûmes paru
eus paru	eûtes paru
eut paru	eurent paru

Futur simple
paraîtrai	paraîtrons
paraîtras	paraîtrez
paraîtra	paraîtront

Futur antérieur
aurai paru	aurons paru
auras paru	aurez paru
aura paru	auront paru

Subjonctif

Présent
paraisse	paraissions
paraisses	paraissiez
paraisse	paraissent

Passé
aie paru	ayons paru
aies paru	ayez paru
ait paru	aient paru

Imparfait
parusse	parussions
parusses	parussiez
parût	parussent

Plus-que-parfait
eusse paru	eussions paru
eusses paru	eussiez paru
eût paru	eussent paru

Conditionnel

Présent
paraîtrais	paraîtrions
paraîtrais	paraîtriez
paraîtrait	paraîtraient

Passé
aurais paru	aurions paru
aurais paru	auriez paru
aurait paru	auraient paru

Impératif

parais
paraissons
paraissez

Participes

Présent
paraissant

Passé
paru

Related Words

apparaître	*to appear*	disparaître	*to disappear*
la parution	*publication*	l'apparence (f.)	*appearance*
apparemment	*apparently*		

94 parler to speak, to talk

intransitive

	je	nous
	tu	vous
	il/elle/on	ils/elles

Indicatif

Présent
parle	parlons
parles	parlez
parle	parlent

Passé composé
ai parlé	avons parlé
as parlé	avez parlé
a parlé	ont parlé

Imparfait
parlais	parlions
parlais	parliez
parlait	parlaient

Plus-que-parfait
avais parlé	avions parlé
avais parlé	aviez parlé
avait parlé	avaient parlé

Passé simple
parlai	parlâmes
parlas	parlâtes
parla	parlèrent

Passé antérieur
eus parlé	eûmes parlé
eus parlé	eûtes parlé
eut parlé	eurent parlé

Futur simple
parlerai	parlerons
parleras	parlerez
parlera	parleront

Futur antérieur
aurai parlé	aurons parlé
auras parlé	aurez parlé
aura parlé	auront parlé

Subjonctif

Présent
parle	parlions
parles	parliez
parle	parlent

Passé
aie parlé	ayons parlé
aies parlé	ayez parlé
ait parlé	aient parlé

Imparfait
parlasse	parlassions
parlasses	parlassiez
parlât	parlassent

Plus-que-parfait
eusse parlé	eussions parlé
eusses parlé	eussiez parlé
eût parlé	eussent parlé

Conditionnel

Présent
parlerais	parlerions
parlerais	parleriez
parlerait	parleraient

Passé
aurais parlé	aurions parlé
aurais parlé	auriez parlé
aurait parlé	auraient parlé

Impératif
parle
parlons
parlez

Participes

Présent
parlant

Passé
parlé

Related Words

la parole	*(spoken) word*	les paroles	*lyrics*
le beau parleur	*fine talker*	le parloir	*parlor, visiting room*
le porte-parole	*spokesperson*		

95 **partager** to share

transitive

Indicatif

Présent
partage	partageons		
partages	partagez		
partage	partagent		

Passé composé
ai partagé	avons partagé		
as partagé	avez partagé		
a partagé	ont partagé		

Imparfait
partageais	partagions
partageais	partagiez
partageait	partageaient

Plus-que-parfait
avais partagé	avions partagé
avais partagé	aviez partagé
avait partagé	avaient partagé

Passé simple
partageai	partageâmes
partageas	partageâtes
partagea	partagèrent

Passé antérieur
eus partagé	eûmes partagé
eus partagé	eûtes partagé
eut partagé	eurent partagé

Futur simple
partagerai	partagerons
partageras	partagerez
partagera	partageront

Futur antérieur
aurai partagé	aurons partagé
auras partagé	aurez partagé
aura partagé	auront partagé

Subjonctif

Présent
partage	partagions
partages	partagiez
partage	partagent

Passé
aie partagé	ayons partagé
aies partagé	ayez partagé
ait partagé	aient partagé

Imparfait
partageasse	partageassions
partageasses	partageassiez
partageât	partageassent

Plus-que-parfait
eusse partagé	eussions partagé
eusses partagé	eussiez partagé
eût partagé	eussent partagé

Conditionnel

Présent
partagerais	partagerions
partagerais	partageriez
partagerait	partageraient

Passé
aurais partagé	aurions partagé
aurais partagé	auriez partagé
aurait partagé	auraient partagé

Impératif

partage
partageons
partagez

Participes

Présent
partageant

Passé
partagé

Related Words

le partage	*division, portion, share*	partagé	*divided (opinion)*

96 partir to leave, to depart

intransitive

	je	nous
	tu	vous
	il/elle/on	ils/elles

Indicatif

Présent
pars	partons
pars	partez
part	partent

Passé composé
suis parti(e)	sommes parti(e)s
es parti(e)	êtes parti(e)(s)
est parti(e)	sont parti(e)s

Imparfait
partais	partions
partais	partiez
partait	partaient

Plus-que-parfait
étais parti(e)	étions parti(e)s
étais parti(e)	étiez parti(e)(s)
était parti(e)	étaient parti(e)s

Passé simple
partis	partîmes
partis	partîtes
partit	partirent

Passé antérieur
fus parti(e)	fûmes parti(e)s
fus parti(e)	fûtes parti(e)(s)
fut parti(e)	furent parti(e)s

Futur simple
partirai	partirons
partiras	partirez
partira	partiront

Futur antérieur
serai parti(e)	serons parti(e)s
seras parti(e)	serez parti(e)(s)
sera parti(e)	seront parti(e)s

Subjonctif

Présent
parte	partions
partes	partiez
parte	partent

Passé
sois parti(e)	soyons parti(e)s
sois parti(e)	soyez parti(e)(s)
soit parti(e)	soient parti(e)s

Imparfait
partisse	partissions
partisses	partissiez
partît	partissent

Plus-que-parfait
fusse parti(e)	fussions parti(e)s
fusses parti(e)	fussiez parti(e)(s)
fût parti(e)	fussent parti(e)s

Conditionnel

Présent
partirais	partirions
partirais	partiriez
partirait	partiraient

Passé
serais parti(e)	serions parti(e)s
serais parti(e)	seriez parti(e)(s)
serait parti(e)	seraient parti(e)s

Impératif
| pars |
| partons |
| partez |

Participes

Présent
partant

Passé
parti

Related Words

| le départ | *departure* | repartir | *to leave again* |
| à partir de 9h | *from 9:00 A.M. on* | | |

97 passer* to pass; to spend (time)

		je	nous
transitive		tu	vous
intransitive*		il/elle/on	ils/elles

Indicatif

Présent
passe	passons
passes	passez
passe	passent

Passé composé
ai passé	avons passé
as passé	avez passé
a passé	ont passé

Imparfait
passais	passions
passais	passiez
passait	passaient

Plus-que-parfait
avais passé	avions passé
avais passé	aviez passé
avait passé	avaient passé

Passé simple
passai	passâmes
passas	passâtes
passa	passèrent

Passé antérieur
eus passé	eûmes passé
eus passé	eûtes passé
eut passé	eurent passé

Futur simple
passerai	passerons
passeras	passerez
passera	passeront

Futur antérieur
aurai passé	aurons passé
auras passé	aurez passé
aura passé	auront passé

Subjonctif

Présent
passe	passions
passes	passiez
passe	passent

Passé
aie passé	ayons passé
aies passé	ayez passé
ait passé	aient passé

Imparfait
passasse	passassions
passasses	passassiez
passât	passassent

Plus-que-parfait
eusse passé	eussions passé
eusses passé	eussiez passé
eût passé	eussent passé

Conditionnel

Présent
passerais	passerions
passerais	passeriez
passerait	passeraient

Passé
aurais passé	aurions passé
aurais passé	auriez passé
aurait passé	auraient passé

Impératif
passe
passons
passez

Participes

Présent
passant

Passé
passé

Related Words

se passer	to happen	le passé	the past
passé	last, past	le/la passant	passerby
le/la passager/-ère	passenger	le passage	passage
repasser	to iron	la passerelle	footbridge, gangway

Passer is conjugated with *être* when it means "to pass by/through (a place)."
When it has a direct object, it is conjugated with *avoir*.

98a payer* to pay

transitive

	je	nous
	tu	vous
	il/elle/on	ils/elles

Indicatif

Présent
		Passé composé	
paie	payons	ai payé	avons payé
paies	payez	as payé	avez payé
paie	paient	a payé	ont payé

Imparfait
		Plus-que-parfait	
payais	payions	avais payé	avions payé
payais	payiez	avais payé	aviez payé
payait	payaient	avait payé	avaient payé

Passé simple
		Passé antérieur	
payai	payâmes	eus payé	eûmes payé
payas	payâtes	eus payé	eûtes payé
paya	payèrent	eut payé	eurent payé

Futur simple
		Futur antérieur	
paierai	paierons	aurai payé	aurons payé
paieras	paierez	auras payé	aurez payé
paiera	paieront	aura payé	auront payé

Subjonctif

Présent
		Passé	
paie	payions	aie payé	ayons payé
paies	payiez	aies payé	ayez payé
paie	paient	ait payé	aient payé

Imparfait
		Plus-que-parfait	
payasse	payassions	eusse payé	eussions payé
payasses	payassiez	eusses payé	eussiez payé
payât	payassent	eût payé	eussent payé

Conditionnel

Présent
		Passé	
paierais	paierions	aurais payé	aurions payé
paierais	paieriez	aurais payé	auriez payé
paierait	paieraient	aurait payé	auraient payé

Impératif

paie
payons
payez

Participes

Présent	Passé
payant	payé

Related Words

la paie	*wages, pay*	le paiement	*payment*
le paiement en liquide	*cash payment*	le paiement comptant	*payment in cash*

*The verb *payer* has two accepted conjugations. See next page for alternative conjugation.

98b **payer** to pay

transitive
alternate conjugation

	je	nous
	tu	vous
	il/elle/on	ils/elles

Indicatif

Présent

paye	payons
payes	payez
paye	payent

Passé composé

ai payé	avons payé
as payé	avez payé
a payé	ont payé

Imparfait

payais	payions
payais	payiez
payait	payaient

Plus-que-parfait

avais payé	avions payé
avais payé	aviez payé
avait payé	avaient payé

Passé simple

payai	payâmes
payas	payâtes
paya	payèrent

Passé antérieur

eus payé	eûmes payé
eus payé	eûtes payé
eut payé	eurent payé

Futur simple

payerai	payerons
payeras	payerez
payera	payeront

Futur antérieur

aurai payé	aurons payé
auras payé	aurez payé
aura payé	auront payé

Subjonctif

Présent

paye	payions
payes	payiez
paye	payent

Passé

aie payé	ayons payé
aies payé	ayez payé
ait payé	aient payé

Imparfait

payasse	payassions
payasses	payassiez
payât	payassent

Plus-que-parfait

eusse payé	eussions payé
eusses payé	eussiez payé
eût payé	eussent payé

Conditionnel

Présent

payerais	payerions
payerais	payeriez
payerait	payeraient

Passé

aurais payé	aurions payé
aurais payé	auriez payé
aurait payé	auraient payé

Impératif

paye
payons
payez

Participes

Présent

payant

Passé

payé

99 **penser** to think

transitive

Indicatif

Présent
pense	pensons
penses	pensez
pense	pensent

Passé composé
ai pensé	avons pensé
as pensé	avez pensé
a pensé	ont pensé

Imparfait
pensais	pensions
pensais	pensiez
pensait	pensaient

Plus-que-parfait
avais pensé	avions pensé
avais pensé	aviez pensé
avait pensé	avaient pensé

Passé simple
pensai	pensâmes
pensas	pensâtes
pensa	pensèrent

Passé antérieur
eus pensé	eûmes pensé
eus pensé	eûtes pensé
eut pensé	eurent pensé

Futur simple
penserai	penserons
penseras	penserez
pensera	penseront

Futur antérieur
aurai pensé	aurons pensé
auras pensé	aurez pensé
aura pensé	auront pensé

Subjonctif

Présent
pense	pensions
penses	pensiez
pense	pensent

Passé
aie pensé	ayons pensé
aies pensé	ayez pensé
ait pensé	aient pensé

Imparfait
pensasse	pensassions
pensasses	pensassiez
pensât	pensassent

Plus-que-parfait
eusse pensé	eussions pensé
eusses pensé	eussiez pensé
eût pensé	eussent pensé

Conditionnel

Présent
penserais	penserions
penserais	penseriez
penserait	penseraient

Passé
aurais pensé	aurions pensé
aurais pensé	auriez pensé
aurait pensé	auraient pensé

Impératif

pense
pensons
pensez

Participes

Présent
pensant

Passé
pensé

Related Words

penser à	*to think about*	penser de quelque	*to think of some-*
penser à faire	*to think about*	chose	*thing (opinion)*
quelque chose	*doing something*	pensif	*pensive, thoughtful*
penser faire	*to intend, to*	la pensée	*thought*
	consider		

100 peser to weigh

transitive

Indicatif

Présent
pèse	pesons
pèses	pesez
pèse	pèsent

Passé composé
ai pesé	avons pesé
as pesé	avez pesé
a pesé	ont pesé

Imparfait
pesais	pesions
pesais	pesiez
pesait	pesaient

Plus-que-parfait
avais pesé	avions pesé
avais pesé	aviez pesé
avait pesé	avaient pesé

Passé simple
pesai	pesâmes
pesas	pesâtes
pesa	pesèrent

Passé antérieur
eus pesé	eûmes pesé
eus pesé	eûtes pesé
eut pesé	eurent pesé

Futur simple
pèserai	pèserons
pèseras	pèserez
pèsera	pèseront

Futur antérieur
aurai pesé	aurons pesé
auras pesé	aurez pesé
aura pesé	auront pesé

Subjonctif

Présent
pèse	pesions
pèses	pesiez
pèse	pèsent

Passé
aie pesé	ayons pesé
aies pesé	ayez pesé
ait pesé	aient pesé

Imparfait
pesasse	pesassions
pesasses	pesassiez
pesât	pesassent

Plus-que-parfait
eusse pesé	eussions pesé
eusses pesé	eussiez pesé
eût pesé	eussent pesé

Conditionnel

Présent
pèserais	pèserions
pèserais	pèseriez
pèserait	pèseraient

Passé
aurais pesé	aurions pesé
aurais pesé	auriez pesé
aurait pesé	auraient pesé

Impératif
| pèse |
| pesons |
| pesez |

Participes

Présent
pesant

Passé
pesé

Related Words

| pesant | *heavy* | la pesanteur | *weightiness, gravity* |
| la pesée | *weighing* | | |

101 placer to place

je   nous
tu   vous
il/elle/on   ils/elles

transitive

Indicatif

Présent

place	plaçons
places	placez
place	placent

Passé composé

ai placé	avons placé
as placé	avez placé
a placé	ont placé

Imparfait

plaçais	placions
plaçais	placiez
plaçait	plaçaient

Plus-que-parfait

avais placé	avions placé
avais placé	aviez placé
avait placé	avaient placé

Passé simple

plaçai	plaçâmes
plaças	plaçâtes
plaça	placèrent

Passé antérieur

eus placé	eûmes placé
eus placé	eûtes placé
eut placé	eurent placé

Futur simple

placerai	placerons
placeras	placerez
placera	placeront

Futur antérieur

aurai placé	aurons placé
auras placé	aurez placé
aura placé	auront placé

Subjonctif

Présent

place	placions
places	placiez
place	placent

Passé

aie placé	ayons placé
aies placé	ayez placé
ait placé	aient placé

Imparfait

plaçasse	plaçassions
plaçasses	plaçassiez
plaçât	plaçassent

Plus-que-parfait

eusse placé	eussions placé
eusses placé	eussiez placé
eût placé	eussent placé

Conditionnel

Présent

placerais	placerions
placerais	placeriez
placerait	placeraient

Passé

aurais placé	aurions placé
aurais placé	auriez placé
aurait placé	auraient placé

Impératif

place
plaçons
placez

Participes

Présent

plaçant

Passé

placé

Related Words

le placement	*investment*	remplacer	*to replace*
déplacer	*to move, to shift*	la place	*square, plaza, place*
placé	*situated*		

132

102 plaire to be pleasing

intransitive

Indicatif

Présent
plais	plaisons
plais	plaisez
plaît	plaisent

Passé composé
ai plu	avons plu
as plu	avez plu
a plu	ont plu

Imparfait
plaisais	plaisions
plaisais	plaisiez
plaisait	plaisaient

Plus-que-parfait
avais plu	avions plu
avais plu	aviez plu
avait plu	avaient plu

Passé simple
plus	plûmes
plus	plûtes
plut	plurent

Passé antérieur
eus plu	eûmes plu
eus plu	eûtes plu
eut plu	eurent plu

Futur simple
plairai	plairons
plairas	plairez
plaira	plairont

Futur antérieur
aurai plu	aurons plu
auras plu	aurez plu
aura plu	auront plu

Subjonctif

Présent
plaise	plaisions
plaises	plaisiez
plaise	plaisent

Passé
aie plu	ayons plu
aies plu	ayez plu
ait plu	aient plu

Imparfait
plusse	plussions
plusses	plussiez
plût	plussent

Plus-que-parfait
eusse plu	eussions plu
eusses plu	eussiez plu
eût plu	eussent plu

Conditionnel

Présent
plairais	plairions
plairais	plairiez
plairait	plairaient

Passé
aurais plu	aurions plu
aurais plu	auriez plu
aurait plu	auraient plu

Impératif
plais
plaisons
plaisez

Participes
Présent
plaisant

Passé
plu

Related Words
se plaire	*to enjoy, to like*	plaisant	*pleasing, agreeable*

103 plaisanter to jest, to joke

intransitive

	je	nous
	tu	vous
	il/elle/on	ils/elles

Indicatif

Présent
plaisante	plaisantons
plaisantes	plaisantez
plaisante	plaisantent

Passé composé
ai plaisanté	avons plaisanté
as plaisanté	avez plaisanté
a plaisanté	ont plaisanté

Imparfait
plaisantais	plaisantions
plaisantais	plaisantiez
plaisantait	plaisantaient

Plus-que-parfait
avais plaisanté	avions plaisanté
avais plaisanté	aviez plaisanté
avait plaisanté	avaient plaisanté

Passé simple
plaisantai	plaisantâmes
plaisantas	plaisantâtes
plaisanta	plaisantèrent

Passé antérieur
eus plaisanté	eûmes plaisanté
eus plaisanté	eûtes plaisanté
eut plaisanté	eurent plaisanté

Futur simple
plaisanterai	plaisanterons
plaisanteras	plaisanterez
plaisantera	plaisanteront

Futur antérieur
aurai plaisanté	aurons plaisanté
auras plaisanté	aurez plaisanté
aura plaisanté	auront plaisanté

Subjonctif

Présent
plaisante	plaisantions
plaisantes	plaisantiez
plaisante	plaisantent

Passé
aie plaisanté	ayons plaisanté
aies plaisanté	ayez plaisanté
ait plaisanté	aient plaisanté

Imparfait
plaisantasse	plaisantassions
plaisantasses	plaisantassiez
plaisantât	plaisantassent

Plus-que-parfait
eusse plaisanté	eussions plaisanté
eusses plaisanté	eussiez plaisanté
eût plaisanté	eussent plaisanté

Conditionnel

Présent
plaisanterais	plaisanterions
plaisanterais	plaisanteriez
plaisanterait	plaisanteraient

Passé
aurais plaisanté	aurions plaisanté
aurais plaisanté	auriez plaisanté
aurait plaisanté	auraient plaisanté

Impératif
| plaisante |
| plaisantons |
| plaisantez |

Participes
Présent
plaisantant

Passé
plaisanté

Related Words

| plaisant | *pleasant* | la plaisanterie | *joke* |
| le plaisantin | *joker* | | |

104 pleurer to cry, to mourn

intransitive (cry)
transitive (mourn)

	je	nous
	tu	vous
	il/elle/on	ils/elles

Indicatif

Présent

pleure	pleurons
pleures	pleurez
pleure	pleurent

Passé composé

ai pleuré	avons pleuré
as pleuré	avez pleuré
a pleuré	ont pleuré

Imparfait

pleurais	pleurions
pleurais	pleuriez
pleurait	pleuraient

Plus-que-parfait

avais pleuré	avions pleuré
avais pleuré	aviez pleuré
avait pleuré	avaient pleuré

Passé simple

pleurai	pleurâmes
pleuras	pleurâtes
pleura	pleurèrent

Passé antérieur

eus pleuré	eûmes pleuré
eus pleuré	eûtes pleuré
eut pleuré	eurent pleuré

Futur simple

pleurerai	pleurerons
pleureras	pleurerez
pleurera	pleureront

Futur antérieur

aurai pleuré	aurons pleuré
auras pleuré	aurez pleuré
aura pleuré	auront pleuré

Subjonctif

Présent

pleure	pleurions
pleures	pleuriez
pleure	pleurent

Passé

aie pleuré	ayons pleuré
aies pleuré	ayez pleuré
ait pleuré	aient pleuré

Imparfait

pleurasse	pleurassions
pleurasses	pleurassiez
pleurât	pleurassent

Plus-que-parfait

eusse pleuré	eussions pleuré
eusses pleuré	eussiez pleuré
eût pleuré	eussent pleuré

Conditionnel

Présent

pleurerais	pleurerions
pleurerais	pleureriez
pleurerait	pleureraient

Passé

aurais pleuré	aurions pleuré
aurais pleuré	auriez pleuré
aurait pleuré	auraient pleuré

Impératif

| pleure |
| pleurons |
| pleurez |

Participes

Présent

pleurant

Passé

pleuré

Related Words

| en pleurs | *in tears* | pleurnicher | *to snivel* |
| le/la | *crybaby* |
| pleurnicheur/-euse |

105 **pleuvoir** to rain

intransitive
impersonal

il

Indicatif

Présent	**Passé composé**
il pleut	il a plu
Imparfait	**Plus-que-parfait**
il pleuvait	il avait plu
Passé simple	**Passé antérieur**
il plut	il eut plu
Futur simple	**Futur antérieur**
il pleuvra	il aurait plu

Subjonctif

Présent	**Passé**
qu'il pleuve	qu'il ait plu
Imparfait	**Plus-que-parfait**
qu'il plût	qu'il eût plu

Conditionnel

Présent	**Passé**
il pleuvrait	il aurait plu

Impératif

——

Participes

Présent	**Passé**
pleuvant	plu

Related Words

la pluie	*rain*	pluvieux	*rainy*
pleuvoter	*to drizzle*	la pluie diluvienne	*downpour*
le parapluie	*umbrella*		

136

106 plier to fold, to bend

transitive

	je	nous
	tu	vous
	il/elle/on	ils/elles

Indicatif

Présent
plie	plions
plies	pliez
plie	plient

Passé composé
ai plié	avons plié
as plié	avez plié
a plié	ont plié

Imparfait
pliais	pliions
pliais	pliiez
pliait	pliaient

Plus-que-parfait
avais plié	avions plié
avais plié	aviez plié
avait plié	avaient plié

Passé simple
pliai	pliâmes
plias	pliâtes
plia	plièrent

Passé antérieur
eus plié	eûmes plié
eus plié	eûtes plié
eut plié	eurent plié

Futur simple
plierai	plierons
plieras	plierez
pliera	plieront

Futur antérieur
aurai plié	aurons plié
auras plié	aurez plié
aura plié	auront plié

Subjonctif

Présent
plie	pliions
plies	pliiez
plie	plient

Passé
aie plié	ayons plié
aies plié	ayez plié
ait plié	aient plié

Imparfait
pliasse	pliassions
pliasses	pliassiez
pliât	pliassent

Plus-que-parfait
eusse plié	eussions plié
eusses plié	eussiez plié
eût plié	eussent plié

Conditionnel

Présent
plierais	plierions
plierais	plieriez
plierait	plieraient

Passé
aurais plié	aurions plié
aurais plié	auriez plié
aurait plié	auraient plié

Impératif
| plie |
| plions |
| pliez |

Participes

Présent
pliant

Passé
plié

Related Words

se plier à	*to obey*	la pliure	*fold, bend*
pliant	*folding, collapsible*	déplier	*to unfold, to stretch out*
le dépliant	*brochure, leaflet*	le pli	*fold, pleat*

137

107 **plonger** to plunge, to dive

intransitive

Indicatif

Présent
plonge	plongeons
plonges	plongez
plonge	plongent

Passé composé
ai plongé	avons plongé
as plongé	avez plongé
a plongé	ont plongé

Imparfait
plongeais	plongions
plongeais	plongiez
plongeait	plongeaient

Plus-que-parfait
avais plongé	avions plongé
avais plongé	aviez plongé
avait plongé	avaient plongé

Passé simple
plongeai	plongeâmes
plongeas	plongeâtes
plongea	plongèrent

Passé antérieur
eus plongé	eûmes plongé
eus plongé	eûtes plongé
eut plongé	eurent plongé

Futur simple
plongerai	plongerons
plongeras	plongerez
plongera	plongeront

Futur antérieur
aurai plongé	aurons plongé
auras plongé	aurez plongé
aura plongé	auront plongé

Subjonctif

Présent
plonge	plongions
plonges	plongiez
plonge	plongent

Passé
aie plongé	ayons plongé
aies plongé	ayez plongé
ait plongé	aient plongé

Imparfait
plongeasse	plongeassions
plongeasses	plongeassiez
plongeât	plongeassent

Plus-que-parfait
eusse plongé	eussions plongé
eusses plongé	eussiez plongé
eût plongé	eussent plongé

Conditionnel

Présent
plongerais	plongerions
plongerais	plongeriez
plongerait	plongeraient

Passé
aurais plongé	aurions plongé
aurais plongé	auriez plongé
aurait plongé	auraient plongé

Impératif
plonge
plongeons
plongez

Participes

Présent
plongeant

Passé
plongé

Related Words

se plonger	*to immerse oneself*	le/la plongeur/-euse	*diver*
dans	*in*	la plongée	*diving*
le plongeoir	*diving board*		

108 porter to carry, to wear

transitive

	je	nous
	tu	vous
	il/elle/on	ils/elles

Indicatif

Présent
porte	portons
portes	portez
porte	portent

Passé composé
ai porté	avons porté
as porté	avez porté
a porté	ont porté

Imparfait
portais	portions
portais	portiez
portait	portaient

Plus-que-parfait
avais porté	avions porté
avais porté	aviez porté
avait porté	avaient porté

Passé simple
portai	portâmes
portas	portâtes
porta	portèrent

Passé antérieur
eus porté	eûmes porté
eus porté	eûtes porté
eut porté	eurent porté

Futur simple
porterai	porterons
porteras	porterez
portera	porteront

Futur antérieur
aurai porté	aurons porté
auras porté	aurez porté
aura porté	auront porté

Subjonctif

Présent
porte	portions
portes	portiez
porte	portent

Passé
aie porté	ayons porté
aies porté	ayez porté
ait porté	aient porté

Imparfait
portasse	portassions
portasses	portassiez
portât	portassent

Plus-que-parfait
eusse porté	eussions porté
eusses porté	eussiez porté
eût porté	eussent porté

Conditionnel

Présent
porterais	porterions
porterais	porteriez
porterait	porteraient

Passé
aurais porté	aurions porté
aurais porté	auriez porté
aurait porté	auraient porté

Impératif
porte
portons
portez

Participes

Présent
portant

Passé
porté

Related Words

se porter bien/mal	to be well/unwell	apporter	to bring
importer	to import; to matter	rapporter	to bring back
emporter	to take away	supporter	to bear, to tolerate
la portée	range, reach	le portable	laptop computer
portatif	portable; wearable	le portefeuille	wallet

109 **pouvoir** to be able to, can

transitive

	je	nous
	tu	vous
	il/elle/on	ils/elles

Indicatif

Présent
peux	pouvons
peux	pouvez
peut	peuvent

Passé composé
ai pu	avons pu
as pu	avez pu
a pu	ont pu

Imparfait
pouvais	pouvions
pouvais	pouviez
pouvait	pouvaient

Plus-que-parfait
avais pu	avions pu
avais pu	aviez pu
avait pu	avaient pu

Passé simple
pus	pûmes
pus	pûtes
put	purent

Passé antérieur
eus pu	eûmes pu
eus pu	eûtes pu
eut pu	eurent pu

Futur simple
pourrai	pourrons
pourras	pourrez
pourra	pourront

Futur antérieur
aurai pu	aurons pu
auras pu	aurez pu
aura pu	auront pu

Subjonctif

Présent
puisse	puissions
puisses	puissiez
puisse	puissent

Passé
aie pu	ayons pu
aies pu	ayez pu
ait pu	aient pu

Imparfait
pusse	pussions
pusses	pussiez
pût	pussent

Plus-que-parfait
eusse pu	eussions pu
eusses pu	eussiez pu
eût pu	eussent pu

Conditionnel

Présent
pourrais	pourrions
pourrais	pourriez
pourrait	pourraient

Passé
aurais pu	aurions pu
aurais pu	auriez pu
aurait pu	auraient pu

Impératif

——

Participes

Présent
pouvant

Passé
pu

Related Words

| le pouvoir | *power* | puissant | *powerful* |

110 **prendre** to take

transitive

Indicatif

Présent
prends	prenons
prends	prenez
prend	prennent

Passé composé
ai pris	avons pris
as pris	avez pris
a pris	ont pris

Imparfait
prenais	prenions
prenais	preniez
prenait	prenaient

Plus-que-parfait
avais pris	avions pris
avais pris	aviez pris
avait pris	avaient pris

Passé simple
pris	prîmes
pris	prîtes
prit	prirent

Passé antérieur
eus pris	eûmes pris
eus pris	eûtes pris
eut pris	eurent pris

Futur simple
prendrai	prendrons
prendras	prendrez
prendra	prendront

Futur antérieur
aurai pris	aurons pris
auras pris	aurez pris
aura pris	auront pris

Subjonctif

Présent
prenne	prenions
prennes	preniez
prenne	prennent

Passé
aie pris	ayons pris
aies pris	ayez pris
ait pris	aient pris

Imparfait
prisse	prissions
prisses	prissiez
prit	prissent

Plus-que-parfait
eusse pris	eussions pris
eusses pris	eussiez pris
eût pris	eussent pris

Conditionnel

Présent
prendrais	prendrions
prendrais	prendriez
prendrait	prendraient

Passé
aurais pris	aurions pris
aurais pris	auriez pris
aurait pris	auraient pris

Impératif
prends
prenons
prenez

Participes

Présent
prenant

Passé
pris

Related Words
entreprendre	to undertake, to begin	s'éprendre de	to fall in love with
se méprendre	to be mistaken	surprendre	to surprise
la prise	grip, hold, outlet		

111 **préparer** to prepare

transitive

	je	nous
	tu	vous
	il/elle/on	ils/elles

Indicatif

Présent
préparе	préparons
préparеs	préparez
préparе	préparent

Passé composé
ai préparé	avons préparé
as préparé	avez préparé
a préparé	ont préparé

Imparfait
préparais	préparions
préparais	prépariez
préparait	préparaient

Plus-que-parfait
avais préparé	avions préparé
avais préparé	aviez préparé
avait préparé	avaient préparé

Passé simple
préparai	préparâmes
préparas	préparâtes
prépara	préparèrent

Passé antérieur
eus préparé	eûmes préparé
eus préparé	eûtes préparé
eut préparé	eurent préparé

Futur simple
préparerai	préparerons
prépareras	préparerez
préparera	prépareront

Futur antérieur
aurai préparé	aurons préparé
auras préparé	aurez préparé
aura préparé	auront préparé

Subjonctif

Présent
prépare	préparions
prépares	prépariez
prépare	préparent

Passé
aie préparé	ayons préparé
aies préparé	ayez préparé
ait préparé	aient préparé

Imparfait
préparasse	préparassions
préparasses	préparassiez
préparât	préparassent

Plus-que-parfait
eusse préparé	eussions préparé
eusses préparé	eussiez préparé
eût préparé	eussent préparé

Conditionnel

Présent
préparerais	préparerions
préparerais	prépareriez
préparerait	prépareraient

Passé
aurais préparé	aurions préparé
aurais préparé	auriez préparé
aurait préparé	auraient préparé

Impératif
prépare
préparons
préparez

Participes

Présent
préparant

Passé
préparé

Related Words

| se préparer | *to get ready* | la préparation | *preparation* |

112 présenter to introduce, to present

transitive

	je	nous
	tu	vous
	il/elle/on	ils/elles

Indicatif

Présent
présente	présentons
présentes	présentez
présente	présentent

Passé composé
ai présenté	avons présenté
as présenté	avez présenté
a présenté	ont présenté

Imparfait
présentais	présentions
présentais	présentiez
présentait	présentaient

Plus-que-parfait
avais présenté	avions présenté
avais présenté	aviez présenté
avait présenté	avaient présenté

Passé simple
présentai	présentâmes
présentas	présentâtes
présenta	présentèrent

Passé antérieur
eus présenté	eûmes présenté
eus présenté	eûtes présenté
eut présenté	eurent présenté

Futur simple
présenterai	présenterons
présenteras	présenterez
présentera	présenteront

Futur antérieur
aurai présenté	aurons présenté
auras présenté	aurez présenté
aura présenté	auront présenté

Subjonctif

Présent
présente	présentions
présentes	présentiez
présente	présentent

Passé
aie présenté	ayons présenté
aies présenté	ayez présenté
ait présenté	aient présenté

Imparfait
présentasse	présentassions
présentasses	présentassiez
présentât	présentassent

Plus-que-parfait
eusse présenté	eussions présenté
eusses présenté	eussiez présenté
eût présenté	eussent présenté

Conditionnel

Présent
présenterais	présenterions
présenterais	présenteriez
présenterait	présenteraient

Passé
aurais présenté	aurions présenté
aurais présenté	auriez présenté
aurait présenté	auraient présenté

Impératif
présente
présentons
présentez

Participes

Présent
présentant

Passé
présenté

Related Words
se présenter	*to introduce oneself*	la présentation	*presentation*
représenter	*to represent*	le/la représentant/e	*representative*

143

113 prévenir to prevent, to warn

transitive

	je	nous
	tu	vous
	il/elle/on	ils/elles

Indicatif

Présent
préviens	prévenons
préviens	prévenez
prévient	préviennent

Passé composé
ai prévenu	avons prévenu
as prévenu	avez prévenu
a prévenu	ont prévenu

Imparfait
prévenais	prévenions
prévenais	préveniez
prévenait	prévenaient

Plus-que-parfait
avais prévenu	avions prévenu
avais prévenu	aviez prévenu
avait prévenu	avaient prévenu

Passé simple
prévins	prévînmes
prévins	prévîntes
prévint	prévinrent

Passé antérieur
eus prévenu	eûmes prévenu
eus prévenu	eûtes prévenu
eut prévenu	eurent prévenu

Futur simple
préviendrai	préviendrons
préviendras	préviendrez
préviendra	préviendront

Futur antérieur
aurai prévenu	aurons prévenu
auras prévenu	aurez prévenu
aura prévenu	auront prévenu

Subjonctif

Présent
prévienne	prévenions
préviennes	préveniez
prévienne	préviennent

Passé
aie prévenu	ayons prévenu
aies prévenu	ayez prévenu
ait prévenu	aient prévenu

Imparfait
prévinsse	prévinssions
prévinsses	prévinssiez
prévint	prévinssent

Plus-que-parfait
eusse prévenu	eussions prévenu
eusses prévenu	eussiez prévenu
eût prévenu	eussent prévenu

Conditionnel

Présent
préviendrais	préviendrions
préviendrais	préviendriez
préviendrait	préviendraient

Passé
aurais prévenu	aurions prévenu
aurais prévenu	auriez prévenu
aurait prévenu	auraient prévenu

Impératif

préviens
prévenons
prévenez

Participes

Présent
prévenant

Passé
prévenu

Related Words

la prévention	*prevention*	préventif	*preventive*
le/la prévenu/e	*defendant, accused*	prévenant	*considerate*

114 quitter to leave, to quit

Indicatif

Présent
quitte	quittons
quittes	quittez
quitte	quittent

Passé composé
ai quitté	avons quitté
as quitté	avez quitté
a quitté	ont quitté

Imparfait
quittais	quittions
quittais	quittiez
quittait	quittaient

Plus-que-parfait
avais quitté	avions quitté
avais quitté	aviez quitté
avait quitté	avaient quitté

Passé simple
quittai	quittâmes
quittas	quittâtes
quitta	quittèrent

Passé antérieur
eus quitté	eûmes quitté
eus quitté	eûtes quitté
eut quitté	eurent quitté

Futur simple
quitterai	quitterons
quitteras	quitterez
quittera	quitteront

Futur antérieur
aurai quitté	aurons quitté
auras quitté	aurez quitté
aura quitté	auront quitté

Subjonctif

Présent
quitte	quittions
quittes	quittiez
quitte	quittent

Passé
aie quitté	ayons quitté
aies quitté	ayez quitté
ait quitté	aient quitté

Imparfait
quittasse	quittassions
quittasses	quittassiez
quittât	quittassent

Plus-que-parfait
eusse quitté	eussions quitté
eusses quitté	eussiez quitté
eût quitté	eussent quitté

Conditionnel

Présent
quitterais	quitterions
quitterais	quitteriez
quitterait	quitteraient

Passé
aurais quitté	aurions quitté
aurais quitté	auriez quitté
aurait quitté	auraient quitté

Impératif
quitte
quittons
quittez

Participes

Présent
quittant

Passé
quitté

Related Words

la quittance	*receipt (bill or rent)*	acquitter	*to acquit*
être quitte d'une dette	*to be clear of a debt*	quitte à	*even if it means*

115 raconter to tell

transitive

Indicatif

Présent
raconte	racontons
racontes	racontez
raconte	racontent

Passé composé
ai raconté	avons raconté
as raconté	avez raconté
a raconté	ont raconté

Imparfait
racontais	racontions
racontais	racontiez
racontait	racontaient

Plus-que-parfait
avais raconté	avions raconté
avais raconté	aviez raconté
avait raconté	avaient raconté

Passé simple
racontai	racontâmes
racontas	racontâtes
raconta	racontèrent

Passé antérieur
eus raconté	eûmes raconté
eus raconté	eûtes raconté
eut raconté	eurent raconté

Futur simple
raconterai	raconterons
raconteras	raconterez
racontera	raconteront

Futur antérieur
aurai raconté	aurons raconté
auras raconté	aurez raconté
aura raconté	auront raconté

Subjonctif

Présent
raconte	racontions
racontes	racontiez
raconte	racontent

Passé
aie raconté	ayons raconté
aies raconté	ayez raconté
ait raconté	aient raconté

Imparfait
racontasse	racontassions
racontasses	racontassiez
racontât	racontassent

Plus-que-parfait
eusse raconté	eussions raconté
eusses raconté	eussiez raconté
eût raconté	eussent raconté

Conditionnel

Présent
raconterais	raconterions
raconterais	raconteriez
raconterait	raconteraient

Passé
aurais raconté	aurions raconté
aurais raconté	auriez raconté
aurait raconté	auraient raconté

Impératif
raconte
racontons
racontez

Participes

Présent
racontant

Passé
raconté

Related Words

le racontar	*false story, lie*	le conte	*story, tale*
le conte de fée	*fairy tale*	le conteur	*storyteller*

116 rater to miss, to fail

transitive
(colloquial)

	je	nous
	tu	vous
	il/elle/on	ils/elles

Indicatif

Présent
rate	ratons
rates	ratez
rate	ratent

Passé composé
ai raté	avons raté
as raté	avez raté
a raté	ont raté

Imparfait
ratais	rations
ratais	ratiez
ratait	rataient

Plus-que-parfait
avais raté	avions raté
avais raté	aviez raté
avait raté	avaient raté

Passé simple
ratai	ratâmes
ratas	ratâtes
rata	ratèrent

Passé antérieur
eus raté	eûmes raté
eus raté	eûtes raté
eut raté	eurent raté

Futur simple
raterai	raterons
rateras	raterez
ratera	rateront

Futur antérieur
aurai raté	aurons raté
auras raté	aurez raté
aura raté	auront raté

Subjonctif

Présent
rate	rations
rates	ratiez
rate	ratent

Passé
aie raté	ayons raté
aies raté	ayez raté
ait raté	aient raté

Imparfait
ratasse	ratassions
ratasses	ratassiez
ratât	ratassent

Plus-que-parfait
eusse raté	eussions raté
eusses raté	eussiez raté
eût raté	eussent raté

Conditionnel

Présent
raterais	raterions
raterais	rateriez
raterait	rateraient

Passé
aurais raté	aurions raté
aurais raté	auriez raté
aurait raté	auraient raté

Impératif

rate
ratons
ratez

Participes

Présent
ratant

Passé
raté

Related Words

le/la raté/e	*failure (person)*	rater le bus	*miss the bus*
rater un examen	*to fail an exam*		

117 **recevoir** to receive

transitive

	je	nous
	tu	vous
	il/elle/on	ils/elles

Indicatif

Présent
reçois	recevons
reçois	recevez
reçoit	reçoivent

Passé composé
ai reçu	avons reçu
as reçu	avez reçu
a reçu	ont reçu

Imparfait
recevais	recevions
recevais	receviez
recevait	recevaient

Plus-que-parfait
avais reçu	avions reçu
avais reçu	aviez reçu
avait reçu	avaient reçu

Passé simple
reçus	reçûmes
reçus	reçûtes
reçut	reçurent

Passé antérieur
eus reçu	eûmes reçu
eus reçu	eûtes reçu
eut reçu	eurent reçu

Futur simple
recevrai	recevrons
recevras	recevrez
recevra	recevront

Futur antérieur
aurai reçu	aurons reçu
auras reçu	aurez reçu
aura reçu	auront reçu

Subjonctif

Présent
reçoive	recevions
reçoives	receviez
reçoive	reçoivent

Passé
aie reçu	ayons reçu
aies reçu	ayez reçu
ait reçu	aient reçu

Imparfait
reçusse	reçussions
reçusses	reçussiez
reçût	reçussent

Plus-que-parfait
eusse reçu	eussions reçu
eusses reçu	eussiez reçu
eût reçu	eussent reçu

Conditionnel

Présent
recevrais	recevrions
recevrais	recevriez
recevrait	recevraient

Passé
aurais reçu	aurions reçu
aurais reçu	auriez reçu
aurait reçu	auraient reçu

Impératif
reçois
recevons
recevez

Participes

Présent
recevant

Passé
reçu

Related Words
la réception	*reception*	la recevabilité	*admissibility (court)*
recevable	*admissible*	le/la receveur/-euse	*recipient*

118 réfléchir to think about, to reflect upon

intransitive

Indicatif

Présent
réfléchis	réfléchissons
réfléchis	réfléchissez
réfléchit	réfléchissent

Passé composé
ai réfléchi	avons réfléchi
as réfléchi	avez réfléchi
a réfléchi	ont réfléchi

Imparfait
réfléchissais	réfléchissions
réfléchissais	réfléchissiez
réfléchissait	réfléchissaient

Plus-que-parfait
avais réfléchi	avions réfléchi
avais réfléchi	aviez réfléchi
avait réfléchi	avaient réfléchi

Passé simple
réfléchis	réfléchîmes
réfléchis	réfléchîtes
réfléchit	réfléchirent

Passé antérieur
eus réfléchi	eûmes réfléchi
eus réfléchi	eûtes réfléchi
eut réfléchi	eurent réfléchi

Futur simple
réfléchirai	réfléchirons
réfléchiras	réfléchirez
réfléchira	réfléchiront

Futur antérieur
aurai réfléchi	aurons réfléchi
auras réfléchi	aurez réfléchi
aura réfléchi	auront réfléchi

Subjonctif

Présent
réfléchisse	réfléchissions
réfléchisses	réfléchissiez
réfléchisse	réfléchissent

Passé
aie réfléchi	ayons réfléchi
aies réfléchi	ayez réfléchi
ait réfléchi	aient réfléchi

Imparfait
réfléchisse	réfléchissions
réfléchisses	réfléchissiez
réfléchît	réfléchissent

Plus-que-parfait
eusse réfléchi	eussions réfléchi
eusses réfléchi	eussiez réfléchi
eût réfléchi	eussent réfléchi

Conditionnel

Présent
réfléchirais	réfléchirions
réfléchirais	réfléchiriez
réfléchirait	réfléchiraient

Passé
aurais réfléchi	aurions réfléchi
aurais réfléchi	auriez réfléchi
aurait réfléchi	auraient réfléchi

Impératif
réfléchis
réfléchissons
réfléchissez

Participes

Présent
réfléchissant

Passé
réfléchi

Related Words
réfléchi	*reflexive (grammar)*, *reflective (person)*
le reflet	*reflection*
réfléchissant	
le/la réflecteur/-trice	

réfléchissant	*reflexive*
le/la réflecteur/-trice	*reflector*

119 refuser to refuse, to turn down

transitive

	je	nous
	tu	vous
	il/elle/on	ils/elles

Indicatif

Présent

refuse	refusons
refuses	refusez
refuse	refusent

Passé composé

ai refusé	avons refusé
as refusé	avez refusé
a refusé	ont refusé

Imparfait

refusais	refusions
refusais	refusiez
refusait	refusaient

Plus-que-parfait

avais refusé	avions refusé
avais refusé	aviez refusé
avait refusé	avaient refusé

Passé simple

refusai	refusâmes
refusas	refusâtes
refusa	refusèrent

Passé antérieur

eus refusé	eûmes refusé
eus refusé	eûtes refusé
eut refusé	eurent refusé

Futur simple

refuserai	refuserons
refuseras	refuserez
refusera	refuseront

Futur antérieur

aurai refusé	aurons refusé
auras refusé	aurez refusé
aura refusé	auront refusé

Subjonctif

Présent

refuse	refusions
refuses	refusiez
refuse	refusent

Passé

aie refusé	ayons refusé
aies refusé	ayez refusé
ait refusé	aient refusé

Imparfait

refusasse	refusassions
refusasses	refusassiez
refusât	refusassent

Plus-que-parfait

eusse refusé	eussions refusé
eusses refusé	eussiez refusé
eût refusé	eussent refusé

Conditionnel

Présent

refuserais	refuserions
refuserais	refuseriez
refuserait	refuseraient

Passé

aurais refusé	aurions refusé
aurais refusé	auriez refusé
aurait refusé	auraient refusé

Impératif

| refuse |
| refusons |
| refusez |

Participes

Présent

refusant

Passé

refusé

Related Words

| le refus | *refusal* | se refuser à | *to refuse to accept* |

120 regarder to look at, to watch

transitive

	je	nous
	tu	vous
	il/elle/on	ils/elles

Indicatif

Présent
		Passé composé	
regarde	regardons	ai regardé	avons regardé
regardes	regardez	as regardé	avez regardé
regarde	regardent	a regardé	ont regardé

Imparfait
		Plus-que-parfait	
regardais	regardions	avais regardé	avions regardé
regardais	regardiez	avais regardé	aviez regardé
regardait	regardaient	avait regardé	avaient regardé

Passé simple
		Passé antérieur	
regardai	regardâmes	eus regardé	eûmes regardé
regardas	regardâtes	eus regardé	eûtes regardé
regarda	regardèrent	eut regardé	eurent regardé

Futur simple
		Futur antérieur	
regarderai	regarderons	aurai regardé	aurons regardé
regarderas	regarderez	auras regardé	aurez regardé
regardera	regarderont	aura regardé	auront regardé

Subjonctif

Présent
		Passé	
regarde	regardions	aie regardé	ayons regardé
regardes	regardiez	aies regardé	ayez regardé
regarde	regardent	ait regardé	aient regardé

Imparfait
		Plus-que-parfait	
regardasse	regardassions	eusse regardé	eussions regardé
regardasses	regardassiez	eusses regardé	eussiez regardé
regardât	regardassent	eût regardé	eussent regardé

Conditionnel

Présent
		Passé	
regarderais	regarderions	aurais regardé	aurions regardé
regarderais	regarderiez	aurais regardé	auriez regardé
regarderait	regarderaient	aurait regardé	auraient regardé

Impératif | Participes

		Présent	Passé
regarde		regardant	regardé
regardons			
regardez			

Related Words

le regard	*glance, gaze, stare*	regardant	*careful with money*

151

121 régler to pay, to sort

	je	nous
	tu	vous
	il/elle/on	ils/elles

Indicatif

Présent
règle	réglons
règles	réglez
règle	règlent

Passé composé
ai réglé	avons réglé
as réglé	avez réglé
a réglé	ont réglé

Imparfait
réglais	réglions
réglais	régliez
réglait	réglaient

Plus-que-parfait
avais réglé	avions réglé
avais réglé	aviez réglé
avait réglé	avaient réglé

Passé simple
réglai	réglâmes
réglas	réglâtes
régla	réglèrent

Passé antérieur
eus réglé	eûmes réglé
eus réglé	eûtes réglé
eut réglé	eurent réglé

Futur simple
réglerai	réglerons
régleras	réglerez
réglera	régleront

Futur antérieur
aurai réglé	aurons réglé
auras réglé	aurez réglé
aura réglé	auront réglé

Subjonctif

Présent
règle	réglions
règles	régliez
règle	règlent

Passé
aie réglé	ayons réglé
aies réglé	ayez réglé
ait réglé	aient réglé

Imparfait
réglasse	réglassions
réglasses	réglassiez
réglât	réglassent

Plus-que-parfait
eusse réglé	eussions réglé
eusses réglé	eussiez réglé
eût réglé	eussent réglé

Conditionnel

Présent
réglerais	réglerions
réglerais	régleriez
réglerait	régleraient

Passé
aurais réglé	aurions réglé
aurais réglé	auriez réglé
aurait réglé	auraient réglé

Impératif

règle
réglons
réglez

Participes

Présent
réglant

Passé
réglé

Related Words

le règlement	*regulation*	la règle	*rule*
réglé	*well ordered*	le réglage	*adjustment*

122 **regretter** to regret

transitive

	je	nous
	tu	vous
	il/elle/on	ils/elles

Indicatif

Présent
regrette	regrettons
regrettes	regrettez
regrette	regrettent

Passé composé
ai regretté	avons regretté
as regretté	avez regretté
a regretté	ont regretté

Imparfait
regrettais	regrettions
regrettais	regrettiez
regrettait	regrettaient

Plus-que-parfait
avais regretté	avions regretté
avais regretté	aviez regretté
avait regretté	avaient regretté

Passé simple
regrettai	regrettâmes
regrettas	regrettâtes
regretta	regrettèrent

Passé antérieur
eus regretté	eûmes regretté
eus regretté	eûtes regretté
eut regretté	eurent regretté

Futur simple
regretterai	regretterons
regretteras	regretterez
regrettera	regretteront

Futur antérieur
aurai regretté	aurons regretté
auras regretté	aurez regretté
aura regretté	auront regretté

Subjonctif

Présent
regrette	regrettions
regrettes	regrettiez
regrette	regrettent

Passé
aie regretté	ayons regretté
aies regretté	ayez regretté
ait regretté	aient regretté

Imparfait
regrettasse	regrettassions
regrettasses	regrettassiez
regrettât	regrettassent

Plus-que-parfait
eusse regretté	eussions regretté
eusses regretté	eussiez regretté
eût regretté	eussent regretté

Conditionnel

Présent
regretterais	regretterions
regretterais	regretteriez
regretterait	regretteraient

Passé
aurais regretté	aurions regretté
aurais regretté	auriez regretté
aurait regretté	auraient regretté

Impératif
regrette
regrettons
regrettez

Participes

Présent
regrettant

Passé
regretté

Related Words

le regret	*regret*	regrettable	*regetable*

123 rencontrer to meet, to run into

transitive

Indicatif

Présent
rencontre	rencontrons
rencontres	rencontrez
rencontre	rencontrent

Imparfait
rencontrais	rencontrions
rencontrais	rencontriez
rencontrait	rencontraient

Passé simple
rencontrai	rencontrâmes
rencontras	rencontrâtes
rencontra	rencontrèrent

Futur simple
rencontrerai	rencontrerons
rencontreras	rencontrerez
rencontrera	rencontreront

Passé composé
ai rencontré	avons rencontré
as rencontré	avez rencontré
a rencontré	ont rencontré

Plus-que-parfait
avais rencontré	avions rencontré
avais rencontré	aviez rencontré
avait rencontré	avaient rencontré

Passé antérieur
eus rencontré	eûmes rencontré
eus rencontré	eûtes rencontré
eut rencontré	eurent rencontré

Futur antérieur
aurai rencontré	aurons rencontré
auras rencontré	aurez rencontré
aura rencontré	auront rencontré

Subjonctif

Présent
rencontre	rencontrions
rencontres	rencontriez
rencontre	rencontrent

Imparfait
rencontrasse	rencontrassions
rencontrasses	rencontrassiez
rencontrât	rencontrassent

Passé
aie rencontré	ayons rencontré
aies rencontré	ayez rencontré
ait rencontré	aient rencontré

Plus-que-parfait
eusse rencontré	eussions rencontré
eusses rencontré	eussiez rencontré
eût rencontré	eussent rencontré

Conditionnel

Présent
rencontrerais	rencontrerions
rencontrerais	rencontreriez
rencontrerait	rencontreraient

Passé
aurais rencontré	aurions rencontré
aurais rencontré	auriez rencontré
aurait rencontré	auraient rencontré

Impératif
rencontre
rencontrons
rencontrez

Participes

Présent
rencontrant

Passé
rencontré

Related Words

la rencontre	*meeting*	se rencontrer	*to meet*

124 **rendre** to return, to give back

transitive

	je	nous
	tu	vous
	il/elle/on	ils/elles

Indicatif

Présent
rends	rendons
rends	rendez
rend	rendent

Passé composé
ai rendu	avons rendu
as rendu	avez rendu
a rendu	ont rendu

Imparfait
rendais	rendions
rendais	rendiez
rendait	rendaient

Plus-que-parfait
avais rendu	avions rendu
avais rendu	aviez rendu
avait rendu	avaient rendu

Passé simple
rendis	rendîmes
rendis	rendîtes
rendit	rendirent

Passé antérieur
eus rendu	eûmes rendu
eus rendu	eûtes rendu
eut rendu	eurent rendu

Futur simple
rendrai	rendrons
rendras	rendrez
rendra	rendront

Futur antérieur
aurai rendu	aurons rendu
auras rendu	aurez rendu
aura rendu	auront rendu

Subjonctif

Présent
rende	rendions
rendes	rendiez
rende	rendent

Passé
aie rendu	ayons rendu
aies rendu	ayez rendu
ait rendu	ait rendu

Imparfait
rendisse	rendissions
rendisses	rendissiez
rendît	rendissent

Plus-que-parfait
eusse rendu	eussions rendu
eusses rendu	eussiez rendu
eût rendu	eussent rendu

Conditionnel

Présent
rendrais	rendrions
rendrais	rendriez
rendrait	rendraient

Passé
aurais rendu	aurions rendu
aurais rendu	auriez rendu
aurait rendu	auraient rendu

Impératif
rends
rendons
rendez

Participes

Présent
rendant

Passé
rendu

Related Words

le rendement	*yield, output*	le rendez-vous	*appointment*
se rendre	*to give up, surrender*	se rendre à	*to go to*

125 renoncer to renounce

intransitive

	je	nous
	tu	vous
il/elle/on		ils/elles

Indicatif

Présent
renonce	renonçons
renonces	renoncez
renonce	renoncent

Passé composé
ai renoncé	avons renoncé
as renoncé	avez renoncé
a renoncé	ont renoncé

Imparfait
renonçais	renoncions
renonçais	renonciez
renonçait	renonçaient

Plus-que-parfait
avais renoncé	avions renoncé
avais renoncé	aviez renoncé
avait renoncé	avaient renoncé

Passé simple
renonçai	renonçâmes
renonças	renonçâtes
renonça	renoncèrent

Passé antérieur
eus renoncé	eûmes renoncé
eus renoncé	eûtes renoncé
eut renoncé	eurent renoncé

Futur simple
renoncerai	renoncerons
renonceras	renoncerez
renoncera	renonceront

Futur antérieur
aurai renoncé	aurons renoncé
auras renoncé	aurez renoncé
aura renoncé	auront renoncé

Subjonctif

Présent
renonce	renoncions
renonces	renonciez
renonce	renoncent

Passé
aie renoncé	ayons renoncé
aies renoncé	ayez renoncé
ait renoncé	aient renoncé

Imparfait
renonçasse	renonçassions
renonçasses	renonçassiez
renonçât	renonçassent

Plus-que-parfait
eusse renoncé	eussions renoncé
eusses renoncé	eussiez renoncé
eût renoncé	eussent renoncé

Conditionnel

Présent
renoncerais	renoncerions
renoncerais	renonceriez
renoncerait	renonceraient

Passé
aurais renoncé	aurions renoncé
aurais renoncé	auriez renoncé
aurait renoncé	auraient renoncé

Impératif
renonce
renonçons
renoncez

Participes

Présent
renonçant

Passé
renoncé

Related Words

la renonciation	giving up, renunciation	le renoncement	renunciation

126 renverser to knock over

transitive

	je	nous
	tu	vous
	il/elle/on	ils/elles

Indicatif

Présent
renverse	renversons
renverses	renversez
renverse	renversent

Passé composé
ai renversé	avons renversé
as renversé	avez renversé
a renversé	ont renversé

Imparfait
renversais	renversions
renversais	renversiez
renversait	renversaient

Plus-que-parfait
avais renversé	avions renversé
avais renversé	aviez renversé
avait renversé	avaient renversé

Passé simple
renversai	renversâmes
renversas	renversâtes
renversa	renversèrent

Passé antérieur
eus renversé	eûmes renversé
eus renversé	eûtes renversé
eut renversé	eurent renversé

Futur simple
renverserai	renverserons
renverseras	renverserez
renversera	renverseront

Futur antérieur
aurai renversé	aurons renversé
auras renversé	aurez renversé
aura renversé	auront renversé

Subjonctif

Présent
renverse	renversions
renverses	renversiez
renverse	renversent

Passé
aie renversé	ayons renversé
aies renversé	ayez renversé
ait renversé	aient renversé

Imparfait
renversasse	renversassions
renversasses	renversassiez
renversât	renversassent

Plus-que-parfait
eusse renversé	eussions renversé
eusses renversé	eussiez renversé
eût renversé	eussent renversé

Conditionnel

Présent
renverserais	renverserions
renverserais	renverseriez
renverserait	renverseraient

Passé
aurais renversé	aurions renversé
aurais renversé	auriez renversé
aurait renversé	auraient renversé

Impératif

renverse
renversons
renversez

Participes

Présent
renversant

Passé
renversé

Related Words

le renversement	*reversal, overthrow*	tomber à la renverse	*to fall backward*
		renversant	*amazing*

157

127 répéter to repeat

transitive

Indicatif

Présent

répète	répétons		
répètes	répétez		
répète	répètent		

Passé composé

ai répété	avons répété		
as répété	avez répété		
a répété	ont répété		

Imparfait

répétais	répétions
répétais	répétiez
répétait	répétaient

Plus-que-parfait

avais répété	avions répété
avais répété	aviez répété
avait répété	avaient répété

Passé simple

répétai	répétâmes
répétas	répétâtes
répéta	répétèrent

Passé antérieur

eus répété	eûmes répété
eus répété	eûtes répété
eut répété	eurent répété

Futur simple

répéterai	répéterons
répéteras	répéterez
répétera	répéteront

Futur antérieur

aurai répété	aurons répété
auras répété	aurez répété
aura répété	auront répété

Subjonctif

Présent

répète	répétions
répètes	répétiez
répète	répètent

Passé

aie répété	ayons répété
aies répété	ayez répété
ait répété	aient répété

Imparfait

répétasse	répétassions
répétasses	répétassiez
répétât	répétassent

Plus-que-parfait

eusse répété	eussions répété
eusses répété	eussiez répété
eût répété	eussent répété

Conditionnel

Présent

répéterais	répéterions
répéterais	répéteriez
répéterait	répéteraient

Passé

aurais répété	aurions répété
aurais répété	auriez répété
aurait répété	auraient répété

Impératif

répète
répétons
répétez

Participes

Présent
répétant

Passé
répété

Related Words

la répétition	*repetition; rehearsal*	répétitif	*repetitive*

128 répondre to answer, to respond

transitive

	je	nous
	tu	vous
	il/elle/on	ils/elles

Indicatif

Présent
réponds	répondons
réponds	répondez
répond	répondent

Passé composé
ai répondu	avons répondu
as répondu	avez répondu
a répondu	ont répondu

Imparfait
répondais	répondions
répondais	répondiez
répondait	répondaient

Plus-que-parfait
avais répondu	avions répondu
avais répondu	aviez répondu
avait répondu	avaient répondu

Passé simple
répondis	répondîmes
répondis	répondîtes
répondit	répondirent

Passé antérieur
eus répondu	eûmes répondu
eus répondu	eûtes répondu
eut répondu	eurent répondu

Futur simple
répondrai	répondrons
répondras	répondrez
répondra	répondront

Futur antérieur
aurai répondu	aurons répondu
auras répondu	aurez répondu
aura répondu	auront répondu

Subjonctif

Présent
réponde	répondions
répondes	répondiez
réponde	répondent

Passé
aie répondu	ayons répondu
aies répondu	ayez répondu
ait répondu	aient répondu

Imparfait
répondisse	répondissions
répondisses	répondissiez
répondît	répondissent

Plus-que-parfait
eusse répondu	eussions répondu
eusses répondu	eussiez répondu
eût répondu	eussent répondu

Conditionnel

Présent
répondrais	répondrions
répondrais	répondriez
répondrait	répondraient

Passé
aurais répondu	aurions répondu
aurais répondu	auriez répondu
aurait répondu	auraient répondu

Impératif
réponds
répondons
répondez

Participes

Présent
répondant

Passé
répondu

Related Words
la réponse	*response*	le répondeur	*answering machine*

129 se reposer to rest

reflexive

Indicatif

Présent
me repose	nous reposons
te reposes	vous reposez
se repose	se reposent

Passé composé
me suis reposé(e)	nous sommes reposé(e)s
t'es reposé(e)	vous êtes reposé(e)(s)
s'est reposé(e)	se sont reposé(e)s

Imparfait
me reposais	nous reposions
te reposais	vous reposiez
se reposait	se reposaient

Plus-que-parfait
m'étais reposé(e)	nous étions reposé(e)s
t'étais reposé(e)	vous étiez reposé(e)(s)
s'était reposé(e)	s'étaient reposé(e)s

Passé simple
me reposai	nous reposâmes
te reposas	vous reposâtes
se reposa	se reposèrent

Passé antérieur
me fus reposé(e)	nous fûmes reposé(e)s
te fus reposé(e)	vous fûtes reposé(e)(s)
se fut reposé(e)	se furent reposé(e)s

Futur simple
me reposerai	nous reposerons
te reposeras	vous reposerez
se reposera	se reposeront

Futur antérieur
me serai reposé(e)	nous serons reposé(e)s
te seras reposé(e)	vous serez reposé(e)(s)
se sera reposé(e)	se seront reposé(e)s

Subjonctif

Présent
me repose	nous reposions
te reposes	vous reposiez
se repose	se reposent

Passé
me sois reposé(e)	nous soyons reposé(e)s
te sois reposé(e)	vous soyez reposé(e)(s)
se soit reposé(e)	se soient reposé(e)s

Imparfait
me reposasse	nous reposassions
te reposasses	vous reposassiez
se reposât	se reposassent

Plus-que-parfait
me fusse reposé(e)	nous fussions reposé(e)s
te fusses reposé(e)	vous fussiez reposé(e)(s)
se fût reposé(e)	se fussent reposé(e)s

Conditionnel

Présent
me reposerais	nous reposerions
te reposerais	vous reposeriez
se reposerait	se reposeraient

Passé
me serais reposé(e)	nous serions reposé(e)s
te serais reposé(e)	vous seriez reposé(e)(s)
se serait reposé(e)	se seraient reposé(e)s

Impératif
repose-toi
reposons-nous
reposez-vous

Participes

Présent
me reposant, etc.

Passé
reposé

Related Words

reposer	*to put back down*	le repos	*rest*
reposant	*restful, relaxing*	le repose-tête	*headrest*
le repose-pieds	*footrest*		

130 réserver to reserve

	je	nous
transitive	tu	vous
	il/elle/on	ils/elles

Indicatif

Présent
réserve	réservons
réserves	réservez
réserve	réservent

Passé composé
ai réservé	avons réservé
as réservé	avez réservé
a réservé	ont réservé

Imparfait
réservais	réservions
réservais	réserviez
réservait	réservaient

Plus-que-parfait
avais réservé	avions réservé
avais réservé	aviez réservé
avait réservé	avaient réservé

Passé simple
réservai	réservâmes
réservas	réservâtes
réserva	réservèrent

Passé antérieur
eus réservé	eûmes réservé
eus réservé	eûtes réservé
eut réservé	eurent réservé

Futur simple
réserverai	réserverons
réserveras	réserverez
réservera	réserveront

Futur antérieur
aurai réservé	aurons réservé
auras réservé	aurez réservé
aura réservé	auront réservé

Subjonctif

Présent
réserve	réservions
réserves	réserviez
réserve	réservent

Passé
aie réservé	ayons réservé
aies réservé	ayez réservé
ait réservé	aient réservé

Imparfait
réservasse	réservassions
réservasses	réservassiez
réservât	réservassent

Plus-que-parfait
eusse réservé	eussions réservé
eusses réservé	eussiez réservé
eût réservé	eussent réservé

Conditionnel

Présent
réserverais	réserverions
réserverais	réserveriez
réserverait	réserveraient

Passé
aurais réservé	aurions réservé
aurais réservé	auriez réservé
aurait réservé	auraient réservé

Impératif
réserve
réservons
réservez

Participes

Présent
réservant

Passé
réservé

Related Words
la réserve	*reserve, stock*	la réservation	*reservation, booking*
réservé	*reserved*	le réservoir	*tank, reservoir*

131 résoudre to resolve

transitive

Indicatif

Présent
résous	résolvons
résous	résolvez
résout	résolvent

Passé composé
ai résolu	avons résolu
as résolu	avez résolu
a résolu	ont résolu

Imparfait
résolvais	résolvions
résolvais	résolviez
résolvait	résolvaient

Plus-que-parfait
avais résolu	avions résolu
avais résolu	aviez résolu
avait résolu	avaient résolu

Passé simple
résolus	résolûmes
résolus	résolûtes
résolut	résolurent

Passé antérieur
eus résolu	eûmes résolu
eus résolu	eûtes résolu
eut résolu	eurent résolu

Futur simple
résoudrai	résoudrons
résoudras	résoudrez
résoudra	résoudront

Futur antérieur
aurai résolu	aurons résolu
auras résolu	aurez résolu
aura résolu	auront résolu

Subjonctif

Présent
résolve	résolvions
résolves	résolviez
résolve	résolvent

Passé
aie résolu	ayons résolu
aies résolu	ayez résolu
ait résolu	aient résolu

Imparfait
résolusse	résolussions
résolusses	résolussiez
résolût	résolussent

Plus-que-parfait
eusse résolu	eussions résolu
eusses résolu	eussiez résolu
eût résolu	eussent résolu

Conditionnel

Présent
résoudrais	résoudrions
résoudrais	résoudriez
résoudrait	résoudraient

Passé
aurais résolu	aurions résolu
aurais résolu	auriez résolu
aurait résolu	auraient résolu

Impératif
résous
résolvons
résolvez

Participes

Présent
résolvant

Passé
résolu

Related Words
se résoudre à	*to be resolved*	la résolution	*resolution*
faire quelque chose	*to do something*	résolu	*resolute, determined*

132 réussir to succeed, to pass

transitive

Indicatif

Présent
réussis	réussissons
réussis	réussissez
réussit	réussissent

Passé composé
ai réussi	avons réussi
as réussi	avez réussi
a réussi	ont réussi

Imparfait
réussissais	réussissions
réussissais	réussissiez
réussissait	réussissaient

Plus-que-parfait
avais réussi	avions réussi
avais réussi	aviez réussi
avait réussi	avaient réussi

Passé simple
réussis	réussîmes
réussis	réussîtes
réussit	réussirent

Passé antérieur
eus réussi	eûmes réussi
eus réussi	eûtes réussi
eut réussi	eurent réussi

Futur simple
réussirai	réussirons
réussiras	réussirez
réussira	réussiront

Futur antérieur
aurai réussi	aurons réussi
auras réussi	aurez réussi
aura réussi	auront réussi

Subjonctif

Présent
réussisse	réussissions
réussisses	réussissiez
réussisse	réussissent

Passé
aie réussi	ayons réussi
aies réussi	ayez réussi
ait réussi	aient réussi

Imparfait
réussisse	réussissions
réussisses	réussissiez
réussît	réussissent

Plus-que-parfait
eusse réussi	eussions réussi
eusses réussi	eussiez réussi
eût réussi	eussent réussi

Conditionnel

Présent
réussirais	réussirions
réussirais	réussiriez
réussirait	réussiraient

Passé
aurais réussi	aurions réussi
aurais réussi	auriez réussi
aurait réussi	auraient réussi

Impératif
réussis
réussissons
réussissez

Participes

Présent
réussissant

Passé
réussi

Related Words
la réussite	*success*	réussi	*successful*

133 revenir to return, to come back

intransitive

		je	nous
		tu	vous
		il/elle/on	ils/elles

Indicatif

Présent

reviens	revenons
reviens	revenez
revient	reviennent

Passé composé

suis revenu(e)	sommes revenu(e)s
es revenu(e)	êtes revenu(e)(s)
est revenu(e)	sont revenu(e)s

Imparfait

revenais	revenions
revenais	reveniez
revenait	revenaient

Plus-que-parfait

étais revenu(e)	étions revenu(e)s
étais revenu(e)	étiez revenu(e)(s)
était revenu(e)	étaient revenu(e)s

Passé simple

revins	revînmes
revins	revîntes
revint	revinrent

Passé antérieur

fus revenu(e)	fûmes revenu(e)s
fus revenu(e)	fûtes revenu(e)(s)
fut revenu(e)	furent revenu(e)s

Futur simple

reviendrai	reviendrons
reviendras	reviendrez
reviendra	reviendront

Futur antérieur

serai revenu(e)	serons revenu(e)s
seras revenu(e)	serez revenu(e)(s)
sera revenu(e)	seront revenu(e)s

Subjonctif

Présent

revienne	revenions
reviennes	reveniez
revienne	reviennent

Passé

sois revenu(e)	soyons revenu(e)s
sois revenu(e)	soyez revenu(e)(s)
soit revenu(e)	soient revenu(e)s

Imparfait

revinsse	revinssions
revinsses	revinssiez
revînt	revinssent

Plus-que-parfait

fusse revenu(e)	fussions revenu(e)s
fusses revenu(e)	fussiez revenu(e)(s)
fût revenu(e)	fussent revenu(e)s

Conditionnel

Présent

reviendrais	reviendrions
reviendrais	reviendriez
reviendrait	reviendraient

Passé

serais revenu(e)	serions revenu(e)s
serais revenu(e)	seriez revenu(e)(s)
serait revenu(e)	seraient revenu(e)s

Impératif

reviens
revenons
revenez

Participes

Présent

revenant

Passé

revenu

Related Words

le revenant	*ghost*	le revenu	*income, revenue*

134 rêver to dream

intransitive

Indicatif

Présent
rêve	rêvons		
rêves	rêvez		
rêve	rêvent		

Passé composé
ai rêvé		avons rêvé	
as rêvé		avez rêvé	
a rêvé		ont rêvé	

Imparfait
rêvais	rêvions
rêvais	rêviez
rêvait	rêvaient

Plus-que-parfait
avais rêvé	avions rêvé
avais rêvé	aviez rêvé
avait rêvé	avaient rêvé

Passé simple
rêvai	rêvâmes
rêvas	rêvâtes
rêva	rêvèrent

Passé antérieur
eus rêvé	eûmes rêvé
eus rêvé	eûtes rêvé
eut rêvé	eurent rêvé

Futur simple
rêverai	rêverons
rêveras	rêverez
rêvera	rêveront

Futur antérieur
aurai rêvé	aurons rêvé
auras rêvé	aurez rêvé
aura rêvé	auront rêvé

Subjonctif

Présent
rêve	rêvions
rêves	rêviez
rêve	rêvent

Passé
aie rêvé	ayons rêvé
aies rêvé	ayez rêvé
ait rêvé	aient rêvé

Imparfait
rêvasse	rêvassions
rêvasses	rêvassiez
rêvât	rêvassent

Plus-que-parfait
eusse rêvé	eussions rêvé
eusses rêvé	eussiez rêvé
eût rêvé	eussent rêvé

Conditionnel

Présent
rêverais	rêverions
rêverais	rêveriez
rêverait	rêveraient

Passé
aurais rêvé	aurions rêvé
aurais rêvé	auriez rêvé
aurait rêvé	auraient rêvé

Impératif
rêve
rêvons
rêvez

Participes

Présent
rêvant

Passé
rêvé

Related Words

le rêve	*dream*	le rêveur	*dreamer*
la rêverie	*daydreaming*	rêvé	*ideal*

135 rire to laugh

intransitive

	je	nous
	tu	vous
	il/elle/on	ils/elles

Indicatif

Présent
ris	rions
ris	riez
rit	rient

Passé composé
ai ri	avons ri
as ri	avez ri
a ri	ont ri

Imparfait
riais	riions
riais	riiez
riait	riaient

Plus-que-parfait
avais ri	avions ri
avais ri	aviez ri
avait ri	avaient ri

Passé simple
ris	rîmes
ris	rîtes
rit	rirent

Passé antérieur
eus ri	eûmes ri
eus ri	eûtes ri
eut ri	eurent ri

Futur simple
rirai	rirons
riras	rirez
rira	riront

Futur antérieur
aurai ri	aurons ri
auras ri	aurez ri
aura ri	auront ri

Subjonctif

Présent
rie	riions
ries	riiez
rie	rient

Passé
aie ri	ayons ri
aies ri	ayez ri
ait ri	aient ri

Imparfait
risse	rissions
risses	rissiez
rît	rissent

Plus-que-parfait
eusse ri	eussions ri
eusses ri	eussiez ri
eût ri	eussent ri

Conditionnel

Présent
rirais	ririons
rirais	ririez
rirait	riraient

Passé
aurais ri	aurions ri
aurais ri	auriez ri
aurait ri	auraient ri

Impératif
ris
rions
riez

Participes

Présent
riant

Passé
ri

Related Words

se rire de	to make light of	riant	pleasant, cheerful
risible	ridiculous, laughable	rieur	merry, happy

136 **rougir** to blush; to glow; to turn red

intransitive

Indicatif

Présent
rougis	rougissons
rougis	rougissez
rougit	rougissent

Passé composé
ai rougi	avons rougi
as rougi	avez rougi
a rougi	ont rougi

Imparfait
rougissais	rougissions
rougissais	rougissiez
rougissait	rougissaient

Plus-que-parfait
avais rougi	avions rougi
avais rougi	aviez rougi
avait rougi	avaient rougi

Passé simple
rougis	rougîmes
rougis	rougîtes
rougit	rougirent

Passé antérieur
eus rougi	eûmes rougi
eus rougi	eûtes rougi
eut rougi	eurent rougi

Futur simple
rougirai	rougirons
rougiras	rougirez
rougira	rougiront

Futur antérieur
aurai rougi	aurons rougi
auras rougi	aurez rougi
aura rougi	auront rougi

Subjonctif

Présent
rougisse	rougissions
rougisses	rougissiez
rougisse	rougissent

Passé
aie rougi	ayons rougi
aies rougi	ayez rougi
ait rougi	aient rougi

Imparfait
rougisse	rougissions
rougisses	rougissiez
rougit	rougissent

Plus-que-parfait
eusse rougi	eussions rougi
eusses rougi	eussiez rougi
eût rougi	eussent rougi

Conditionnel

Présent
rougirais	rougirions
rougirais	rougiriez
rougirait	rougiraient

Passé
aurais rougi	aurions rougi
aurais rougi	auriez rougi
aurait rougi	auraient rougi

Impératif
rougis
rougissons
rougissez

Participes

Présent
rougissant

Passé
rougi

Related Words

rouge	*red*	rougissant	*blushing*
le rougissement	*blush*	la rougeur	*redness*
roux	*red, russet*	rougeâtre	*reddish*
rouillé	*rusty*	la rougeole	*measles*

137 savoir to know

	je	nous
transitive	tu	vous
	il/elle/on	ils/elles

Indicatif

Présent
sais	savons
sais	savez
sait	savent

Passé composé
ai su	avons su
as su	avez su
a su	ont su

Imparfait
savais	savions
savais	saviez
savait	savaient

Plus-que-parfait
avais su	avions su
avais su	aviez su
avait su	avaient su

Passé simple
sus	sûmes
sus	sûtes
sut	surent

Passé antérieur
eus su	eûmes su
eus su	eûtes su
eut su	eurent su

Futur simple
saurai	saurons
sauras	saurez
saura	sauront

Futur antérieur
aurai su	aurons su
auras su	aurez su
aura su	auront su

Subjonctif

Présent
sache	sachions
saches	sachiez
sache	sachent

Passé
aie su	ayons su
aies su	ayez su
ait su	aient su

Imparfait
susse	sussions
susses	sussiez
sût	sussent

Plus-que-parfait
eusse su	eussions su
eusses su	eussiez su
eût su	eussent su

Conditionnel

Présent
saurais	saurions
saurais	sauriez
saurait	sauraient

Passé
aurais su	aurions su
aurais su	auriez su
aurait su	auraient su

Impératif

sache
sachons
sachez

Participes

Présent
sachant

Passé
su

Related Words

le savant	*scholar*	savant	*scholarly, skillful*
le savoir-vivre	*manners, mastery of social grace*	le savoir-faire	*know-how*
		savamment	*cleverly*

168

138 sentir to feel; to smell

		je	nous
intransitive		tu	vous
transitive		il/elle/on	ils/elles

Indicatif

Présent
sens	sentons
sens	sentez
sent	sentent

Passé composé
ai senti	avons senti
as senti	avez senti
a senti	ont senti

Imparfait
sentais	sentions
sentais	sentiez
sentait	sentaient

Plus-que-parfait
avais senti	avions senti
avais senti	aviez senti
avait senti	avaient senti

Passé simple
sentis	sentîmes
sentis	sentîtes
sentit	sentirent

Passé antérieur
eus senti	eûmes senti
eus senti	eûtes senti
eut senti	eurent senti

Futur simple
sentirai	sentirons
sentiras	sentirez
sentira	sentiront

Futur antérieur
aurai senti	aurons senti
auras senti	aurez senti
aura senti	auront senti

Subjonctif

Présent
sente	sentions
sentes	sentiez
sente	sentent

Passé
aie senti	ayons senti
aies senti	ayez senti
ait senti	aient senti

Imparfait
sentisse	sentissions
sentisses	sentissiez
sentit	sentissent

Plus-que-parfait
eusse senti	eussions senti
eusses senti	eussiez senti
eût senti	eussent senti

Conditionnel

Présent
sentirais	sentirions
sentirais	sentiriez
sentirait	sentiraient

Passé
aurais senti	aurions senti
aurais senti	auriez senti
aurait senti	auraient senti

Impératif
sens
sentons
sentez

Participes

Présent
sentant

Passé
senti

Related Words

se sentir	*to feel (emotions)*	ressentir	*to feel (experience)*
pressentir	*to sense, to have a feeling*	consentir	*to agree, to consent*
le sentiment	*feeling*	la sentimentalité	*sentimentality*

139 servir to serve

	je	nous
transitive	tu	vous
	il/elle/on	ils/elles

Indicatif

Présent
sers	servons
sers	servez
sert	servent

Passé composé
ai servi	avons servi
as servi	avez servi
a servi	ont servi

Imparfait
servais	servions
servais	serviez
servait	servaient

Plus-que-parfait
avais servi	avions servi
avais servi	aviez servi
avait servi	avaient servi

Passé simple
servis	servîmes
servis	servîtes
servit	servirent

Passé antérieur
eus servi	eûmes servi
eus servi	eûtes servi
eut servi	eurent servi

Futur simple
servirai	servirons
serviras	servirez
servira	serviront

Futur antérieur
aurai servi	aurons servi
auras servi	aurez servi
aura servi	auront servi

Subjonctif

Présent
serve	servions
serves	serviez
serve	servent

Passé
aie servi	ayons servi
aies servi	ayez servi
ait servi	aient servi

Imparfait
servisse	servissions
servisses	servissiez
servît	servissent

Plus-que-parfait
eusse servi	eussions servi
eusses servi	eussiez servi
eût servi	eussent servi

Conditionnel

Présent
servirais	servirions
servirais	serviriez
servirait	serviraient

Passé
aurais servi	aurions servi
aurais servi	auriez servi
aurait servi	auraient servi

Impératif
sers
servons
servez

Participes

Présent
servant

Passé
servi

Related Words

se servir de	to use	asservir	to enslave, to master
desservir	to clear away (the table)	le service	duty, service
		la servitude	servitude
le serveur	waiter	le serviteur	servant

140 **sonner** to ring

intransitive

	je	nous
	tu	vous
	il/elle/on	ils/elles

Indicatif

Présent
sonne	sonnons
sonnes	sonnez
sonne	sonnent

Passé composé
ai sonné	avons sonné
as sonné	avez sonné
a sonné	ont sonné

Imparfait
sonnais	sonnions
sonnais	sonniez
sonnait	sonnaient

Plus-que-parfait
avais sonné	avions sonné
avais sonné	aviez sonné
avait sonné	avaient sonné

Passé simple
sonnai	sonnâmes
sonnas	sonnâtes
sonna	sonnèrent

Passé antérieur
eus sonné	eûmes sonné
eus sonné	eûtes sonné
eut sonné	eurent sonné

Futur simple
sonnerai	sonnerons
sonneras	sonnerez
sonnera	sonneront

Futur antérieur
aurai sonné	aurons sonné
auras sonné	aurez sonné
aura sonné	auront sonné

Subjonctif

Présent
sonne	sonnions
sonnes	sonniez
sonne	sonnent

Passé
aie sonné	ayons sonné
aies sonné	ayez sonné
ait sonné	aient sonné

Imparfait
sonnasse	sonnassions
sonnasses	sonnassiez
sonnât	sonnassent

Plus-que-parfait
eusse sonné	eussions sonné
eusses sonné	eussiez sonné
eût sonné	eussent sonné

Conditionnel

Présent
sonnerais	sonnerions
sonnerais	sonneriez
sonnerait	sonneraient

Passé
aurais sonné	aurions sonné
aurais sonné	auriez sonné
aurait sonné	auraient sonné

Impératif
sonne
sonnons
sonnez

Participes

Présent
sonnant

Passé
sonné

Related Words

la sonnerie	*ringing*	la sonnette	*bell*
le sonneur	*bell ringer*	le son	*sound*
sonore	*resounding*	la sonorisation	*sound system*

141 sortir to go out, to exit

intransitive

	je	nous
	tu	vous
	il/elle/on	ils/elles

Indicatif

Présent
sors	sortons
sors	sortez
sort	sortent

Passé composé
suis sorti(e)	sommes sorti(e)s
es sorti(e)	êtes sorti(e)(s)
est sorti(e)	sont sorti(e)s

Imparfait
sortais	sortions
sortais	sortiez
sortait	sortaient

Plus-que-parfait
étais sorti(e)	étions sorti(e)s
étais sorti(e)	étiez sorti(e)(s)
était sorti(e)	étaient sorti(e)s

Passé simple
sortis	sortîmes
sortis	sortîtes
sortit	sortirent

Passé antérieur
fus sorti(e)	fûmes sorti(e)s
fus sorti(e)	fûtes sorti(e)(s)
fut sorti(e)	furent sorti(e)s

Futur simple
sortirai	sortirons
sortiras	sortirez
sortira	sortiront

Futur antérieur
serai sorti(e)	serons sorti(e)s
seras sorti(e)	serez sorti(e)(s)
sera sorti(e)	seront sorti(e)s

Subjonctif

Présent
sorte	sortions
sortes	sortiez
sorte	sortent

Passé
sois sorti(e)	soyons sorti(e)s
sois sorti(e)	soyez sorti(e)(s)
soit sorti(e)	soient sorti(e)s

Imparfait
sortisse	sortissions
sortisses	sortissiez
sortît	sortissent

Plus-que-parfait
fusse sorti(e)	fussions sorti(e)s
fusses sorti(e)	fussiez sorti(e)(s)
fût sorti(e)	fussent sorti(e)s

Conditionnel

Présent
sortirais	sortirions
sortirais	sortiriez
sortirait	sortiraient

Passé
serais sorti(e)	serions sorti(e)s
serais sorti(e)	seriez sorti(e)(s)
serait sorti(e)	seraient sorti(e)s

Impératif
sors
sortons
sortez

Participes

Présent
sortant

Passé
sorti

Related Words
la sortie	*exit*	sortir quelque chose	*to take out something (a dog)*

142 souffler to blow

intransitive

	je	nous
	tu	vous
	il/elle/on	ils/elles

Indicatif

Présent
souffle	soufflons
souffles	soufflez
souffle	soufflent

Passé composé
ai soufflé	avons soufflé
as soufflé	avez soufflé
a soufflé	ont soufflé

Imparfait
soufflais	soufflions
soufflais	souffliez
soufflait	soufflaient

Plus-que-parfait
avais soufflé	avions soufflé
avais soufflé	aviez soufflé
avait soufflé	avaient soufflé

Passé simple
soufflai	soufflâmes
soufflas	soufflâtes
souffla	soufflèrent

Passé antérieur
eus soufflé	eûmes soufflé
eus soufflé	eûtes soufflé
eut soufflé	eurent soufflé

Futur simple
soufflerai	soufflerons
souffleras	soufflerez
soufflera	souffleront

Futur antérieur
aurai soufflé	aurons soufflé
auras soufflé	aurez soufflé
aura soufflé	auront soufflé

Subjonctif

Présent
souffle	soufflions
souffles	souffliez
souffle	soufflent

Passé
aie soufflé	ayons soufflé
aies soufflé	ayez soufflé
ait soufflé	aient soufflé

Imparfait
soufflasse	soufflassions
soufflasses	soufflassiez
soufflât	soufflassent

Plus-que-parfait
eusse soufflé	eussions soufflé
eusses soufflé	eussiez soufflé
eût soufflé	eussent soufflé

Conditionnel

Présent
soufflerais	soufflerions
soufflerais	souffleriez
soufflerait	souffleraient

Passé
aurais soufflé	aurions soufflé
aurais soufflé	auriez soufflé
aurait soufflé	auraient soufflé

Impératif
souffle
soufflons
soufflez

Participes

Présent
soufflant

Passé
soufflé

Related Words
le souffle	*blow, puff, breath*	le soufflé	*soufflé*
le soufflet	*bellows*	le souffleur	*prompter*

143 suivre to follow, to pursue

transitive

Indicatif

Présent

suis	suivons
suis	suivez
suit	suivent

Passé composé

ai suivi	avons suivi
as suivi	avez suivi
a suivi	ont suivi

Imparfait

suivais	suivions
suivais	suiviez
suivait	suivaient

Plus-que-parfait

avais suivi	avions suivi
avais suivi	aviez suivi
avait suivi	avaient suivi

Passé simple

suivis	suivîmes
suivis	suivîtes
suivit	suivirent

Passé antérieur

eus suivi	eûmes suivi
eus suivi	eûtes suivi
eut suivi	eurent suivi

Futur simple

suivrai	suivrons
suivras	suivrez
suivra	suivront

Futur antérieur

aurai suivi	aurons suivi
auras suivi	aurez suivi
aura suivi	auront suivi

Subjonctif

Présent

suive	suivions
suives	suiviez
suive	suivent

Passé

aie suivi	ayons suivi
aies suivi	ayez suivi
ait suivi	aient suivi

Imparfait

suivisse	suivissions
suivisses	suivissiez
suivît	suivissent

Plus-que-parfait

eusse suivi	eussions suivi
eusses suivi	eussiez suivi
eût suivi	eussent suivi

Conditionnel

Présent

suivrais	suivrions
suivrais	suivriez
suivrait	suivraient

Passé

aurais suivi	aurions suivi
aurais suivi	auriez suivi
aurait suivi	auraient suivi

Impératif

suis
suivons
suivez

Participes

Présent

suivant

Passé

suivi

Related Words

le suivant	*the following one*	suivant	*according to*
suivi	*steady, consistent*	la suite	*continuation*

144 téléphoner to phone, to call

intransitive

	je	nous
	tu	vous
	il/elle/on	ils/elles

Indicatif

Présent
téléphone	téléphonons
téléphones	téléphonez
téléphone	téléphonent

Passé composé
ai téléphoné	avons téléphoné
as téléphoné	avez téléphoné
a téléphoné	ont téléphoné

Imparfait
téléphonais	téléphonions
téléphonais	téléphoniez
téléphonait	téléphonaient

Plus-que-parfait
avais téléphoné	avions téléphoné
avais téléphoné	aviez téléphoné
avait téléphoné	avaient téléphoné

Passé simple
téléphonai	téléphonâmes
téléphonas	téléphonâtes
téléphona	téléphonèrent

Passé antérieur
eus téléphoné	eûmes téléphoné
eus téléphoné	eûtes téléphoné
eut téléphoné	eurent téléphoné

Futur simple
téléphonerai	téléphonerons
téléphoneras	téléphonerez
téléphonera	téléphoneront

Futur antérieur
aurai téléphoné	aurons téléphoné
auras téléphoné	aurez téléphoné
aura téléphoné	auront téléphoné

Subjonctif

Présent
téléphone	téléphonions
téléphones	téléphoniez
téléphone	téléphonent

Passé
aie téléphoné	ayons téléphoné
aies téléphoné	ayez téléphoné
ait téléphoné	aient téléphoné

Imparfait
téléphonasse	téléphonassions
téléphonasses	téléphonassiez
téléphonât	téléphonassent

Plus-que-parfait
eusse téléphoné	eussions téléphoné
eusses téléphoné	eussiez téléphoné
eût téléphoné	eussent téléphoné

Conditionnel

Présent
téléphonerais	téléphonerions
téléphonerais	téléphoneriez
téléphonerait	téléphoneraient

Passé
aurais téléphoné	aurions téléphoné
aurais téléphoné	auriez téléphoné
aurait téléphoné	auraient téléphoné

Impératif
téléphone
téléphonons
téléphonez

Participes

Présent
téléphonant

Passé
téléphoné

Related Words
le coup de téléphone	*phone call*	le téléphone	*telephone*

145 tenir to hold

transitive

	je / nous
	tu / vous
	il/elle/on / ils/elles

Indicatif

Présent
tiens	tenons
tiens	tenez
tient	tiennent

Passé composé
ai tenu	avons tenu
as tenu	avez tenu
a tenu	ont tenu

Imparfait
tenais	tenions
tenais	teniez
tenait	tenaient

Plus-que-parfait
avais tenu	avions tenu
avais tenu	aviez tenu
avait tenu	avaient tenu

Passé simple
tins	tînmes
tins	tîntes
tint	tinrent

Passé antérieur
eus tenu	eûmes tenu
eus tenu	eûtes tenu
eut tenu	eurent tenu

Futur simple
tiendrai	tiendrons
tiendras	tiendrez
tiendra	tiendront

Futur antérieur
aurai tenu	aurons tenu
auras tenu	aurez tenu
aura tenu	auront tenu

Subjonctif

Présent
tienne	tenions
tiennes	teniez
tienne	tiennent

Passé
aie tenu	ayons tenu
aies tenu	ayez tenu
ait tenu	aient tenu

Imparfait
tinsse	tinssions
tinsses	tinssiez
tînt	tinssent

Plus-que-parfait
eusse tenu	eussions tenu
eusses tenu	eussiez tenu
eût tenu	eussent tenu

Conditionnel

Présent
tiendrais	tiendrions
tiendrais	tiendriez
tiendrait	tiendraient

Passé
aurais tenu	aurions tenu
aurais tenu	auriez tenu
aurait tenu	auraient tenu

Impératif
tiens
tenons
tenez

Participes
Présent
tenant

Passé
tenu

Related Words

tenir à	to insist on, care about	tenir de	to look like, to take after
contenir	to hold, to contain	entretenir	to maintain, to keep
maintenir	to keep up, to support	obtenir	to obtain
retenir	to hold back	soutenir	to support, to hold up
appartenir à	to belong to	la teneur	content
le tenant	supporter, upholder	la tenue	upkeep, posture, dress

146 terminer to finish, to terminate

Indicatif

Présent
termine	terminons
termines	terminez
termine	terminent

Passé composé
ai terminé	avons terminé
as terminé	avez terminé
a terminé	ont terminé

Imparfait
terminais	terminions
terminais	terminiez
terminait	terminaient

Plus-que-parfait
avais terminé	avions terminé
avais terminé	aviez terminé
avait terminé	avaient terminé

Passé simple
terminai	terminâmes
terminas	terminâtes
termina	terminèrent

Passé antérieur
eus terminé	eûmes terminé
eus terminé	eûtes terminé
eut terminé	eurent terminé

Futur simple
terminerai	terminerons
termineras	terminerez
terminera	termineront

Futur antérieur
aurai terminé	aurons terminé
auras terminé	aurez terminé
aura terminé	auront terminé

Subjonctif

Présent
termine	terminions
termines	terminiez
termine	terminent

Passé
aie terminé	ayons terminé
aies terminé	ayez terminé
ait terminé	aient terminé

Imparfait
terminasse	terminassions
terminasses	terminassiez
terminât	terminassent

Plus-que-parfait
eusse terminé	eussions terminé
eusses terminé	eussiez terminé
eût terminé	eussent terminé

Conditionnel

Présent
terminerais	terminerions
terminerais	termineriez
terminerait	termineraient

Passé
aurais terminé	aurions terminé
aurais terminé	auriez terminé
aurait terminé	auraient terminé

Impératif

termine
terminons
terminez

Participes

Présent
terminant

Passé
terminé

Related Words

| se terminer | to end, to come to an end | le terminal | *terminal* |
| le terminus | *terminus* | la terminaison | *ending* |

147 **trouver** to find

je   nous
tu   vous
il/elle/on   ils/elles

transitive

Indicatif

Présent
trouve	trouvons
trouves	trouvez
trouve	trouvent

Passé composé
ai trouvé	avons trouvé
as trouvé	avez trouvé
a trouvé	ont trouvé

Imparfait
trouvais	trouvions
trouvais	trouviez
trouvait	trouvaient

Plus-que-parfait
avais trouvé	avions trouvé
avais trouvé	aviez trouvé
avait trouvé	avaient trouvé

Passé simple
trouvai	trouvâmes
trouvas	trouvâtes
trouva	trouvèrent

Passé antérieur
eus trouvé	eûmes trouvé
eus trouvé	eûtes trouvé
eut trouvé	eurent trouvé

Futur simple
trouverai	trouverons
trouveras	trouverez
trouvera	trouveront

Futur antérieur
aurai trouvé	aurons trouvé
auras trouvé	aurez trouvé
aura trouvé	auront trouvé

Subjonctif

Présent
trouve	trouvions
trouves	trouviez
trouve	trouvent

Passé
aie trouvé	ayons trouvé
aies trouvé	ayez trouvé
ait trouvé	aient trouvé

Imparfait
trouvasse	trouvassions
trouvasses	trouvassiez
trouvât	trouvassent

Plus-que-parfait
eusse trouvé	eussions trouvé
eusses trouvé	eussiez trouvé
eût trouvé	eussent trouvé

Conditionnel

Présent
trouverais	trouverions
trouverais	trouveriez
trouverait	trouveraient

Passé
aurais trouvé	aurions trouvé
aurais trouvé	auriez trouvé
aurait trouvé	auraient trouvé

Impératif
trouve
trouvons
trouvez

Participes

Présent
trouvant

Passé
trouvé

Related Words

se trouver	to be located	la trouvaille	*find, invention*
se retrouver	to find oneself		

148 valoir to be worth

je   nous
tu   vous
il/elle/on   ils/elles

intransitive

Indicatif

Présent
vaux	valons
vaux	valez
vaut	valent

Passé composé
ai valu	avons valu
as valu	avez valu
a valu	ont valu

Imparfait
valais	valions
valais	valiez
valait	valaient

Plus-que-parfait
avais valu	avions valu
avais valu	aviez valu
avait valu	avaient valu

Passé simple
valus	valûmes
valus	valûtes
valut	valurent

Passé antérieur
eus valu	eûmes valu
eus valu	eûtes valu
eut valu	eurent valu

Futur simple
vaudrai	vaudrons
vaudras	vaudrez
vaudra	vaudront

Futur antérieur
aurai valu	aurons valu
auras valu	aurez valu
aura valu	auront valu

Subjonctif

Présent
vaille	valions
vailles	valiez
vaille	vaillent

Passé
aie valu	ayons valu
aies valu	ayez valu
ait valu	aient valu

Imparfait
valusse	valussions
valusses	valussiez
valût	valussent

Plus-que-parfait
eusse valu	eussions valu
eusses valu	eussiez valu
eût valu	eussent valu

Conditionnel

Présent
vaudrais	vaudrions
vaudrais	vaudriez
vaudrait	vaudraient

Passé
aurais valu	aurions valu
aurais valu	auriez valu
aurait valu	auraient valu

Impératif
vaux
valons
valez

Participes

Présent
valant

Passé
valu

Related Words
la valeur	*value, worth*	valide	*able, able-bodied*
valeureux	*valorous*	valable	*valid*

149 venir to come

intransitive

	je	nous
	tu	vous
	il/elle/on	ils/elles

Indicatif

Présent
viens	venons
viens	venez
vient	viennent

Passé composé
suis venu(e)	sommes venu(e)s
es venu(e)	êtes venu(e)(s)
est venu(e)	sont venu(e)s

Imparfait
venais	venions
venais	veniez
venait	venaient

Plus-que-parfait
étais venu(e)	étions venu(e)s
étais venu(e)	étiez venu(e)(s)
était venu(e)	étaient venu(e)s

Passé simple
vins	vînmes
vins	vîntes
vint	vinrent

Passé antérieur
fus venu(e)	fûmes venu(e)s
fus venu(e)	fûtes venu(e)(s)
fut venu(e)	furent venu(e)s

Futur simple
viendrai	viendrons
viendras	viendrez
viendra	viendront

Futur antérieur
serai venu(e)	serons venu(e)s
seras venu(e)	serez venu(e)(s)
sera venu(e)	seront venu(e)s

Subjonctif

Présent
vienne	venions
viennes	veniez
vienne	viennent

Passé
sois venu(e)	soyons venu(e)s
sois venu(e)	soyez venu(e)(s)
soit venu(e)	soient venu(e)s

Imparfait
vinsse	vinssions
vinsses	vinssiez
vînt	vinssent

Plus-que-parfait
fusse venu(e)	fussions venu(e)s
fusses venu(e)	fussiez venu(e)(s)
fût venu(e)	fussent venu(e)s

Conditionnel

Présent
viendrais	viendrions
viendrais	viendriez
viendrait	viendraient

Passé
serais venu(e)	serions venu(e)s
serais venu(e)	seriez venu(e)(s)
serait venu(e)	seraient venu(e)s

Impératif
viens
venons
venez

Participes

Présent
venant

Passé
venu

Related Words

la venue	*arrival*	contrevenir	*to contravene*
convenir	*to suit, to agree with*	devenir	*to become*
		prévenir	*to warn*
intervenir	*to intervene*	provenir	*to come from*
parvenir	*to get to, to reach*	l'avenir (m.)	*future*
se souvenir	*to remember*		

150 verdir to turn green

intransitive

je   nous
tu   vous
il/elle/on   ils/elles

Indicatif

Présent
verdis	verdissons
verdis	verdissez
verdit	verdissent

Passé composé
ai verdi	avons verdi
as verdi	avez verdi
a verdi	ont verdi

Imparfait
verdissais	verdissions
verdissais	verdissiez
verdissait	verdissaient

Plus-que-parfait
avais verdi	avions verdi
avais verdi	aviez verdi
avait verdi	avaient verdi

Passé simple
verdis	verdîmes
verdis	verdîtes
verdit	verdirent

Passé antérieur
eus verdi	eûmes verdi
eus verdi	eûtes verdi
eut verdi	eurent verdi

Futur simple
verdirai	verdirons
verdiras	verdirez
verdira	verdiront

Futur antérieur
aurai verdi	aurons verdi
auras verdi	aurez verdi
aura verdi	auront verdi

Subjonctif

Présent
verdisse	verdissions
verdisses	verdissiez
verdisse	verdissent

Passé
aie verdi	ayons verdi
aies verdi	ayez verdi
ait verdi	aient verdi

Imparfait
verdisse	verdissions
verdisses	verdissiez
verdît	verdissent

Plus-que-parfait
eusse verdi	eussions verdi
eusses verdi	eussiez verdi
eût verdi	eussent verdi

Conditionnel

Présent
verdirais	verdirions
verdirais	verdiriez
verdirait	verdiraient

Passé
aurais verdi	aurions verdi
aurais verdi	auriez verdi
aurait verdi	auraient verdi

Impératif

verdis
verdissons
verdissez

Participes

Présent
verdissant

Passé
verdi

Related Words

vert	*green*	la verdure	*greenery*
verdoyant	*green, verdant*	le vert-de-gris	*verdigris*

151 vérifier to verify

transitive

	je	nous
	tu	vous
	il/elle/on	ils/elles

Indicatif _____

Présent
vérifie	vérifions
vérifies	vérifiez
vérifie	vérifient

Passé composé
ai vérifié	avons vérifié
as vérifié	avez vérifié
a vérifié	ont vérifié

Imparfait
vérifiais	vérifiions
vérifiais	vérifiiez
vérifiait	vérifiaient

Plus-que-parfait
avais vérifié	avions vérifié
avais vérifié	aviez vérifié
avait vérifié	avaient vérifié

Passé simple
vérifiai	vérifiâmes
vérifias	vérifiâtes
vérifia	vérifièrent

Passé antérieur
eus vérifié	eûmes vérifié
eus vérifié	eûtes vérifié
eut vérifié	eurent vérifié

Futur simple
vérifierai	vérifierons
vérifieras	vérifierez
vérifiera	vérifieront

Futur antérieur
aurai vérifié	aurons vérifié
auras vérifié	aurez vérifié
aura vérifié	auront vérifié

Subjonctif _____

Présent
vérifie	vérifiions
vérifies	vérifiiez
vérifie	vérifient

Passé
aie vérifié	ayons vérifié
aies vérifié	ayez vérifié
ait vérifié	aient vérifié

Imparfait
vérifiasse	vérifiassions
vérifiasses	vérifiassiez
vérifiât	vérifiassent

Plus-que-parfait
eusse vérifié	eussions vérifié
eusses vérifié	eussiez vérifié
eût vérifié	eussent vérifié

Conditionnel _____

Présent
vérifierais	vérifirions
vérifierais	vérifiriez
vérifierait	vérifieraient

Passé
aurais vérifié	aurions vérifié
aurais vérifié	auriez vérifié
aurait vérifié	auraient vérifié

Impératif _____ Participes _____

vérifie
vérifions
vérifiez

Présent
vérifiant

Passé
vérifié

Related Words _____

la vérification	*verification*	vérifiable	*verifiable*
véridique	*true, authentic*		

152 visiter to visit

transitive

	je	nous
	tu	vous
	il/elle/on	ils/elles

Indicatif

Présent
visite	visitons
visites	visitez
visite	visitent

Passé composé
ai visité	avons visité
as visité	avez visité
a visité	ont visité

Imparfait
visitais	visitions
visitais	visitiez
visitait	visitaient

Plus-que-parfait
avais visité	avions visité
avais visité	aviez visité
avait visité	avaient visité

Passé simple
visitai	visitâmes
visitas	visitâtes
visita	visitèrent

Passé antérieur
eus visité	eûmes visité
eus visité	eûtes visité
eut visité	eurent visité

Futur simple
visiterai	visiterons
visiteras	visiterez
visitera	visiteront

Futur antérieur
aurai visité	aurons visité
auras visité	aurez visité
aura visité	auront visité

Subjonctif

Présent
visite	visitions
visites	visitiez
visite	visitent

Passé
aie visité	ayons visité
aies visité	ayez visité
ait visité	aient visité

Imparfait
visitasse	visitassions
visitasses	visitassiez
visitât	visitassent

Plus-que-parfait
eusse visité	eussions visité
eusses visité	eussiez visité
eût visité	eussent visité

Conditionnel

Présent
visiterais	visiterions
visiterais	visiteriez
visiterait	visiteraient

Passé
aurais visité	aurions visité
aurais visité	auriez visité
aurait visité	auraient visité

Impératif
| visite |
| visitons |
| visitez |

Participes

Présent
visitant

Passé
visité

Related Words
| la visite | *visit* | le visiteur | *visitor* |

183

153 vivre to live

je   nous
tu   vous
il/elle/on   ils/elles

transitive

Indicatif

Présent
vis	vivons
vis	vivez
vit	vivent

Passé composé
ai vécu	avons vécu
as vécu	avez vécu
a vécu	ont vécu

Imparfait
vivais	vivions
vivais	viviez
vivait	vivaient

Plus-que-parfait
avais vécu	avions vécu
avais vécu	aviez vécu
avait vécu	avaient vécu

Passé simple
vécus	vécûmes
vécus	vécûtes
vécut	vécurent

Passé antérieur
eus vécu	eûmes vécu
eus vécu	eûtes vécu
eut vécu	eurent vécu

Futur simple
vivrai	vivrons
vivras	vivrez
vivra	vivront

Futur antérieur
aurai vécu	aurons vécu
auras vécu	aurez vécu
aura vécu	auront vécu

Subjonctif

Présent
vive	vivions
vives	viviez
vive	vivent

Passé
aie vécu	ayons vécu
aies vécu	ayez vécu
ait vécu	aient vécu

Imparfait
vécusse	vécussions
vécusses	vécussiez
vécût	vécussent

Plus-que-parfait
eusse vécu	eussions vécu
eusses vécu	eussiez vécu
eût vécu	eussent vécu

Conditionnel

Présent
vivrais	vivrions
vivrais	vivriez
vivrait	vivraient

Passé
aurais vécu	aurions vécu
aurais vécu	auriez vécu
aurait vécu	auraient vécu

Impératif
vis
vivons
vivez

Participes
Présent
vivant

Passé
vécu

Related Words

survivre	to survive	vivable	livable, fit to live in
vivace	hardy	la vivacité	liveliness, vivacity
vivant	living	en vie	alive
vivement	sharply, brusquely		

154 voir to see

transitive

Indicatif

Présent
vois	voyons
vois	voyez
voit	voient

Passé composé
ai vu	avons vu
as vu	avez vu
a vu	ont vu

Imparfait
voyais	voyions
voyais	voyiez
voyait	voyaient

Plus-que-parfait
avais vu	avions vu
avais vu	aviez vu
avait vu	avaient vu

Passé simple
vis	vîmes
vis	vîtes
vit	virent

Passé antérieur
eus vu	eûmes vu
eus vu	eûtes vu
eut vu	eurent vu

Futur simple
verrai	verrons
verras	verrez
verra	verront

Futur antérieur
aurai vu	aurons vu
auras vu	aurez vu
aura vu	auront vu

Subjonctif

Présent
voie	voyions
voies	voyiez
voie	voient

Passé
aie vu	ayons vu
aies vu	ayez vu
ait vu	aient vu

Imparfait
visse	vissions
visses	vissiez
vît	vissent

Plus-que-parfait
eusse vu	eussions vu
eusses vu	eussiez vu
eût vu	eussent vu

Conditionnel

Présent
verrais	verrions
verrais	verriez
verrait	verraient

Passé
aurais vu	aurions vu
aurais vu	auriez vu
aurait vu	auraient vu

Impératif
vois
voyons
voyez

Participes

Présent
voyant

Passé
vu

Related Words
entrevoir	*to catch sight of*	prévoir	*to foresee*
revoir	*to see again*	la vue	*view, eyesight*
le voyeur	*voyeur*	le voyant	*signal light*
ça se voit	*that's obvious*		

155 **vouloir** to want

je   nous
tu   vous
il/elle/on   ils/elles

transitive

Indicatif

Présent
veux	voulons
veux	voulez
veut	veulent

Passé composé
ai voulu	avons voulu
as voulu	avez voulu
a voulu	ont voulu

Imparfait
voulais	voulions
voulais	vouliez
voulait	voulaient

Plus-que-parfait
avais voulu	avions voulu
avais voulu	aviez voulu
avait voulu	avaient voulu

Passé simple
voulus	voulûmes
voulus	voulûtes
voulut	voulurent

Passé antérieur
eus voulu	eûmes voulu
eus voulu	eûtes voulu
eut voulu	eurent voulu

Futur simple
voudrai	voudrons
voudras	voudrez
voudra	voudront

Futur antérieur
aurai voulu	aurons voulu
auras voulu	aurez voulu
aura voulu	auront voulu

Subjonctif

Présent
veuille	voulions
veuilles	vouliez
veuille	veuillent

Passé
aie voulu	ayons voulu
aies voulu	ayez voulu
ait voulu	aient voulu

Imparfait
voulusse	voulussions
voulusses	voulussiez
voulût	voulussent

Plus-que-parfait
eusse voulu	eussions voulu
eusses voulu	eussiez voulu
eût voulu	eussent voulu

Conditionnel

Présent
voudrais	voudrions
voudrais	voudriez
voudrait	voudraient

Passé
aurais voulu	aurions voulu
aurais voulu	auriez voulu
aurait voulu	auraient voulu

Impératif
veuille
voulons
veuillez

Participes

Présent
voulant

Passé
voulu

Related Words
| la volonté | *wish, will* | voulu | *required* |
| le vouloir | *will* | | |

186

Conversation
Manual

INTRODUCTION

Welcome to *Living Language® Skill Builder: French Verbs*. The course consists of 40 lessons with three sections each. *Section A* introduces the verb forms. After a brief explanation, you will conjugate a model verb. *Section B* reinforces and expands upon what you've learned about a particular verb by presenting real-life conversations between native speakers. In *Section C* you will have the opportunity to check your progress and to see whether you've mastered the lesson. Study with *Skill Builder: French Verbs* as often as you wish to review and reinforce your language skills. Now, let's begin.

PART I. SPEAKING ABOUT PRESENT ACTIONS

LESSON 1. THE PRESENT INDICATIVE OF *ÊTRE*

1. A.

The present tense expresses all actions, states, and events taking place in the present. It is equivalent to such English forms as "I speak," "I do hear," and "I am eating."

French verbs use subject pronouns when conjugated. The singular subject pronouns are: *je*, "I," *tu*, "you," *il*, "he," *elle*, "she." The plural subject pronouns are: *nous*, "we," *vous*, "you," *ils*, "they"—masculine; *elles*, "they"— feminine. Spoken French often uses *on*, "one," instead of *nous*, "we."

The pronoun *tu* is informal; use it to address family members, close friends, children, or peers on an informal basis. The pronoun *vous* is the polite or formal address; use it with strangers, people you know only slightly, and people you want to show deference to. When in doubt, always use *vous*.

Collective pronouns referring to a group of masculine and feminine nouns are always masculine. Therefore the English "Marc and Lisa? They are at home." is translated into French as *Marc et Lisa? Ils sont à la maison*. But, *Marie et Lisa? Elles sont à la maison*.

French has no neuter pronoun "it": *il*, "he," or *elle*, "she," replaces the English "it" because, in French, both people and things are either masculine or feminine.

Now let's begin working with our first verb: *être*, "to be." Listen first and then repeat after the native speakers in the pauses provided. Or, as they say in French: *Écoutez et répétez*.

I am	**je suis**
I am a teacher.	**Je suis professeur.**
you are	**tu es**
You are English.	**Tu es anglais.**
he is	**il est**
He is in a hurry.	**Il est pressé.**
she is	**elle est**
She is competent.	**Elle est compétente.**
we are	**nous sommes**
We are tired.	**Nous sommes fatigués.**
you are	**vous êtes**
You are on the avenue.	**Vous êtes sur l'avenue.**
they are	**ils sont**
They are at the hotel.	**Ils sont à l'hôtel.**

After these statements, let's deal with questions. There are three ways of asking a question in French. First, you can raise the inflexion in your voice:

| Are you in the house? | **Tu es dans la maison?** |
| Are you ready? | **Vous êtes prêt?** |

Or you can use the invariable formula *est-ce que* in front of the subject and the conjugated verb:

| Are you in the house? | **Est-ce que tu es dans la maison?** |
| Are you ready? | **Est-ce que vous êtes prêt?** |

Questions can also be formed by placing the verb form in front of the subject pronoun as we do in English. This is called inversion.

| Are you in the house? | **Es-tu dans la maison?** |
| Are you ready? | **Êtes-vous prêt?** |

191

To make a negative statement, place *ne . . . pas* around the conjugated verb.

Are you Mexican?	**Êtes-vous mexicaine?**
No, I am not Mexican.	**Non, je ne suis pas mexicaine.**
Are they at the library?	**Sont-ils à la bibliothèque?**
No, they are not at the library.	**Non, ils ne sont pas à la bibliothèque.**

The negative *ne* drops its *e* before another vowel.

Is she in a hurry?	**Est-elle pressée?**
No, she is not in a hurry.	**Non, elle n'est pas pressée.**

In front of an infinitive, *ne . . . pas* stays together.

To be or not to be . . .	**Être ou ne pas être . . .**

1. B.

Listen to the following dialogue. *Écoutez le dialogue suivant.*

> TOURISTE: *Bonjour, êtes-vous étudiants à l'université?*
> ÉTUDIANT: *Oui, nous sommes étudiants. Et vous?*
> TOURISTE: *Non, nous sommes touristes. Êtes-vous des étudiants français?*
> ÉTUDIANTE: *Non, Pierre est français . . .*
> ÉTUDIANT: *Mais Jacques est canadien, Eric est américain, et Olga est mexicaine.*
> TOURISTE: *Vous êtes un groupe international!*
> ÉTUDIANTE: *Et ces touristes, ils ne sont pas étudiants?*
> TOURISTE: *Non, Patricia est photographe, Lucie est musicienne, et je suis professeur.*

Now listen and repeat after the native speakers. *Maintenant écoutez et répétez.*

Hello, are you university students?	**Bonjour, êtes-vous étudiants à l'université?**
Yes, we are.	**Oui, nous sommes étudiants.**
And you?	**Et vous?**
No, we are tourists.	**Non, nous sommes touristes.**
Are you French students?	**Êtes-vous des étudiants français?**
No, Pierre is French ...	**Non, Pierre est français ...**
But Jacques is Canadian,	**mais Jacques est canadien,**
Eric is American,	**Eric est américain,**
and Olga is Mexican.	**et Olga est mexicaine.**
You are an international group!	**Vous êtes un groupe international!**
And these tourists, they are not students?	**Et ces touristes, ils ne sont pas étudiants?**
No, Patricia is a photographer,	**Non, Patricia est photographe,**
Lucy is a musician,	**Lucie est musicienne,**
and I am a teacher.	**et je suis professeur.**

1. C.

This section gives you a chance to test your progress. Please answer the questions using *oui* or *non,* as indicated. Listen to the example. *Écoutez l'exemple.*

| *Est-ce qu'ils sont touristes?* *(non)* | *Non, ils ne sont pas touristes.* |

Now it's your turn. *Maintenant, c'est votre tour.*

Est-ce que vous êtes étudiant? *(oui)*	☞*Oui, je suis étudiant.*
Est-ce que vous êtes Monsieur Martin? (non)	☞*Non, je ne suis pas Monsieur Martin.*
Est-ce que vous êtes parisienne?(non)	☞*Non, je ne suis pas parisienne.*

Sommes-nous à New York?   ☞*Oui, nous sommes à New*
(oui)   *York.*

Now ask the appropriate question addressing someone
as *tu* or *vous*.

Ask your employer whether   ☞*Êtes-vous fatigué?*
he is tired.
Ask your best friend whether   ☞*Es-tu à Paris?*
he is in Paris.
Ask the teacher whether he is   ☞*Êtes-vous canadien?*
Canadian.

LESSON 2. THE PRESENT INDICATIVE OF *ALLER* AND *AVOIR*

2. A.

The verb *aller*, "to go," is irregular. *Écoutez et répétez.*

I am going	**je vais**
I am going to the movies.	**Je vais au cinéma.**
you are going	**tu vas**
You are going to Paris.	**Tu vas à Paris.**
she is going	**elle va**
She is going to New York.	**Elle va à New York.**
we are going	**nous allons**
We are going to the restaurant.	**Nous allons au restaurant.**
you are going	**vous allez**
You are going to the theater.	**Vous allez au théâtre.**
they are going	**ils vont**
They are going to the library.	**Ils vont à la bibliothèque.**

Aller is also used to say "How are you?": *Comment allez-vous? Écoutez et répétez.*

How are you, Monsieur Martin?	**Comment allez-vous, Monsieur Martin?**
And your cousins from Caracas, how are they?	**Et vos cousins de Caracas, comment vont-ils?**

The verb *avoir*, "to have," is irregular, as well.

I have	**j'ai**
I have a book.	**J'ai un livre.**
you have	**tu as**
You have a pen.	**Tu as un stylo.**
she has	**elle a**
She has a house.	**Elle a une maison.**

we have	nous avons
We have a vegetarian restaurant.	Nous avons un restaurant végétarien.
you have	vous avez
You have a Frerch teacher.	Vous avez un professeur de français.
they have	ils ont
They have a library at the university.	Ils ont une bibliothèque à l'université.

Avoir is used to express many temporary physical states, for which English would use "to be": *avoir faim*, "to be hungry," *avoir soif*, "to be thirsty," *avoir sommeil*, "to be sleepy," *avoir chaud*, "to be hot," *avoir froid*, "to be cold," *avoir trente-cinq ans*, "to be thirty-five years old." *Écoutez et répétez.*

I am thirty-five years old.	J'ai trente-cinq ans.
Is she sleepy?	A-t-elle sommeil?
Are you hungry?	Avez-vous faim?
No, but I'm thirsty.	Non, mais j'ai soif.

Avoir is also used in the expression *il y a*, which translates to "there is" or "there are." *Écoutez et répétez.*

| There is a movie theater on the avenue. | Il y a un cinéma sur l'avenue. |
| There are students in the library. | Il y a des étudiants à la bibliothèque. |

With verbs like *aller* and *avoir* that end in a vowel in the third person singular, a *-t-* is inserted between the verb and pronoun in inversion in order to make pronunciation easier.

| How are you? | Comment allez-vous? |
| How is she? | Comment va-t-elle? |

196

2. B.

Écoutez le dialogue suivant.

> MICHEL: *Comment allez-vous, Nadine?*
> NADINE: *Je vais bien, merci.*
> MICHEL: *Où allez-vous?*
> NADINE: *Je vais au musée.*
> MICHEL: *Et toi, Jeff, où vas-tu?*
> JEFF: *Je vais à la maison parce que j'ai beaucoup de travail.*
> MICHEL: *Et vous, avez-vous un jour de congé, Nadine?*
> NADINE: *Oui, nous avons souvent des jours de congé.*

Maintenant, écoutez et répétez.

How are you, Nadine?	**Comment allez-vous, Nadine?**
I am fine, thanks.	**Je vais bien, merci.**
Where are you going?	**Où allez-vous?**
I am going to the museum.	**Je vais au musée.**
And you, Jeff, where are you going?	**Et toi, Jeff, où vas-tu?**
I am going home because I have a lot of work to do.	**Je vais à la maison parce que j'ai beaucoup de travail.**
And you, do you have a free day, Nadine?	**Et vous, avez-vous un jour de congé, Nadine?**
Yes, we often have days off.	**Oui, nous avons souvent des jours de congé.**

2. C.

Ask questions using *aller* and *avoir* following the cues. *Écoutez l'exemple.*

J'ai un jour de congé. (vous) *Avez-vous un jour de congé?*

Maintenant, c'est votre tour.

Tu vas au cinéma. (il)	↳ *Va-t-il au cinéma?*
Le professeur va en classe. *(nous)*	↳ *Allons-nous en classe?*
M. Martin, avez-vous soif? (tu)	↳ *As-tu soif?*
Maman a chaud. (elle)	↳ *A-t-elle chaud?*

Follow the example.

des restaurants/ à Paris:	*Il y a des restaurants à Paris.*

Maintenant, c'est votre tour.

des étudiants/ sur l'avenue	↳ *Il y a des étudiants sur l'avenue.*
un stylo/ sur la table	↳ *Il y a un stylo sur la table.*
des touristes/ dans le restaurant	↳ *Il y a des touristes dans le restaurant.*

LESSON 3. THE PRESENT INDICATIVE OF *FAIRE*

3. A.

Faire, "to do" or "to make," is another irregular verb. *Écoutez et répétez.*

I make	**je fais**
I make stupid mistakes.	**Je fais des fautes stupides.**
you do	**tu fais**
You are doing your work well.	**Tu fais bien ton travail.**
he does	**il fait**
What is he doing?	**Qu'est-ce qu'il fait?**
we make	**nous faisons**
We are making dinner.	**Nous faisons le dîner.**
you make	**vous faites**
You are making a roast for dinner.	**Vous faites un rôti pour le dîner.**
they make	**ils font**
They make a reservation.	**Ils font une réservation.**

Faire is used in a variety of idiomatic expressions such as *faire attention*, "to pay attention," *faire un voyage*, "to take a trip," *faire la cuisine*, "to cook," *faire une promenade*, "to take a walk." *Écoutez et répétez.*

We are paying attention to the explanations.	**Nous faisons attention aux explications.**
We cook well.	**Nous faisons bien la cuisine.**
You are taking a trip to Caracas.	**Tu fais un voyage à Caracas.**
They are taking a walk in the park.	**Ils font une promenade dans le parc.**

Faire is also used in the impersonal form to describe the weather and the climate. *Écoutez et répétez.*

What is the weather like?	**Quel temps fait-il?**
It's nice today.	**Il fait beau aujourd'hui.**

The weather is bad.	**Il fait mauvais.**
It is cold.	**Il fait froid.**
It is sunny.	**Il fait soleil.**
It is hot.	**Il fait chaud.**

3. B.

Écoutez le dialogue suivant.

MLLE EVE:	*Que fais-tu, Jeff?*
JEFF:	*Je fais du chinois.*
MLLE EVE:	*Fais-tu des progrès?*
JEFF:	*Oui, parce que je fais attention.*
MLLE EVE:	*Que faisons-nous demain?*
JEFF:	*Nous faisons une promenade dans le parc.*
MLLE EVE:	*Pourquoi pas aujourd'hui?*
JEFF:	*Aujourd'hui, il fait froid et il fait du vent.*

Maintenant, écoutez et répétez.

What are you doing, Jeff?	**Que fais-tu, Jeff?**
I am studying Chinese.	**Je fais du chinois.**
Are you making progress?	**Fais-tu des progrès?**
Yes, because I pay attention.	**Oui, parce que je fais attention.**
What are we doing tomorrow?	**Que faisons-nous demain?**
We are taking a walk in the park.	**Nous faisons une promenade dans le parc.**
Why not today?	**Pourquoi pas aujourd'hui?**
Today, it's cold and windy.	**Aujourd'hui, il fait froid et il fait du vent.**

3. C.

Answer each question with the cues given. *Écoutez l'exemple.*

| *Est-ce qu'il fait des fautes?* | *Oui, il fait des fautes.* |
| *(oui)* | |

Maintenant c'est votre tour.

Faites-vous un voyage à Paris?
(nous)
 ↳*Nous faisons un voyage à Paris.*

Est-ce qu'il fait beau aujour-
d'hui? (oui)
 ↳*Oui, il fait beau aujourd'hui.*

Qu'est-ce que tu fais? (la cuisine)
 ↳*Je fais la cuisine.*

Que faites-vous? (nous, un
voyage)
 ↳*Nous faisons un voyage.*

Que font-ils? (du français)
 ↳*Ils font du français.*

LESSON 4. THE PRESENT INDICATIVE OF REGULAR -ER VERBS

4. A.

Regular verbs ending in -er follow a simple pattern in the present indicative. To the stem of the verb, which is obtained by dropping -er from the infinitive, add the appropriate present indicative endings. The endings are -e , -es, and -e for the singular forms, and -ons, -ez, and -ent for the plural forms. The singular forms as well as the third person plural form, ils, are pronounced the same. Here are two standard -er verbs: aimer, "to like/to love," and détester, "to detest/to hate."

I like	**j'aime**
I like bananas.	**J'aime les bananes.**
you love	**tu aimes**
You love Paris.	**Tu aimes Paris.**
he likes	**il aime**
He likes his teacher.	**Il aime bien son professeur.**
we like	**nous aimons**
We like the movies.	**Nous aimons le cinéma.**
you like	**vous aimez**
Which fruit do you like?	**Quels fruits aimez-vous?**
they love	**elles aiment**
They love walks in the park.	**Elles aiment les promenades dans le parc.**

Now let's conjugate détester:

I hate	**je déteste**
I hate meat.	**Je déteste la viande.**
you hate	**tu détestes**
You hate the subways at five o'clock.	**Tu détestes le métro à cinq heures.**
he hates	**il déteste**

He hates difficult exams.	**Il déteste les examens diffi-**
	ciles.
we hate	**nous détestons**
We hate being late.	**Nous détestons être en**
	retard.
you hate	**vous détestez**
You hate traffic.	**Vous détestez la circulation.**
they hate	**elles détestent**
They hate crowded restau-	**Elles détestent les restau-**
rants.	**rants bondés.**

Téléphoner, "to call," *parler,* "to speak," *écouter,* "to listen," and *regarder,* "to look at," are also common regular *-er* verbs. *Écoutez et répétez.*

I am calling Caracas.	**Je téléphone à Caracas.**
You speak French.	**Tu parles français.**
She is listening to the conver-	**Elle écoute la conversation.**
sation.	
Jean and Marie are watching	**Jean et Marie regardent la**
television.	**télévision.**

Some *-er* verbs, like *commencer,* "to begin," *manger,* "to eat," and *nager,* "to swim," end in *-ger* and *-cer*. Their spelling changes a little in order to retain soft *-g* and *-c* sounds. Verbs in *-cer* become soft before *-o*, and verbs in *-ger* add an *-e* before the ending *-ons*. *Écoutez et répétez.*

I begin	**je commence**
I am beginning the exam.	**Je commence l'examen.**
you begin	**tu commences**
You are beginning to study	**Tu commences l'étude du**
Chinese.	**chinois.**
she begins	**elle commence**
She is starting a modern	**Elle commence une sculp-**
sculpture.	**ture moderne.**
we begin	**nous commençons**

We are beginning class.	**Nous commençons le cours.**
you begin	**vous commencez**
You are beginning the tour.	**Vous commencez la visite.**
they begin	**ils commencent**
They are beginning their work day.	**Ils commencent leur journée de travail.**

Now let's turn to *manger* and *nager*.

I eat bananas and apples.	**Je mange des bananes et des pommes.**
They eat at the vegetarian restaurant.	**Elles mangent au restaurant végétarien.**
We are eating a steak at the restaurant.	**Nous mangeons un steak au restaurant.**
He swims in the river.	**Il nage dans la rivière.**
You swim very well.	**Vous nagez très bien.**
We do not swim in the lake.	**Nous ne nageons pas dans le lac.**

4. B.

Note that *aimer bien* means "to like." *Écoutez une conversation au restaurant.*

PIERRE: *Est-ce que nous mangeons dans ce restaurant?*

ANDRÉ: *Oui, d'accord, j'aime bien les restaurants italiens.*

PIERRE: *Qu'est-ce que vous désirez pour commencer? Commençons-nous par un hors-d'oeuvre ou par des pâtes?*

ANDRÉ: *J'aime bien les pâtes.*

PIERRE: *Et pour le dessert, vous aimez les fruits?*

ANDRÉ: *J'aime les bananes mais je déteste les oranges.*

Maintenant écoutez et répétez.

Shall we eat in this restaurant?	**Est-ce que nous mangeons dans ce restaurant?**
Yes, fine, I like Italian restaurants.	**Oui, d'accord, j'aime bien les restaurants italiens.**
What do you want to start?	**Qu'est-ce que vous désirez pour commencer?**
Shall we begin with an appetizer or with pasta?	**Commençons-nous par un hors-d'oeuvre ou par des pâtes?**
I like pasta.	**J'aime bien les pâtes.**
And for dessert, do you like fruit?	**Et pour le dessert, vous aimez les fruits?**
I like bananas, but I don't like oranges.	**J'aime bien les bananes mais je déteste les oranges.**

4. C.

Answer the following questions using the cues. *Écoutez l'exemple.*

| *Est-ce que vous mangez des bananes? (non, je)* | *Non, je ne mange pas de bananes.* |

Maintenant, c'est votre tour.

Est-ce que Nadine aime le steak? (oui, elle)	☞ *Oui, elle aime le steak.*
Est-ce que je nage bien? (non, tu)	☞ *Non, tu ne nages pas bien.*
Est-ce que nous commençons l'examen? (oui, vous)	☞ *Oui, vous commencez l'examen.*
Est-ce que vous détestez le français? (non, je)	☞ *Non, je ne déteste pas le français.*

LESSON 5. THE PRESENT INDICATIVE OF -*ER* VERBS WITH SPECIAL SPELLINGS

5. A.

Many -*er* verbs show slight spelling deviations from regular verbs. *Appeler*, "to call," for example, doubles the *l* in all singular forms and in the third person plural form. *Écoutez et répétez.*

I call	**j'appelle**
I am calling a cab.	**J'appelle un taxi.**
you call	**tu appelles**
You are calling your friends.	**Tu appelles tes amis.**
he calls	**il appelle**
He is calling Caracas.	**Il appelle Caracas.**
we call	**nous appelons**
We call the hotel.	**Nous appelons l'hôtel.**
you call	**vous appelez**
You are calling the movie house.	**Vous appelez la salle de cinéma.**
they call	**ils appellent**
They are calling information.	**Ils appellent les renseignements.**

The verbs *lever*, "to lift, to raise," *peser*, "to weigh," and a*cheter*, "to buy," take an *accent grave (è)*, denoting an open *e*, in all singular forms and the third person plural form.

Régler, "to regulate," and *célébrer*, "to celebrate," change the *accent aigu (é)*, denoting a closed *e*, to an *accent grave (è)*, denoting an open *e*. *Écoutez et répétez.*

I am paying the bill.	**Je règle l'addition.**
They are celebrating the end of exams.	**Elles célèbrent la fin des examens.**

If you add a reflexive pronoun, the verb *appeler*, "to call," becomes *s'appeler* and means "to be called," as in:

What is your name?	**Comment vous appelez-vous?**

Écoutez et répétez.

My name is Thomas.	**Je m'appelle Thomas.**
Your name is Pierre.	**Tu t'appelles Pierre.**
His name is Jacques in French.	**Il s'appelle Jacques en français.**
We call ourselves the French Club.	**Nous nous appelons le Club français.**
Your name is Nadine.	**Vous vous appelez Nadine.**
Their names are Marie and Olga.	**Elle s'appellent Marie et Olga.**

French reflexive verbs often have reflexive equivalents in English, such as *se laver*, "to wash oneself." Other French reflexive verbs, however, are not reflexive in English; for example, *se lever*, "to get up." *Écoutez et répétez.*

to get up	se lever
I get up at seven in the morning.	**Je me lève à sept heures du matin.**
to wash oneself	se laver
He gets washed in a hurry.	**Il se lave en vitesse.**
to get dressed	s'habiller
We dress carefully for the concert.	**Nous nous habillons avec soin pour le concert.**
to hurry	se dépêcher
They are hurrying because they are late.	**Elles se dépêchent parce qu'elles sont en retard.**
to introduce oneself	se présenter
Let me introduce myself.	**Je me présente.**
to dispose of	se débarrasser de

| You are getting rid of all the paperwork. | **Vous vous débarrassez de toute la paperasserie.** |

5. B.

Écoutez le dialogue suivant.

THOMAS: *Je me présente: Thomas Martin. Comment vous appellez-vous?*

JEFF: *Je m'appelle Jeff Cole.*

THOMAS: *À quelle heure commencez-vous votre travail?*

JEFF: *À sept heures et demie.*

THOMAS: *C'est tôt! A quelle heure vous levez-vous?*

JEFF: *Le matin, je me lève à sept heures. Je me lave et m'habille rapidement.*

THOMAS: *Comment vous débrouillez-vous pour ne pas manquer l'autobus?*

JEFF: *Je me dépêche.*

Maintenant écoutez et répétez.

Let me introduce myself: Thomas Martin.	**Je me présente: Thomas Martin.**
What is your name?	**Comment vous appellez-vous?**
My name is Jeff Cole.	**Je m'appelle Jeff Cole.**
At what time do you begin work?	**À quelle heure commencez-vous votre travail?**
At seven thirty.	**À sept heures et demie.**
That's early!	**C'est tôt!**
At what time do you get up?	**À quelle heure vous levez-vous?**
In the morning, I get up at seven.	**Le matin, je me lève à sept heures.**
I wash and get dressed quickly.	**Je me lave et m'habille rapidement.**

How do you manage not to miss the bus?	**Comment vous débrouillez-vous pour ne pas manquer l'autobus?**
I hurry.	**Je me dépêche.**

5. C.

Answer the questions using the cues. *Écoutez l'exemple.*

Est-ce que tu règles l'addition? *(je)*	*Je règle l'addition.*

Maintenant, c'est votre tour.

Vous célébrez son anniversaire? *(nous)*	☞ *Nous célébrons son anniversaire.*
Vous achetez une maison? (je)	☞ *J'achète une maison.*
Est-ce que tu te lèves très vite le matin? (oui)	☞ *Oui, je me lève très vite le matin.*
Est-ce que vous vous dépêchez? *(oui, nous)*	☞ *Oui, nous nous dépêchons.*
Comment s'appellent-ils? *(Jacques et Marie)*	☞ *Ils s'appellent Jacques et Marie.*

LESSON 6. THE PRESENT INDICATIVE OF VERBS ENDING IN *-IER* AND *-YER*

6. A.

In this lesson we will conjugate *-er* verbs whose ending is preceded by a vowel sound. Compare *écouter,* "to listen," with *étudier,* "to study." We say *j'écoute* but *j'étudie, nous écoutons* but *nous étudions. Écoutez et répétez.*

I study	**j'étudie**
I study French.	**J'étudie le français.**
you study	**tu étudies**
You study in Paris.	**Tu étudies à Paris.**
he studies	**il étudie**
He studies at the university.	**Il étudie à l'université.**
we study	**nous étudions**
We study attentively.	**Nous étudions attentivement.**
you study	**vous étudiez**
You study all the time.	**Vous étudiez toujours.**
they study	**ils étudient**
They study by correspondence.	**Ils étudient par correspondance.**

Another common verb that follows this conjugation pattern is *apprécier,* "to appreciate."

He appreciates your remarks.	**Il apprécie vos remarques.**
We appreciate French cooking.	**Nous apprécions la cuisine française.**

Some *-er* verbs end in *-yer.* Let's begin with the verb *payer,** "to pay." *Écoutez et répétez.*

---

*The verb *payer* may be conjugated with a *-y* or an *-i* in certain tenses. See the verb charts for the complete conjugation.

I pay	**je paie**
I pay the hotel owner.	**Je paie l'hôtelier.**
you pay	**tu paies**
You pay your tuition.	**Tu paies tes frais d'inscription.**
he pays	**il paie**
He pays his debts.	**Il paie ses dettes.**
we pay	**nous payons**
We pay a high rent.	**Nous payons un loyer élevé.**
you pay	**vous payez**
You pay your ticket.	**Vous payez votre billet.**
they pay	**ils paient**
They pay the interest.	**Ils paient les intérêts.**

Note that the more idiomatic phrase for paying the bill at a restaurant or hotel uses *régler.*

I pay the bill.	**Je règle l'addition.**
She pays the gas bill.	**Elle règle la facture.**
We settle the account.	**Nous réglons la note.**

A second type of verb, such as *envoyer,* "to send," and *nettoyer,* "to clean," ends in *-yer,* but loses the *y* sound in all singular and third person plural forms: *je nettoie la voiture,* "I clean the car," *nous nettoyons la maison,* "we clean the house." *Écoutez et répétez.*

I send a postcard.	**J'envoie une carte postale.**
You send a letter.	**Tu envoies une lettre.**
She sends packages.	**Elle envoie des paquets.**
We send a registered letter.	**Nous envoyons une lettre recommandée.**
You send a money order.	**Vous envoyez un mandat postal.**
They send a package by express.	**Elles envoient un colis en exprès.**

211

6. B.

Écoutez le dialogue suivant.

ERIC: *Bonjour, je m'appelle Eric. J'étudie le français à Paris cet été. Et toi?*

CHRISTINE: *Enchantée, Eric. Je m'appelle Christine. J'étudie la chimie.*

ERIC: *Est-ce que tu étudies à Paris depuis longtemps?*

CHRISTINE: *Non, depuis un an seulement.*

ERIC: *Toi et ta camarade de chambre, est-ce que vous payez cher de loyer?*

CHRISTINE: *Oui, la vie est chère. Nous payons tout à prix d'or.*

Maintenant c'est votre tour. Écoutez et répétez le dialogue suivant.

Hello, my name is Eric.	**Bonjour, je m'appelle Eric.**
I am studying French in Paris this summer.	**J'étudie le français à Paris cet été.**
And you?	**Et toi?**
Pleased to meet you, Eric.	**Enchantée, Eric.**
My name is Christine.	**Je m'appelle Christine.**
I study chemistry.	**J'étudie la chimie.**
Have you been studying in Paris for long?	**Est-ce que tu étudies à Paris depuis longtemps?**
No, for only a year.	**Non, depuis un an seulement.**
You and your roommate, do you pay a lot of rent?	**Toi et ta camarade de chambre, est-ce que vous payez cher de loyer?**
Yes, life is expensive.	**Oui, la vie est chère.**
We pay a lot for everything.	**Nous payons tout à prix d'or.**

Maintenant, écoutez un deuxième dialogue.

LOUIS: *Bonjour, madame. J'ai un paquet à envoyer.*

212

MADAME DE POSTE:	*Vous l'envoyez en exprès ou par courrier ordinaire?*
LOUIS:	*Je l'envoie par courrier ordinaire.*
MADAME DE POSTE:	*Bon, c'est tout?*
LOUIS:	*Un instant, mes amis touristes envoient des cartes postales.*

Maintenant, c'est votre tour, écoutez et répétez.

Hello, ma'am.	**Bonjour, madame.**
I have a package to send.	**J'ai un paquet à envoyer.**
Are you sending it express mail or by ordinary mail?	**Vous l'envoyez en exprès ou par courrier ordinaire?**
I am sending it by ordinary mail.	**Je l'envoie par courrier ordinaire.**
Fine, is that all?	**Bon, c'est tout?**
Just a minute, my tourist friends are sending postcards.	**Un instant, mes amis touristes envoient des cartes postales.**

6. C.

Answer the questions using the cues. *Écoutez l'exemple.*

Est-ce que vous étudiez à Paris? (oui, je)   *Oui, j'étudie à Paris.*

Maintenant, c'est votre tour.

Etudient-ils le chinois? (non, la chimie)	☞*Non, ils étudient la chimie.*
Est-ce que vous envoyez des cartes postales? (oui, je)	☞*Oui, j'envoie des cartes postales.*
Est-ce que nous nettoyons la maison? (oui, nous)	☞*Oui, nous nettoyons la maison.*
Envoyez-vous ce paquet à Paris? (non, je)	☞*Non, je n'envoie pas ce paquet à Paris.*

LESSON 7. THE PRESENT INDICATIVE OF REGULAR -*IR* VERBS

7. A.

A number of -*ir* verbs are regular and have easily recognizable endings in the present: -*is*, -*is*, and -*it* in the singular forms, and -*issons*, -*issez*, and -*issent* in the plural. A common verb to practice is *choisir*, "to choose."

I choose	**je choisis**
I choose the apple pie.	**Je choisis la tarte aux pommes.**
you choose	**tu choisis**
You choose a dessert.	**Tu choisis un dessert.**
he chooses	**il choisit**
He chooses his classes.	**Il choisit ses cours.**
we choose	**nous choisissons**
We choose a good school.	**Nous choisissons une bonne école.**
you choose	**vous choisissez**
You choose your hotel.	**Vous choisissez votre hôtel.**
they choose	**ils choisissent**
They choose a main dish.	**Ils choisissent un plat principal.**

Other common verbs that follow this pattern are *finir*, "to finish," and *réussir*, "to succeed." *Écoutez et répétez.*

I finish the exam in time.	**Je finis l'examen à temps.**
We finish our exams next week.	**Nous finissons nos examens la semaine prochaine.**
You succeed at everything in life.	**Tu réussis tout dans la vie.**
He makes that dish admirably well.	**Il réussit ce plat admirablement.**

The following -ir verbs are regular as well: *grossir,* "to gain weight," *maigrir,* "to lose weight," *pâlir,* "to become pale," *rougir,* "to blush," *verdir,* "to turn green," and *jaunir,* "to turn yellow." *Écoutez et répétez.*

We put on weight when we eat too much.	**Nous grossissons quand nous mangeons trop.**
You lose weight when you are sick.	**Vous maigrissez quand vous êtes malade.**
He is pale because he is afraid.	**Il pâlit parce qu'il a peur.**
They blush because they are shy.	**Ils rougissent parce qu'ils sont timides.**
I am turning green with rage.	**Je verdis de rage.**
In the spring, the trees turn green.	**Au printemps, les arbres verdissent.**
The pages of this old book are turning yellow.	**Les pages de ce vieux livre jaunissent.**

7. B.

Écoutez le dialogue suivant.

ANNE: *À quelle heure finissez-vous votre travail, Pierre?*

PIERRE: *Je finis à huit heures aujourd'hui.*

ANNE: *C'est très tard. Est-ce que les autres employés finissent aussi tard?*

PIERRE: *Non, d'habitude nous finissons tous à six heures.*

ANNE: *Pierre, vous réussissez tout dans la vie.*

PIERRE: *C'est facile. Je pense que nous réussissons souvent aux choses que nous aimons.*

ANNE: *Et votre frère, Jacques, choisit-il une profession?*

PIERRE: *Il n'est pas sûr: il pâlit quand il pense à l'avenir.*

Maintenant, écoutez et répétez.

At what time do you finish work, Pierre?	À quelle heure finissez-vous votre travail, Pierre?
I finish at eight today.	Je finis à huit heures aujourd'hui.
That's very late.	C'est très tard.
Do the other employees finish that late?	Est-ce que les autres employés finissent aussi tard?
No, usually we all finish at six.	Non, d'habitude nous finissons tous à six heures.
Pierre, you succeed at everything in life.	Pierre, vous réussissez tout dans la vie.
It's easy.	C'est facile.
I think we often succeed at things that we like.	Je pense que nous réussissons souvent aux choses que nous aimons.
And your brother, Jacques, is he choosing a profession?	Et votre frère, Jacques, choisit-il une profession?
He is not sure. He turns pale when he thinks of the future.	Il n'est pas sûr. Il pâlit quand il pense à l'avenir.

7. C.

Answer the questions using the cues.

Grossissez-vous quand vous mangez beaucoup? (je)	☞ *Oui, je grossis quand je mange beaucoup.*
Est-ce que vous finissez le travail à dix heures? (non, je)	☞ *Non, je ne finis pas à dix heures.*
Est-ce que tu finis tes examens la semaine prochaine? (oui, je)	☞ *Oui, je finis mes examens la semaine prochaine.*

LESSON 8. THE PRESENT INDICATIVE OF MORE -*IR* VERBS

8. A.

Many -*ir* verbs follow separate conjugation patterns. The singular forms of most of these verbs are very different from the infinitive. A common verb of this type is *servir*, "to serve." *Écoutez et répétez.*

I serve	**je sers**
I serve dinner.	**Je sers le dîner.**
you serve	**tu sers**
You serve coffee.	**Tu sers le café.**
he serves	**il sert**
He serves his guests.	**Il sert ses invités.**
we serve	**nous servons**
We serve your interests.	**Nous servons vos intérêts.**
you serve	**vous servez**
You serve the government.	**Vous servez le gouvernement.**
they serve	**ils servent**
They serve wine and beer.	**Ils servent du vin et de la bière.**

Other verbs in this group are *sentir*, "to feel" or "to smell," *sortir*, "to go out," *partir*, "to leave," *dormir*, "to sleep," and *courir*, "to run." *Écoutez et répétez.*

Your roast smells good.	**Votre rôti sent bon.**
Do you smell the aroma of the coffee?	**Sentez-vous l'odeur du café?**
Nadine is going out tonight.	**Nadine sort ce soir.**
They are leaving at six.	**Ils partent à six heures.**
We sleep in the plane.	**Nous dormons dans l'avion.**
Sometimes, he sleeps in class.	**Il dort quelquefois en classe.**

| I am running to the bank right away. | Je cours à la banque tout de suite. |
| You always run because you are in a hurry. | Vous courez toujours parce que vous êtes pressés. |

The verb *servir* followed by *à* means "to be used for something."

| This appliance is used to chop vegetables. | Cet appareil sert à hacher les légumes. |

Both *servir* and *sentir* can be made into reflexive verbs; *se servir de* means "to use," and *se sentir*, "to feel." *Écoutez et répétez les exemples suivants.*

We use a computer at work.	Nous nous servons d'un ordinateur au travail.
I do not feel well today.	Je me sens mal aujourd'hui.
He feels ready to pass his exam.	Il se sent prêt à réussir son examen.

8. B.

Écoutez le dialogue suivant.

> RICHARD: *Comment va Pierre, Olga?*
> OLGA: *Je ne suis pas sûre. Je sens que cela va mal.*
> RICHARD: *Pourquoi?*
> OLGA: *Il dort au travail, il ne sort plus.*
> RICHARD: *Il est fatigué. Il a besoin de repos.*

Maintenant, c'est votre tour. Écoutez et répétez.

How is Pierre, Olga?	Comment va Pierre, Olga?
I am not sure.	Je ne suis pas sûre.
I feel that things are not well with him.	Je sens que cela va mal.

218

Why?	**Pourquoi?**
He sleeps at work; he doesn't go out anymore.	**Il dort au travail, il ne sort plus.**
He is tired.	**Il est fatigué.**
He needs rest.	**Il a besoin de repos.**

8. C.

Answer with the cues given. *Écoutez l'exemple.*

| *Est-ce que vous dormez bien la nuit? (nous)* | *Oui, nous dormons bien la nuit.* |

Maintenant, c'est votre tour.

Partez-vous en vacances maintenant? (je)	☞ *Oui, je pars en vacances maintenant.*
Est-ce que les étudiants se sentent mal?(ils)	☞ *Oui, ils se sentent mal.*
Qu'est-ce que vous faites? (nous, servir le café)	☞ *Nous servons le café.*
Est-ce que tu dors en classe? (non, je)	☞ *Non, je ne dors pas en classe.*
Est-ce que le rôti de Pierre sent bon? (non, il)	☞ *Non, il ne sent pas bon.*

LESSON 9. THE PRESENT INDICATIVE OF IRREGULAR -*IR* VERBS

9. A.

Some *-ir* verbs are irregular, in that they take *-er* verb endings. Let's begin with *ouvrir*, "to open."

I open	j'ouvre
I open the door.	J'ouvre la porte.
you open	tu ouvres
You open the window.	Tu ouvres la fenêtre.
he opens	il ouvre
He opens the discussions.	Il ouvre les débats.
we open	nous ouvrons
We open the colloquium.	Nous ouvrons le colloque.
you open	vous ouvrez
You open the box.	Vous ouvrez la boîte.
they open	ils ouvrent
They open the border.	Ils ouvrent la frontière.

Couvrir, "to cover," and *offrir*, "to offer," follow the same pattern. *Venir*, "to come," and *tenir*, "to hold," however, are completely irregular. Listen to the conjugation of *venir*.

I come	je viens
I am coming with you.	Je viens avec vous.
you come	tu viens
Are you coming to the beach with us?	Viens-tu à la plage avec nous?
he comes	il vient
He comes with his friends.	Il vient avec ses amis.
we come	nous venons
We come to work.	Nous venons travailler.
they come	ils viennent
They come early.	Ils viennent de bonne heure.

The verb *tenir* is conjugated similarly. *Écoutez et répétez.*

What are you holding in your hand?	**Qu'est-ce que tu tiens à la main?**
We are holding the dog by the leash.	**Nous tenons le chien par la laisse.**
They are holding each other by the hand.	**Ils se tiennent par la main.**

Tenir followed by *à* has a special meaning: "to care about."

I care about this vase.	**Je tiens à ce vase.**
We care about your friendship.	**Nous tenons à votre amitié.**

9. B.

Écoutez le dialogue suivant.

> SIMONE: *Pourquoi ouvrez-vous la fenêtre?*
> PAUL: *Parce qu'il fait chaud.*
> SIMONE: *Mais non, il fait froid. C'est l'hiver. La neige couvre les arbres du parc.*
> PAUL: *Vous avez froid? Est-ce que je vous offre un café?*

Maintenant, c'est votre tour. Écoutez et répétez.

Why are you opening the window?	**Pourquoi ouvrez-vous la fenêtre?**
Because it is hot.	**Parce qu'il fait chaud.**
Not at all, it's cold.	**Mais non, il fait froid.**
It's winter.	**C'est l'hiver.**
The snow covers the trees of the park.	**La neige couvre les arbres du parc.**
Are you cold?	**Vous avez froid?**
Can I offer you some coffee?	**Est-ce que je vous offre un café?**

221

Écoutez le dialogue suivant.

ROBERT: *Qu'est-ce que tu tiens à la main?*
BERNICE: *Je tiens des documents importants pour mon travail. Mes employeurs m'offrent une promotion et ils tiennent à un travail de haute qualité.*

Maintenant, écoutez et répétez.

What are you holding in your hand?	**Qu'est-ce que tu tiens à la main?**
I am holding important documents for my job.	**Je tiens des documents importants pour mon travail.**
My employers are offering me a promotion,	**Mes employeurs m'offrent une promotion**
and they insist on high-quality work.	**et ils tiennent à un travail de haute qualité.**

9. C.

Answer the following questions using the cues.

Qu'est-ce que tu tiens à la main? (un café chaud)	☞*Je tiens un café chaud à la main.*
Est-ce que vous offrez du vin? (oui, nous)	☞*Oui, nous offrons du vin.*
Est-ce que l'hôtel offre une cuisine excellente? (non, une cuisine ordinaire)	☞*Non, il offre une cuisine ordinaire.*
Est-ce que vous fermez la fenêtre? (oui, je)	☞*Oui, je ferme la fenêtre.*

LESSON 10. VERB CONSTRUCTIONS WITH THE INFINITIVE

10. A.

Many French verbs, such as *venir*, "to come," *aller*, "to go," *sortir*, "to go out," *partir*, "to leave," and verbs expressing preference like *aimer*, "to like," *détester*, "to dislike," *préférer*, "to prefer," and *désirer*, "to want," can be directly followed by an infinitive. *Écoutez et répétez.*

I am going out to call.	**Je sors téléphoner.**
We are going to buy drinks.	**Nous allons acheter des boissons.**
You are leaving to get the suitcases.	**Vous partez chercher les valises.**
You like to swim in the lake.	**Tu aimes nager dans le lac.**
We hate traveling by train.	**Nous détestons voyager par le train.**
She would like to book a room with a view of the sea.	**Elle désire louer une chambre qui donne sur la mer.**
The tourists prefer to dine on the terrace.	**Les touristes préfèrent dîner sur la terrasse.**

A very useful infinitive construction is the present progressive. It is formed with the verb *être* followed by the form *en train de* and the infinitive of the main verb. It indicates an action in progress. *Écoutez et répétez.*

I am making a phone call.	**Je suis en train de téléphoner.**
You are speaking.	**Tu es en train de parler.**
He is making a mistake.	**Il est en train de faire une erreur.**
They are opening the window.	**Ils sont en train d'ouvrir la fenêtre.**
We are listening to the radio.	**Nous sommes en train d'écouter la radio.**

An infinitive construction is also used to express the immediate past, which is made up of the verb *venir* followed by *de* and the infinitive. It indicates an action that just occurred. *Écoutez et répétez.*

I just offered coffee to the director.	**Je viens d'offrir un café au directeur.**
You just passed your exams.	**Tu viens de réussir les examens.**
She just chose an apartment.	**Elle vient de choisir un appartement.**
We just opened a bank account.	**Nous venons d'ouvrir un compte en banque.**
You just bought a car.	**Vous venez d'acheter une voiture.**
They just rented an apartment with a view of the sea.	**Ils viennent de louer un appartement qui donne sur la mer.**

Commencer à, "to begin," and *réussir à*, "to succeed," are also followed by an infinitive.

They are beginning to speak French properly.	**Elles commencent à parler français correctement.**
We always succeed in booking a comfortable room.	**Nous réussissons toujours à réserver une chambre confortable.**

10. B.

Écoutez le dialogue suivant.

DOMINIQUE:	*Qu'est-ce que vous êtes en train de faire?*
CHARLES:	*Je suis en train de nettoyer ma voiture.*
DOMINIQUE:	*Pourquoi, vous sortez?*
CHARLES:	*Nous sommes en train de nous préparer pour les vacances.*
DOMINIQUE:	*Quelle bonne idée!*

CHARLES: *Oui, et vous?*
DOMINIQUE: *Nous venons de passer un long séjour au Japon.*
CHARLES: *C'est formidable. Et votre fille, que fait-elle?*
DOMINIQUE: *Elle sort acheter un gâteau d'anniversaire.*

Écoutez et répétez.

What are you doing?	Qu'est-ce que vous êtes en train de faire?
I am cleaning my car.	Je suis en train de nettoyer ma voiture.
Why, are you going out?	Pourquoi, vous sortez?
We are preparing ourselves for vacation.	Nous sommes en train de nous préparer pour les vacances.
What a good idea!	Quelle bonne idée!
Yes, and you?	Oui, et vous?
We just stayed in Japan for a long time.	Nous venons de passer un long séjour au Japan.
That's wonderful.	C'est formidable.
And your daughter, what is she doing?	Et votre fille, que fait-elle?
She is going out to buy a birthday cake.	Elle sort acheter un gâteau d'anniversaire.

10. C.

Transform the following sentences by adding the infinitive.
Écoutez l'exemple.

Je voyage souvent. (aimer) *J'aime souvent voyager.*

Maintenant, c'est votre tour.

Ils achètent les valises. (partir) ☞*Ils partent acheter les valises.*
Olga va au cinéma. (préférer) ☞*Olga préfère aller au cinéma.*

225

Est-ce qu'ils préparent le dîner?
(en train de)

☞ *Oui, ils sont en train de préparer le dîner.*

Transform the following sentences using *venir de* and the infinitive.

Ils achètent une maison.

☞ *Ils viennent d'acheter une maison.*

Nous mangeons dans un bon restaurant.

☞ *Nous venons de manger dans un bon restaurant.*

Je regarde un bon programme.

☞ *Je viens de regarder un bon programme.*

LESSON 11. THE PRESENT INDICATIVE OF VERBS ENDING IN -OIR

11. A.

Verbs ending in *-oir* are often irregular. Let's begin with the verb *recevoir*, "to receive."

I receive	**je reçois**
I receive a package.	**Je reçois un paquet.**
you receive	**tu reçois**
You receive a letter.	**Tu reçois une lettre.**
she receives	**elle reçoit**
She receives good news.	**Elle reçoit de bonnes nouvelles.**
we receive	**nous recevons**
We receive congratulations.	**Nous recevons des félicitations.**
you receive	**vous recevez**
You receive friends.	**Vous recevez des amis.**
they receive	**elles reçoivent**
Their articles receive criticisms.	**Leurs articles reçoivent des critiques.**

The reflexive verb *s'asseoir*,* "to sit down," also has a special conjugation.

I sit down	**je m'assieds**
I sit on a chair.	**Je m'assieds sur une chaise.**
you sit down	**tu t'assieds**
You sit near the window.	**Tu t'assieds près de la fenêtre.**
she sits down	**elle s'assied**

* The verb *s'asseoir* has two conjugations. See the verb charts for the complete conjugations.

She sits next to Pierre.	**Elle s'assied à côté de Pierre.**
we sit down	**nous nous asseyons**
We sit down on a bench.	**Nous nous asseyons sur un banc.**
you sit down	**vous vous asseyez**
You sit down on the floor.	**Vous vous asseyez par terre.**
they sit down	**ils s'asseyent**
They sit on the couch.	**Ils s'asseyent sur le canapé.**

French uses *être assis(e)* to translate the English "to be sitting."

He is sitting on the couch.	**Il est assis sur le canapé.**
She is sitting in the armchair.	**Elle est assise dans le fauteuil.**
They are sitting on the floor.	**Ils sont assis par terre.**
Nadine and Marie are sitting in the park.	**Nadine et Marie sont assises dans le parc.**

The verbs *voir*, "to see," and *devoir*, "to have to," both follow separate patterns, although they seem almost identical in the infinitive. First let's conjugate *voir*:

I see	**je vois**
I see a gas station.	**Je vois une station-service.**
you see	**tu vois**
You do not see well.	**Tu ne vois pas bien.**
he sees	**il voit**
He's seeing some friends tonight.	**Il voit des amis ce soir.**
we see	**nous voyons**
We see mistakes in the article.	**Nous voyons des fautes dans l'article.**
you see	**vous voyez**
You see spots on this coat.	**Vous voyez des taches sur ce manteau.**

228

| they see | **ils voient** |
| They see the future in the crystal ball. | **Ils voient l'avenir dans la boule de cristal.** |

Now listen to the conjugation of *devoir*.

I must	**je dois**
I must listen better.	**Je dois écouter mieux.**
you must	**tu dois**
You must get some rest.	**Tu dois te reposer.**
she must	**elle doit**
She must read this book.	**Elle doit lire ce livre.**
we must	**nous devons**
We must see this movie.	**Nous devons voir ce film.**
you must	**vous devez**
You must come to our house.	**Vous devez venir chez nous.**
they must	**ils doivent**
They must find a job.	**Ils doivent trouver un travail.**

The irregular verb *falloir* expresses general necessity and obligation and is used exclusively in the third person singular.

| One must have money in the bank. | **Il faut avoir de l'argent à la banque.** |
| In the summer, one must reserve a hotel room ahead of time. | **En été, il faut réserver une chambre d'hôtel à l'avance.** |

If, however, you want to say that a specific person must do something, use the verb *devoir*.

| The tourists must reserve their room ahead of time. | **Les touristes doivent réserver leur chambre à l'avance.** |
| I must put money in the bank. | **Je dois mettre de l'argent à la banque.** |

11. B.

Écoutez le dialogue suivant.

CHRISTOPHE:	*Est-ce que vous êtes fatiguée?*
LAURA:	*Oui, j'ai beaucoup d'étudiants et ils n'ont pas de très bonnes notes.*
CHRISTOPHE:	*Est-ce qu'ils doivent faire beaucoup de compositions?*
LAURA:	*Oui et je vois des fautes partout!*
CHRISTOPHE:	*Est-ce que vous êtes assis sur des chaises confortables?*
LAURA:	*Non, nous sommes assis sur des chaises très dures.*
CHRISTOPHE:	*Vous devez partir en vacances. Et vos étudiants doivent se reposer aussi.*

Maintenant, c'est votre tour. Écoutez et répétez.

Are you tired?	**Est-ce que vous êtes fatiguée?**
Yes, I have many students and they do not have very good grades.	**Oui, j'ai beaucoup d'étudiants et ils n'ont pas de très bonnes notes.**
Do they have to write many compositions?	**Est-ce qu'ils doivent faire beaucoup de compositions?**
Yes and I see mistakes everywhere!	**Oui et je vois des fautes partout!**
Are you sitting on comfortable chairs?	**Est-ce que vous êtes assis sur des chaises confortables?**
No, we sit on very hard chairs.	**Non, nous sommes assis sur des chaises très dures.**
You must go on vacation.	**Vous devez partir en vacances.**
And your students must rest also.	**Et vos étudiants doivent se reposer aussi.**

11. C.

Answer in the affirmative, using the cues.

Qu'est-ce que vous recevez? (je,   Je reçois un paquet.
un paquet)

Modify the sentences, using the cues.

Nous devons partir en va-   ⟨ Je dois partir en vacances.
cances. (je)
Je m'assieds devant la fenêtre.   ⟨ Tu t'assieds devant la fenêtre.
(tu)
Ils sont en train de s'asseoir   ⟨ Nous sommes en train de
dans le parc. (nous)   nous asseoir dans le parc.
Je vois des voitures sur l'ave-   ⟨ Ils voient des voitures sur
nue. (ils)   l'avenue.

LESSON 12. THE PRESENT INDICATIVE OF MORE VERBS ENDING IN *-OIR*

12. A.

We will now practice three more commonly used irregular verbs ending in *-oir*. Let's begin with *valoir*, "to be worth."

I am worth	**je vaux**
I am worth more than that.	**Je vaux plus que ça.**
you are worth	**tu vaux**
What are you worth in tennis?	**Qu'est-ce que tu vaux au tennis?**
it is worth	**cela vaut**
It is worth one hundred dollars.	**Cela vaut cent dollars.**
we are worth	**nous valons**
We are not worth much in tennis.	**Nous ne valons pas grand-chose au tennis.**
you are worth	**vous valez**
You are worth your weight in gold.	**Vous valez votre pesant d'or.**
they are worth	**ils valent**
These paintings are worth a fortune.	**Ces tableaux valent une fortune.**

Valoir is often used in idiomatic expressions, such as:

It's not worth it.	**Ça n'en vaut pas la peine.**
It's worthless.	**Ça ne vaut rien.**

The verb *vouloir*, "to want," is often used with an infinitive.

I want	**je veux**
I want to take a walk.	**Je veux faire une promenade.**

you want	**tu veux**
You want to succeed.	**Tu veux réussir.**
she wants	**elle veut**
She wants to see a movie.	**Elle veut voir un film.**
we want	**nous voulons**
We want to sit down.	**Nous voulons nous asseoir.**
you want	**vous voulez**
You want to study Chinese.	**Vous voulez étudier le chinois.**
they want	**ils veulent**
They want a new house.	**Ils veulent une nouvelle maison.**

The verb *pouvoir,* "to be able to," follows the same conjugation pattern as *vouloir.* Now, one more important irregular verb: *savoir,* "to know."

I know	**je sais**
I know how to swim.	**Je sais nager.**
you know	**tu sais**
You know how to cook.	**Tu sais faire la cuisine.**
she knows	**elle sait**
She knows French well.	**Elle sait bien le français.**
we know	**nous savons**
We know how to play the piano.	**Nous savons jouer du piano.**
you know	**vous savez**
Do you know where he is?	**Savez-vous où il est?**
they know	**ils savent**
They know that you are tired.	**Ils savent que vous êtes fatigué.**

Savoir, devoir, pouvoir, and *vouloir* can also be followed by an infinitive.

| We know how to pick our classes. | **Nous savons choisir nos cours.** |

You want to go on vacation.	**Vous voulez partir en vacances.**
You have to prepare your exams.	**Vous devez préparer vos examens.**
May I use the phone?	**Est-ce que je peux téléphoner?**

12. B.

Écoutez le dialogue suivant.

M. BOUTIER:	*Vous voulez acheter un tableau?*
MLLE ESCUDIER:	*Oui, combien vaut celui-là?*
M. BOUTIER:	*Il vaut très cher mais ceux-là valent moins.*
MLLE ESCUDIER:	*Qu'est-ce que vous savez sur l'artiste?*
M. BOUTIER:	*Nous ne savons rien sur lui.*
MLLE ESCUDIER:	*Et ça, c'est combien?*
M. BOUTIER:	*Ça? Ça ne vaut rien!*
MLLE ESCUDIER:	*Merci, je ne peux pas me décider aujourd'hui.*

Maintenant, écoutez et répétez.

You want to buy a painting?	**Vous voulez acheter un tableau?**
Yes, how much is this one worth?	**Oui, combien vaut celui-là?**
It is worth a lot, but those are worth less.	**Il vaut très cher mais ceux-là valent moins.**
What do you know about the artist?	**Qu'est-ce que vous savez sur l'artiste?**
We don't know anything about him.	**Nous ne savons rien sur lui.**
And that, how much is it?	**Et ça, c'est combien?**
That? It's not worth anything!	**Ça? Ça ne vaut rien!**
Thank you, I cannot decide today.	**Merci, je ne peux pas me décider aujourd'hui.**

234

12. C.

Ask each person what they want to do. *Écoutez l'exemple.*

aller au cinéma *(vous)*   *Est-ce que vous voulez aller au*
                                       cinéma?

   Maintenant, c'est votre tour.

s'asseoir dans le parc *(il)*   ɬ ɕ *Est-ce qu'il veut s'asseoir*
                                       dans le parc?

acheter un tableau   ɬ ɕ *Est-ce que vous voulez*
   (M. Martin)   *acheter un tableau,*
                                       M. Martin?

faire une promenade dans le   ɬ ɕ *Est-ce que Pierre et Olga*
   parc *(Pierre et Olga)*   *veulent faire une promenade*
                                       dans le parc?

   Use the verb *savoir* as indicated. *Écoutez l'exemple.*

Le professeur est fatigué au-   *Je sais que le professeur est fa-*
jourd'hui. *(je)*   *tigué aujourd'hui.*

   Maintenant, c'est votre tour.

Le chien veut sortir. *(nous)*   ɬ ɕ *Nous savons que le chien*
                                       veut sortir.

Olga part en vacances. *(vous)*   ɬ ɕ *Vous savez qu'Olga part en*
                                       vacances.

Monsieur Martin réussit ses   ɬ ɕ *Je sais que Monsieur Martin*
   photographies. *(je)*   *réussit ses photographies.*

235

LESSON 13. THE PRESENT INDICATIVE OF REGULAR -*RE* VERBS

13. A.

Most verbs ending in -*re* follow the same pattern. The regular present indicative endings are -*s*, -*s*, and no ending or -*t* for the singular, and -*ons*, -*ez*, and -*ent* for the plural forms. Let's practice with *répondre*, "to answer."

I answer	**je réponds**
I answer the question.	**Je réponds à la question.**
you answer	**tu réponds**
You answer the phone.	**Tu réponds au téléphone.**
she answers	**elle répond**
She answers your letter.	**Elle répond à votre lettre.**
we answer	**nous répondons**
We answer the teacher.	**Nous répondons au professeur.**
you answer	**vous répondez**
You answer in correct French.	**Vous répondez en français correct.**
they answer	**ils répondent**
They answer that they aren't coming.	**Ils répondent qu'ils ne viennent pas.**

Note that the verb *répondre* is usually followed by the preposition *à*. This is because, in French, one answers <u>to</u> something or someone. Other regular -*re* verbs include: *rendre*, "to return," *interrompre*, "to interrupt," and *mettre*, "to put." *Écoutez et répétez.*

We are returning these books.	**Nous rendons ces livres.**
I am returning your keys.	**Je vous rends vos clés.**
The tourists interrupt the guide.	**Les touristes interrompent le guide.**

The phone interrupts my work.	**Le téléphone interrompt mon travail.**
Where are you putting these flowers?	**Où mettez-vous ces fleurs?**
You are putting the suitcases in the car.	**Tu mets les valises dans la voiture.**

The verb *lire*, "to read," is slightly irregular.

I read	**je lis**
I read the newspaper.	**Je lis le journal.**
you read	**tu lis**
You read a letter from Tokyo.	**Tu lis une lettre de Tokyo.**
he reads	**il lit**
He reads French fluently.	**Il lit le français couramment.**
we read	**nous lisons**
We read the instructions in the manual.	**Nous lisons les instructions dans le manuel.**
you read	**vous lisez**
Do you read Chinese?	**Est-ce que vous lisez le chinois?**
they read	**ils lisent**
They read with glasses.	**Ils lisent avec des lunettes.**

13. B.

Écoutez le dialogue suivant.

JEANNE: *Qu'est-ce que tu lis, Babacar?*
BABACAR: *Je lis une lettre d'Emmanuel de Tokyo.*
JEANNE: *Qu'est-ce qu'il y a dans la lettre?*
BABACAR: *Je ne sais pas encore. Je ne peux pas lire tranquillement.*
JEANNE: *Pourquoi?*
BABACAR: *Parce que le téléphone m'interrompt constamment.*

JEANNE:	*Est-ce que Tokyo lui plaît?*
BABACAR:	*Oui, les parcs et les musées lui plaisent énormément.*
JEANNE:	*Est-ce que tu réponds à sa lettre bientôt?*
BABACAR:	*Oui, je réponds demain. Si tu veux, je lui dis un bonjour de ta part.*

Maintenant, écoutez et répétez.

What are you reading, Babacar?	**Qu'est-ce que tu lis, Babacar?**
I am reading a letter from Emmanuel from Tokyo.	**Je lis une lettre d'Emmanuel de Tokyo.**
What is there in the letter?	**Qu'est-ce qu'il y a dans la lettre?**
I don't know yet.	**Je ne sais pas encore.**
I cannot read in peace.	**Je ne peux pas lire tranquillement.**
Why?	**Pourquoi?**
Because the telephone interrupts me constantly.	**Parce que le téléphone m'interrompt constamment.**
Does he like Tokyo?	**Est-ce que Tokyo lui plaît?**
Yes, he really likes the parks and museums.	**Oui, les parcs et les musées lui plaisent énormément.**
Are you answering his letter soon?	**Est-ce que tu réponds à sa lettre bientôt?**
Yes, I am answering tomorrow.	**Oui, je réponds demain.**
If you want, I will put in a hello from you.	**Si tu veux, je lui dis un bonjour de ta part.**

13. C.

Answer the questions following the cues:

Qui interrompt notre conversation? (le guide)	☜ *Le guide interrompt notre conversation.*

Qui répond à la question? (les étudiants)	☜ *Les étudiants répondent à la question.*
Est-ce que cet hôtel plaît aux touristes? (oui)	☜ *Oui, cet hôtel plaît aux touristes.*
Est-ce que nous plaisons à nos collègues? (oui)	☜ *Oui, vous plaisez à vos collègues.*

Ask the following questions in French:

Ask Babacar what he is reading.	☜ *Babacar, qu'est-ce que tu lis?*
Ask Olga if the telephone interrupts her work.	☜ *Olga, est-ce que le téléphone interrompt ton travail?*
Ask the tourists if they read the menu in French.	☜ *Est-ce que vous lisez le menu en français?*
Ask the professor if he is returning the exams.	☜ *Est-ce que vous rendez les examens?*
Ask the students if they answer in French.	☜ *Est-ce que vous répondez en français?*

239

LESSON 14. THE PRESENT INDICATIVE OF
CONNAÎTRE, PARAÎTRE, NAÎTRE

14. A.

Verbs that end in *-aître*, with an *accent circonflexe* on the *i*, follow a very particular conjugation. Let's practice it with *connaître*, which, like *savoir*, means "to know."

I know	**je connais**
I know you.	**Je te connais.**
you know	**tu connais**
You know Olga well.	**Tu connais bien Olga.**
she knows	**elle connaît**
She knows Paris well.	**Elle connaît bien Paris.**
we know	**nous connaissons**
We know that restaurant.	**Nous connaissons ce restaurant.**
you know	**vous connaissez**
Do you know the neighborhood?	**Connaissez-vous le quartier?**
they know	**ils connaissent**
They know the subject a little.	**Ils connaissent un peu le sujet.**

Although *savoir* and *connaître* have the same meaning, they're used differently. *Savoir* is used when one has a skill, when one knows a fact or a subject in full. *Connaître*, on the other hand, is used when one knows a person, a city, country, or any other location, and to express general familiarity with a subject. *Écoutez et répétez.*

I know that you are competent.	**Je sais que vous êtes compétent.**
I know a competent person.	**Je connais une personne compétente.**

You know how to speak French.	**Tu sais parler français.**
You know a Frenchman who speaks three languages.	**Tu connais un Français qui parle trois langues.**
We know how to ski.	**Nous savons faire du ski.**
We know a pleasant ski resort.	**Nous connaissons une station de ski agréable.**
They know where all the stores in the neighborhood are.	**Ils savent où sont tous les magasins du quartier.**
They know the neighborhood very well.	**Ils connaissent très bien le quartier.**

14. B.

Écoutez le dialogue suivant.

EVA: *Pardon, Monsieur, nous ne savons pas où se trouve notre hôtel. Est-ce que vous savez où est la rue Leblanc?*

M. CIGAR: *Non, je suis désolé, je ne connais pas cette rue.*

EVA: *Savez-vous s'il y a un restaurant grec dans le quartier?*

M. CIGAR: *Non, je connais mal le quartier, mais mes amis le connaissent peut-être. Pierre, est-ce que tu sais où se trouve cette rue?*

PIERRE: *Je ne suis pas sûr, mais si vous avez un guide, je sais lire un plan!*

Maintenant, écoutez et répétez.

| Excuse me, Sir, we don't know where our hotel is. | **Pardon, Monsieur, nous ne savons pas où se trouve notre hôtel.** |
| Do you know where Leblanc Street is? | **Est-ce que vous savez où est la rue Leblanc?** |

No, I am sorry, I don't know that street.	Non, je suis désolé, je ne connais pas cette rue.
Do you know if there is a Greek restaurant in the neighborhood?	Savez-vous s'il y a un restaurant grec dans le quartier?
No, I know the neighborhood poorly, but my friends may know.	Non, je connais mal le quartier, mais mes amis le connaissent peut-être.
Pierre, do you know where that street is located?	Pierre, est-ce que tu sais où se trouve cette rue?
I am not sure, but if you have a guidebook, I know how to read a map!	Je ne suis pas sûr, mais si vous avez un guide, je sais lire un plan!

14. C.

Ask questions in French. Choose between *savoir* and *connaître*.

Ask Olga if she knows the museum.	☞*Olga, est-ce que vous connaissez le musée?*
Ask Pierre if he knows that it's Babacar's birthday.	☞*Pierre, est-ce que tu sais que c'est l'anniversaire de Babacar?*
Ask the students if they know how to speak French.	☞*Est-ce que vous savez parler français?*
Ask the tourists if they know where their hotel is.	☞*Est-ce que vous savez où est votre hôtel?*
Ask if the tourists know France.	☞*Les touristes connaissent la France?*

242

LESSON 15. THE PRESENT INDICATIVE OF IRREGULAR -RE VERBS

15. A.

The verb *prendre*, "to take," is an irregular verb. Several other important verbs are based on it: *apprendre*, "to learn," and *comprendre*, "to understand." Let's conjugate *prendre*. *Écoutez et répétez.*

I take	**je prends**
I take one sugar in my coffee.	**Je prends un sucre dans mon café.**
you take	**tu prends**
You take your time.	**Tu prends ton temps.**
he takes	**il prend**
He takes his vacation now.	**Il prend ses vacances maintenant.**
we take	**nous prenons**
We take the bus.	**Nous prenons l'autobus.**
you take	**vous prenez**
You take chances.	**Vous prenez des risques.**
they take	**ils prennent**
What are they having for dessert?	**Qu'est-ce qu'ils prennent comme dessert?**

The verb *boire*, "to drink," is also irregular.

I drink	**je bois**
I don't drink coffee.	**Je ne bois pas de café.**
you drink	**tu bois**
You drink tea.	**Tu bois du thé.**
he drinks	**il boit**
He drinks too much.	**Il boit trop.**
we drink	**nous buvons**
We drink less.	**Nous buvons moins.**
you drink	**vous buvez**

You don't drink wine.	**Vous ne buvez pas de vin.**
they drink	**ils boivent**
They don't drink milk.	**Ils ne boivent pas de lait.**

Now practice the conjugation of *croire*, "to believe," "to think."

I believe	**je crois**
I believe you.	**Je vous crois.**
you believe	**tu crois**
Do you believe me?	**Est-ce que tu me crois?**
she thinks	**elle croit**
She thinks this is a good restaurant.	**Elle croit que c'est un bon restaurant.**
we think	**nous croyons**
We think it's impossible.	**Nous croyons que c'est impossible.**
you believe	**vous croyez**
Do you believe him?	**Le croyez-vous?**
they believe	**ils croient**
They believe in Santa Claus.	**Ils croient au Père Noël.**

Pleuvoir, "to rain," is irregular as well and is always used in the third person singular.

It's raining.	**Il pleut.**
It often rains in Paris.	**Il pleut souvent à Paris.**
It is raining cats and dogs.	**Il pleut des cordes.**

15. B.

Écoutez le dialogue suivant.

> JEAN-CLAUDE: *Qu'est-ce que vous prenez?*
> MIREILLE: *Moi, je prends un hors-d'oeuvre, un plat et un dessert.*
> JEAN-CLAUDE: *Est-ce que vous buvez du vin?*

MIREILLE:	*Non, nous ne buvons pas de vin.*
JEAN-CLAUDE:	*Alors, de l'eau. Je crois que les gens boivent moins aujourd'hui.*
MIREILLE:	*Qu'est-ce que nous prenons comme hors-d'oeuvre?*
JEAN-CLAUDE:	*Pierre croit que le pâté est excellent.*
MIREILLE:	*Mes amis prennent souvent le poulet basquaise.*
JEAN-CLAUDE:	*Est-ce que nous prenons des cafés à la fin du repas?*
MIREILLE:	*Oui, bien sur.*

Maintenant, c'est votre tour. Écoutez et répétez.

What are you having?	**Qu'est-ce que vous prenez?**
I am having an appetizer, a main dish, and dessert.	**Moi, je prends un hors-d'oeuvre, un plat, et un dessert.**
Do you drink wine?	**Est-ce que vous buvez du vin?**
No, we do not drink wine.	**Non, nous ne buvons pas de vin.**
Water, then.	**Alors, de l'eau.**
I think that people drink less today.	**Je crois que les gens boivent moins aujourd'hui.**
What are we having for the appetizer?	**Qu'est-ce que nous prenons comme hors-d'oeuvre?**
Pierre believes that the pâté is excellent.	**Pierre croit que le pâté est excellent.**
My friends often have the chicken Basque style.	**Mes amis prennent souvent le poulet basquaise.**
Are we having coffee at the end of the meal?	**Est-ce que nous prenons des cafés à la fin du repas?**
Yes, of course.	**Oui, bien sûr.**

15. C.

Ask questions in French.

Ask your friend if he drinks coffee.	☞ *Bois-tu du café?*
Ask your guests what they are having.	☞ *Qu'est-ce que vous prenez?*
Ask them if they drink wine.	☞ *Buvez-vous du vin?*
Ask them if they understand the menu.	☞ *Est-ce que vous comprenez le menu?*
Ask them if they are learning French.	☞ *Est-ce que vous apprenez le français?*
Ask your mother if she is having dessert.	☞ *Est-ce que tu prends un dessert?*
Ask whether it rains in Paris.	☞ *Est-ce qu'il pleut à Paris?*

LESSON 16. THE PRESENT INDICATIVE
OF *DIRE* AND *ÉCRIRE*

16. A.

The verbs *dire*, "to say," and *écrire*, "to write," are both irregular. Let's study their conjugations. First, *dire*. *Écoutez et répétez*.

I say	**je dis**
I say hello.	**Je dis bonjour.**
you say	**tu dis**
You say no.	**Tu dis non.**
she says	**elle dit**
She says that it is late.	**Elle dit qu'il est tard.**
we say	**nous disons**
We say that it's impossible.	**Nous disons que c'est impossible.**
you say	**vous dites**
You are saying silly things.	**Vous dites des bêtises.**
they say	**ils disent**
They are saying insults.	**Ils disent des injures.**

Now, focus on *écrire*.

I write	**j'écris**
I write letters.	**J'écris des lettres.**
you write	**tu écris**
You write well.	**Tu écris bien.**
he writes	**il écrit**
He writes poetry.	**Il écrit de la poésie.**
we write	**nous écrivons**
We write in French.	**Nous écrivons en français.**
you write	**vous écrivez**
You write Chinese well.	**Vous écrivez bien le chinois.**
they write	**ils écrivent**
Are they writing to us?	**Est-ce qu'ils nous écrivent?**

247

16. B.

Écoutez le dialogue suivant.

> JOSEPHINE: *Qu'est-ce que tu lis?*
> PAUL: *Une autre lettre d'Emmanuel.*
> JOSEPHINE: *Il écrit souvent. Qu'est-ce qu'il dit?*
> PAUL: *Il demande pourquoi ses amis n'écrivent pas.*
> JOSEPHINE: *Il faut nous donner son adresse. Olga et moi écrivons à un ami avec plaisir.*

Maintenant, c'est votre tour. Écoutez et répétez.

What are you reading?	**Qu'est-ce que tu lis?**
Another letter from Emmanuel.	**Une autre lettre d'Emmanuel.**
He writes often.	**Il écrit souvent.**
What does he say?	**Qu'est-ce qu'il dit?**
He asks why his friends don't write.	**Il demande pourquoi ses amis n'écrivent pas.**
We should get his address.	**Il faut nous donner son adresse.**
Olga and I write gladly to a friend.	**Olga et moi écrivons à un ami avec plaisir.**

16. C.

Answer the questions following the cues.

Qui écrit la lettre? (Babacar)	☞*Babacar écrit la lettre.*
Qui lit la question? (nous)	☞*Nous lisons la question.*
Est-ce que tu écris souvent? (je)	☞*Oui, j'écris souvent.*
Est-ce que nous lisons le journal? (vous)	☞*Oui, vous lisez le journal.*
Est-ce que vous écrivez bien? (nous)	☞*Oui, nous écrivons bien.*

LESSON 17. THE PRESENT INDICATIVE
OF PRONOMINAL VERBS

17. A.

Pronominal verbs take two pronouns. We have already studied those that take a subject and a reflexive pronoun, such as *se lever*, "to get up," *s'habiller*, "to get dressed," and *s'asseoir*, "to sit down."

I am sitting down because I am tired.	**Je m'assieds parce que je suis fatiguée.**
We get up at seven every morning.	**Nous nous levons à sept heures tous les matins.**
He is getting dressed to go to the opera.	**Il s'habille pour aller à l'opéra.**

Some pronominal verbs are reciprocal, such as: *se parler*, "to speak to each other," *se téléphoner*, "to call each other," and *s'écrire*, "to write to each other."

Pierre and Olga speak to each other every day.	**Pierre et Olga se parlent tous les jours.**
My friends and I call each other every day.	**Mes amis et moi, nous nous téléphonons tous les jours.**
Do you still write to each other?	**Est-ce que vous vous écrivez toujours?**

A very common idiomatic expression using a pronominal verb is *s'en aller*, "to leave."

It's late; I'm leaving.	**Il est tard, je m'en vais.**
We are tired; we want to leave.	**Nous sommes fatigués, nous voulons nous en aller.**

Finally, there is also a passive pronominal form.

That isn't done.	**Cela ne se fait pas.**
That isn't said.	**Cela ne se dit pas.**
Fish is eaten with lemon.	**Le poisson se mange avec du citron.**
Books are bought in a bookstore.	**Les livres s'achètent dans une librairie.**

17. B.

Écoutez le dialogue suivant.

> ESTELLE: *Est-ce qu'Emmanuel se trouve toujours à Tokyo?*
>
> PAUL: *Oui, lui et Babacar s'écrivent souvent.*
>
> ESTELLE: *Que dit Emmanuel dans ses lettres?*
>
> PAUL: *Il s'occupe de ses affaires et se prépare à revenir à Paris.*
>
> ESTELLE: *Est-ce qu'il se repose?*
>
> PAUL: *Non, pas vraiment; il s'organise pour terminer son travail.*
>
> ESTELLE: *Vraiment?*

Maintenant, écoutez et répétez.

Is Emmanuel still located in Tokyo?	**Est-ce qu'Emmanuel se trouve toujours à Tokyo?**
Yes, he and Babacar write to each other often.	**Oui, lui et Babacar s'écrivent souvent.**
What does Emmanuel say in his letters?	**Que dit Emmanuel dans ses lettres?**
He is occupied with business and is preparing to return to Paris.	**Il s'occupe de ses affaires et se prépare à revenir à Paris.**
Is he resting?	**Est-ce qu'il se repose?**
No, not really; he's getting organized to finish his work.	**Non, pas vraiment; il s'organise pour terminer son travail.**
Really?	**Vraiment?**

17. C.

Answer the questions using the cues.

Quand Pierre se lève-t-il? (il, à six heures)	↳ *Il se lève à six heures.*
Est-ce que je m'habille bien? (tu, avec élégance)	↳ *Oui, tu t'habilles avec élégance.*
Qu'est-ce qui s'achète à la librairie? (les livres)	↳ *Les livres s'achètent à la librairie.*
Est-ce que Pierre et Olga se parlent? (ils, tous les jours)	↳ *Oui, ils se parlent tous les jours.*
Qu'est-ce qui se lit avec attention? (le livre)	↳ *Le livre se lit avec attention.*

PART II. COMMANDS AND REQUESTS

LESSON 18. THE IMPERATIVE OF REGULAR VERBS

18. A.

In French, the imperative is mostly used in three persons: the second person singular, *tu*, the second person plural, *vous*, and the first person plural, *nous*. When making requests and commands, the personal pronoun is omitted. Let's begin with -*er* verbs.

Listen, Pierre!	Écoute, Pierre!
Listen, ladies and gentlemen!	Écoutez, mesdames et messieurs!
Let's listen to the speech.	Écoutons le discours.
Look at the sky, Olga!	Regarde le ciel, Olga!
Look at the board, everyone.	Regardez le tableau, tout le monde.
Let's watch this program.	Regardons ce programme.
Eat your salad.	Mange ta salade.
Eat faster, please.	Mangez plus vite, s'il vous plaît.
Let's eat in this restaurant.	Mangeons dans ce restaurant.
Begin serving.	Commence à servir.
Begin answering the question.	Commencez à répondre à la question.
Let's begin the meeting.	Commençons la réunion.

Now let's turn to regular -*ir* verbs.

Finish your dessert.	Finis ton dessert.
Let's finish eating.	Finissons de manger.
Lose weight!	Maigrissez!
Whiten the wall.	Blanchissez le mur.
Let's choose quickly.	Choisissons rapidement.

Pass this exam.	**Réussis à cet examen.**
Take out the dog!	**Sors le chien!**
Let's leave now!	**Partons maintenant!**

Finally, regular *-re* verbs:

| Give back the letter! | **Rends la lettre!** |
| Let's sell the car! | **Vendons la voiture!** |

The imperative can also be used in the negative.

Don't eat that fish.	**Ne mangez pas ce poisson.**
Don't watch television.	**Ne regarde pas la télévision.**
Let's not listen to that program.	**N'écoutons pas ce programme.**
Don't finish the pie.	**Ne finissez pas la tarte.**
Don't choose this dish.	**Ne choisissez pas ce plat.**
Let's not return these books.	**Ne rendons pas ces livres.**

18. B.

Écoutez les phrases suivantes.

1. *Bonjour, mesdames et messieurs: commençons la réunion. Écoutez la présentation.*
2. *Maintenant, regardons les graphes sur le tableau.*
3. *Répétez, s'il vous plaît. Qu'est-ce que vous dites?*
4. *Pierre, ne dors pas.*
5. *Finissons l'exercice.*

Maintenant, écoutez et répétez.

| Hello, ladies and gentlemen, let's begin the meeting. | **Bonjour, mesdames et messieurs: commençons la réunion.** |
| Listen to the presentation. | **Écoutez la présentation.** |

Now let's look at the graphs on the board.	**Maintenant, regardons les graphes sur le tableau.**
Repeat that, please: what are you saying?	**Répétez, s'il vous plaît. Qu'est-ce que vous dites?**
Pierre, don't sleep.	**Pierre, ne dors pas.**
Let's finish the exercise.	**Finissons l'exercice.**

18. C.

Make imperative sentences from the conjugated form. Use the same person.

Pierre écoute la radio.	☞ *Écoute la radio, Pierre.*
Vous ne servez pas le café.	☞ *Ne servez pas le café.*
Vous ne dormez pas à la conférence.	☞ *Ne dormez pas à la conférence.*

Do the following:

Tell Pierre to buy this book.	☞ *Achète ce livre, Pierre.*
Tell a child to eat some carrots.	☞ *Mange des carottes.*
Tell your guests to finish their dessert.	☞ *Finissez votre dessert.*
Suggest that we all leave now.	☞ *Partons maintenant.*

LESSON 19. THE IMPERATIVE OF IRREGULAR VERBS

19. A.

The imperative forms of *faire, aller,* and *venir* are the same as their present indicative forms, but the subject pronouns are omitted.

Be careful!	**Fais attention!**
Make corrections!	**Faites des corrections!**
Let's take a walk!	**Faisons une promenade!**
Go to the supermarket!	**Va au supermarché!**
Go see the doctor!	**Allez voir le médecin!**
Let's go to the movies!	**Allons au cinéma!**
Come with us!	**Viens avec nous!**
Come to the beach!	**Venez à la plage!**

Other irregular verbs are just as easy in the imperative.

It's raining; cover the chairs.	**Il pleut, couvrez les chaises.**
Offer coffee to our guests.	**Offre du café à nos invités.**
See what the problem is.	**Vois quel est le problème.**
Put the flowers in a vase.	**Mettez les fleurs dans un vase.**
Let's see what this is.	**Voyons ce que c'est.**
Let's drink some champagne.	**Buvons du champagne.**
It's true; believe me.	**C'est vrai, croyez-moi.**
Let's take our time.	**Prenons notre temps.**
Answer the question.	**Réponds à la question.**
Answer the phone.	**Répondez au téléphone.**

A few verbs, however, are completely irregular in the imperative. These are *avoir, être,* and *savoir,* which is rarely used in this form. *Écoutez et répétez.*

Have patience.	**Aie de la patience.**
Be attentive.	**Soyez attentifs.**

255

Know that you are very wrong.	**Sache que tu as vraiment tort.**

19. B.

Écoutez le dialogue suivant.

ELLA: *Qu'est-ce qui ne va pas, Jacques?*
JACQUES: *Pierre est impossible. Il n'écoute jamais personne.*
ELLA: *Aie de la patience, Jacques, et sois compréhensif. Il est très fatigué.*
JACQUES: *Soyons sérieux: il ne travaille pas tant que ça!*
ELLA: *Pierre est très travailleur.*
JACQUES: *Ah oui? Prenons pour exemple ce rapport qu'il ne finit pas.*
ELLA: *Ce rapport est très complexe, crois-moi. Ayons confiance en lui, il peut réussir.*
JACQUES: *Comme tu veux, voyons les résultats.*

Maintenant, écoutez et répétez.

What's the matter, Jacques?	**Qu'est-ce qui ne va pas, Jacques?**
Pierre is impossible.	**Pierre est impossible.**
He never listens to anyone.	**Il n'écoute jamais personne.**
Be patient, Jacques, and be understanding.	**Aie de la patience, Jacques, et sois compréhensif.**
He is very tired.	**Il est très fatigué.**
Let's be reasonable: he does not work that much!	**Soyons sérieux: il ne travaille pas tant que ça!**
Pierre is a hard worker.	**Pierre est très travailleur.**
Oh really?	**Ah oui?**
Let's take for example that report he does not finish.	**Prenons pour exemple ce rapport qu'il ne finit pas.**
This report is very complex, believe me.	**Ce rapport est très complexe, crois-moi.**

| Let's have faith in him; he can succeed. | **Ayons confiance en lui, il peut réussir.** |
| As you wish; let's see the results. | **Comme tu veux, voyons les résultats.** |

19. C.

Change the following sentences to the imperative.

Tu viens avec nous.	☞*Viens avec nous.*
Tu fais attention.	☞*Fais attention.*
Vous mettez de l'argent à la banque.	☞*Mettez de l'argent à la banque.*

Give the commands in French.

Tell your mother to drink a cup of tea.	☞*Bois une tasse de thé.*
Tell the students to have patience.	☞*Ayez de la patience.*
Suggest that we all answer the letter.	☞*Répondons à la lettre.*

LESSON 20. THE IMPERATIVE OF PRONOMINAL VERBS

20. A.

With pronominal verbs in the imperative, the reflexive or reciprocal pronoun follows the verb. *Écoutez et répétez.*

Hurry up!	**Dépêchez-vous!**
Get up!	**Lève-toi!**
Let's get dressed.	**Habillons-nous.**
Let's call each other tomorrow.	**Téléphonons-nous demain.**
Go to that address.	**Rendez-vous à cette adresse.**
Use a diagram.	**Sers-toi d'un diagramme.**

Notice that the second person singular imperative takes a special pronoun.

Tu te lèves.	**Lève-toi.**
Tu t'assieds.	**Assieds-toi.**
Tu te sers.	**Sers-toi.**

Similarly, any indirect object pronoun in the first and second person singular takes a special form when used with a verb in the imperative.

Give me the book back.	**Rends-moi le livre.**
Give yourself time.	**Donne-toi du temps.**
Read him the letter.	**Lis-lui la lettre.**
Say hello to her.	**Dis-lui bonjour.**
Give them a fine.	**Donnez-leur une amende.**

In the negative imperative of pronominal verbs, the pronoun precedes the verb.

Don't get up!	**Ne vous levez pas!**
Don't hurry up.	**Ne te dépêche pas.**

258

Let's not sit down.	**Ne nous asseyons pas.**
Let's not leave yet.	**Ne nous en allons pas encore.**
Don't get dressed yet.	**Ne vous habillez pas encore.**
Don't put yourself in that position.	**Ne vous mettez pas dans cette position.**

20. B.

Écoutez le dialogue suivant.

> MICHEL: *Dépêche-toi, le film commence bientôt.*
> PAULINE: *Est-ce qu'il y a encore des billets?*
> MICHEL: *Ne t'inquiète pas. Il y en a certainement. Assieds-toi sur le banc, je m'occupe des billets.*
> PAULINE: *Ce programme est-il gratuit?*
> JACQUES: *Oui, servez-vous madame!*
> PAULINE: *Il n'y a plus de billets. Nous pouvons voir autre chose: décidons-nous!*
> MICHEL: *Il n'y a rien de bien: allons-nous-en!*

Maintenant, écoutez et répétez.

Hurry up, the movie starts soon.	**Dépêche-toi, le film commence bientôt.**
Are there still tickets?	**Est-ce qu'il y a encore des billets?**
Don't worry; there must be.	**Ne t'inquiète pas, il y en a certainement.**
Sit down on the bench; I am taking care of the tickets.	**Assieds-toi sur le banc, je m'occupe des billets.**
Is this program free?	**Ce programme est-il gratuit?**
Yes, help yourself, madam!	**Oui, servez-vous madame!**
There are no more tickets.	**Il n'y a plus de billets.**
We can see something else: let's decide!	**Nous pouvons voir autre chose: décidons-nous!**

259

There is nothing good;
  let's go!

**Il n'y a rien de bien;
  allons-nous-en!**

20. C.

Do the following:

Tell Olga to hurry up. ☞ *Dépêche-toi, Olga.*

Tell Pierre to sit down. ☞ *Assieds-toi, Pierre.*

Tell your friends to help
  themselves. ☞ *Servez-vous.*

Suggest that you make up
  your minds. ☞ *Décidons-nous.*

Tell your friends to call each
  other. ☞ *Téléphonez-vous.*

LESSON 21. THE PRESENT PARTICIPLE

21. A.

The present participle is used to express an ongoing background action, such as "while walking" or "as I was reading." In French, the formation of the present participle is very easy. All verbs, except *être*, *avoir*, and *savoir*, add *-ant* to the stem of the first person plural form.

Nous faisons des fautes.	**Faisant des fautes . . .**
Nous finissons l'examen.	**Finissant l'examen . . .**
Nous mangeons des fruits.	**Mangeant des fruits . . .**
Nous commençons la confér-ence.	**Commençant la confér-ence . . .**
Nous servons le café.	**Servant le café . . .**

Être, *avoir*, and *savoir* are exceptions.

Nous savons le français.	**Sachant le français . . .**
Nous avons le temps.	**Ayant le temps . . .**
Nous sommes contents.	**Étant contents . . .**

Here are a few example sentences.

We buy a sandwich as we go to the beach.	**Nous achetons un sandwich en allant à la plage.**
He gets the newspaper as he takes out the dog.	**Il achète le journal en sortant le chien.**
I get dressed while listening to the radio.	**Je m'habille en écoutant la radio.**

Note that the present participle is usually introduced by *en*. When the present participle begins a sentence, it indicates cause.

Knowing Pierre, I am not surprised.	**Connaissant Pierre, je ne suis pas étonnée.**

Being a foreigner, I don't
know where the post
office is.

Étant étranger, je ne sais
pas où est la poste.

21. B.

Écoutez le dialogue suivant.

> PAUL: *Olga, je dois te raconter une histoire bizarre.*
> OLGA: *Raconte-moi en allant à la poste.*
> PAUL: *En allant à mes cours aujourd'hui, je rencontre Pierre.*
> OLGA: *Que dit-il?*
> PAUL: *Il est distrait et, ne me voyant pas bien, me dit "Bonjour, monsieur".*
> OLGA: *Sachant qu'il est très préoccupé, je ne suis pas étonnée.*
> PAUL: *Oui, je sais, sa vie est impossible en ce moment.*
> OLGA: *Comment ça?*
> PAUL: *Il commet des erreurs en travaillant, il mange en courant, il s'habille en se lavant.*
> OLGA: *Pauvre Pierre! Je lui téléphone en rentrant.*

Maintenant écoutez et répétez.

Olga, I must tell you a bizarre
story.

**Olga, je dois te raconter une
histoire bizarre.**

Tell me as we go to the post
office.

**Raconte-moi en allant à la
poste.**

Going to class today, I meet
Pierre.

**En allant à mes cours au-
jourd'hui, je rencontre
Pierre.**

What is he saying?

Que dit-il?

He is distracted and, not see-
ing me very well, says
"Hello, sir," to me.

**Il est distrait et, ne me voy-
ant pas bien, me dit
"Bonjour, monsieur."**

Knowing that he is very preoc-
cupied, I am not surprised.

**Sachant qu'il est très préoc-
cupé, je ne suis pas étonnée.**

Yes, I know; his life is impossible right now.	**Oui je sais, sa vie est impossible en ce moment.**
How is that?	**Comment ça?**
He makes mistakes while he works; he eats as he runs; he dresses as he washes.	**Il commet des erreurs en travaillant, il mange en courant, il s'habille en se lavant.**
Poor Pierre!	**Pauvre Pierre!**
I will call him when I get home.	**Je lui téléphone en rentrant.**

21. C.

Combine the two sentences using the participle of the second verb. *Écoutez l'exemple.*

| *Nous parlons de cinéma. Nous faisons une promenade.* | *Nous parlons de cinéma en faisant une promenade.* |

Maintenant, c'est votre tour.

Tu manges un sandwich. Tu regardes la télévision.	☜ *Tu manges un sandwich en regardant la télévision.*
Il achète le journal. Il passe devant le magasin.	☜ *Il achète le journal en passant devant le magasin.*
Elle nous appelle. Elle ouvre la porte.	☜ *Elle nous appelle en ouvrant la porte.*

263

PART III. SPEAKING ABOUT THE FUTURE

LESSON 22. THE FUTURE OF REGULAR VERBS

22. A.

To form the future of regular verbs, add the endings -*ai*, -*as*, -*a*, -*ons*, -*ez*, and -*ont* to the infinitive. -*Re* verbs drop the final -*e* before adding the ending. Let's practice with a familiar verb: *manger*, "to eat."

I will eat	**je mangerai**
I will eat with you.	**Je mangerai avec vous.**
you will eat	**tu mangeras**
You will eat well in Paris.	**Tu mangeras bien à Paris.**
he will eat	**il mangera**
He will eat at eight.	**Il mangera à huit heures.**
we will eat	**nous mangerons**
We will eat at the restaurant.	**Nous mangerons au restaurant.**
you will eat	**vous mangerez**
You will eat poorly at the café.	**Vous mangerez mal au café.**
they will eat	**ils mangeront**
They will eat a cold meal.	**Ils mangeront un repas froid.**

Here are a few example sentences with other regular verbs.

We will listen to his speech.	**Nous écouterons son discours.**
You will watch the program.	**Vous regarderez le programme.**
They will begin at eight.	**Ils commenceront à huit heures.**
I will finish work at six.	**Je finirai le travail à six heures.**
She will choose a class.	**Elle choisira un cours.**

You will hate that hotel.	Vous détesterez cet hôtel.
I will take a vacation.	Je prendrai des vacances.
He will put the suitcases in the car.	Il mettra les valises dans la voiture.
They will sleep in the train.	Ils dormiront dans le train.

22. B.

Écoutez le dialogue suivant.

BENJAMIN: *Préparons notre séjour à Paris. Nous partirons à sept heures mercredi soir.*

TABITHA: *Quand arriverons-nous?*

BENJAMIN: *L'avion arrivera tôt le matin. Nous passerons la douane rapidement, puis nous prendrons un taxi pour aller à l'hôtel.*

TABITHA: *Ah très bien! Je dormirai à l'hôtel!*

BENJAMIN: *Pas du tout! Nous nous changerons rapidement et sortirons visiter les musées avant la fermeture.*

TABITHA: *Tu es fou!*

Maintenant, écoutez et répétez.

Let's plan our stay in Paris.	Préparons notre séjour à Paris.
We will leave at seven Wednesday night.	Nous partirons à sept heures mercredi soir.
When will we get there?	Quand arriverons-nous?
The plane will get there early in the morning.	L'avion arrivera tôt le matin.
We will quickly go through customs;	Nous passerons la douane rapidement,
then we will take a taxi to the hotel.	puis nous prendrons un taxi pour aller à l'hôtel.
Very good!	Ah très bien!
I will sleep at the hotel.	Je dormirai à l'hôtel!

Not at all: we will get changed quickly and go out to visit the museums before closing time.	**Pas du tout: nous nous changerons rapidement et sortirons visiter les musées avant la fermeture.**
You are crazy!	**Tu es fou!**

22. C.

Answer the questions. Use the future tense.

Est-ce que vous arriverez à trois heures? (non, je)	ɛↄ *Non, je n'arriverai pas à trois heures.*
Est-ce que tu comprendras les explications? (oui, je)	ɛↄ *Oui, je comprendrai les explications.*
Est-ce que les touristes dormiront dans l'avion? (oui, ils)	ɛↄ *Oui, ils dormiront dans l'avion.*
Est-ce que vous vous changerez rapidement? (oui, nous)	ɛↄ *Oui, nous nous changerons rapidement.*
Est-ce que Jeff lira votre lettre? (non, ma)	ɛↄ *Non, Jeff ne lira pas ma lettre.*

266

LESSON 23. IRREGULAR FORMS OF THE FUTURE

23. A.

Être, avoir, faire, and *aller* take the usual future endings, but have an irregular stem. We will conjugate these verbs alternately.

I will be	**je serai**
I will be on time.	**Je serai à l'heure.**
you will have	**tu auras**
You will have some free time.	**Tu auras du temps libre.**
she will do	**elle fera**
She will do the work.	**Elle fera le travail.**
we will go	**nous irons**
We will go see that movie.	**Nous irons voir ce film.**
you will be	**vous serez**
You will be welcome.	**Vous serez les bienvenus.**
they will have	**ils auront**
They will have all sorts of problems.	**Ils auront toutes sortes de problèmes.**

23. B.

Écoutez le dialogue suivant.

> BERNIE: *Salut, Olga. Connais-tu la nouvelle?*
> OLGA: *Non, quelle nouvelle?*
> BERNIE: *Monsieur Martin aura bientôt une exposition de ses dernières photographies.*
> OLGA: *Vraiment, où?*
> BERNIE: *Elles seront exposées dans une petite galerie près des Halles.*
> OLGA: *Merveilleux! Est-ce que nous irons tous au vernissage?*
> BERNIE: *Bien sûr.*
> OLGA: *Monsieur Martin sera vraiment très heureux. J'irai le voir demain pour le féliciter.*

Maintenant écoutez et répétez.

Hi, Olga. Do you know the news?	**Salut, Olga. Connais-tu la nouvelle?**
No, what news?	**Non, quelle nouvelle?**
Mr. Martin will soon have an exhibit of his latest photographs.	**Monsieur Martin aura bientôt une exposition de ses dernières photographies.**
Really, where?	**Vraiment, où?**
They will be exhibited in a little gallery near Les Halles.	**Elles seront exposées dans une petite galerie près des Halles.**
Marvelous!	**Merveilleux!**
Will we all go to the opening?	**Est-ce que nous irons tous au vernissage?**
Of course.	**Bien sûr.**
Monsieur Martin will certainly be very happy.	**Monsieur Martin sera vraiment très heureux.**
I will go see him tomorrow to congratulate him.	**J'irai le voir demain pour le féliciter.**

23. C.

Answer the questions using the cues.

Que ferez-vous demain? (aller au cinéma)	✎ *J'irai au cinéma.*
Est-ce que tu seras à l'heure? (non, en retard)	✎ *Non, je serai en retard.*
Est-ce que Pierre et Olga iront voir l'exposition? (oui)	✎ *Oui, ils iront voir l'exposition.*
Est-ce que j'aurai le temps de préparer la lettre? (non, tu)	✎ *Non, tu n'auras pas le temps.*
Est-ce que nous ferons des fautes? (oui, encore)	✎ *Oui, nous ferons encore des fautes.*

LESSON 24. MORE IRREGULAR FUTURES

24. A.

Venir, savoir, pouvoir, vouloir, and *falloir* also change their stem in the future tense. *Écoutez et répétez.*

I will come	**je viendrai**
I will come to your house.	**Je viendrai chez vous.**
you will know	**tu sauras**
You will know how to speak French.	**Tu sauras parler français.**
he will be able to	**il pourra**
He will be able to catch a plane.	**Il pourra prendre un avion.**
we will want	**nous voudrons**
We will want to reserve a room.	**Nous voudrons réserver une chambre.**
you will come	**vous viendrez**
You will come to Paris this winter.	**Vous viendrez à Paris cet hiver.**
they will know	**ils sauront**
They will know how to answer this letter.	**Ils sauront répondre à cette lettre.**

Falloir, used only in the third person singular, follows a similar pattern.

It will be necessary to correct this letter.	**Il faudra corriger cette lettre.**
It will be necessary to reserve a room.	**Il faudra réserver une chambre.**
It will be necessary to call the hotel.	**Il faudra téléphoner à l'hôtel.**

Voir and *envoyer* have a similar future form.

I will see you tomorrow.	**Je vous verrai demain.**
You will send the package.	**Tu enverras le paquet.**

He will see his mistakes.	**Il verra ses fautes.**
We will send you a letter.	**Nous vous enverrons une lettre.**
You will see that it's true.	**Vous verrez que c'est vrai.**
They will send their best wishes.	**Ils enverront leurs meilleurs voeux.**

24. B.

Écoutez le dialogue suivant.

> CLAUDETTE: *Quand est-ce que Marc et Lisa arriveront?*
> PATRIC: *Ils arriveront jeudi matin.*
> CLAUDETTE: *Est-ce que nous pourrons les voir?*
> PATRIC: *Oui, mais ils seront certainement très occupés.*
> CLAUDETTE: *Pourquoi?*
> PATRIC: *Tu verras! Marc voudra aller aux musées, au théâtre, au restaurant, etc.*
> CLAUDETTE: *Comment saurons-nous quand les retrouver?*
> PATRIC: *Il faudra appeler l'hôtel.*

Maintenant répétez.

When will Marc and Lisa arrive?	**Quand est-ce que Marc et Lisa arriveront?**
They will arrive Thursday morning.	**Ils arriveront jeudi matin.**
Will we be able to see them?	**Est-ce que nous pourrons les voir?**
Yes, but they will certainly be very busy.	**Oui, mais ils seront certainement très occupés.**
Why?	**Pourquoi?**
You'll see!	**Tu verras!**
Marc will want to go to museums, to the theater, to restaurants, and so on.	**Marc voudra aller aux musées, au théâtre, au restaurant, etc.**

| How will we know when to meet them? | **Comment saurons-nous quand les retrouver?** |
| One will have to call the hotel. | **Il faudra appeler l'hôtel.** |

24. C.

Answer the questions.

Qu'est-ce que vous ferez demain? (je, aller au cinéma)

☞ *J'irai au cinéma.*

Qu'est-ce que Pierre et Olga voudront faire? (ils, se promener)

☞ *Ils voudront se promener.*

Est-ce que tu sauras parler français correctement? (je, avec des fautes)

☞ *Je saurai parler français avec des fautes.*

Qu'est-ce que nous enverrons par la poste? (vous, un paquet)

☞ *Vous enverrez un paquet.*

Est-ce que je pourrai vous parler? (vous, me parler demain)

☞ *Vous pourrez me parler demain.*

LESSON 25. *LE FUTUR PROCHE*

25. A.

There is another form of the future called the *futur proche*. It corresponds to the English "I am going to." The *futur proche* consists of the present indicative of the verb *aller*, "to go," and the infinitive of the main verb. *Écoutez et répétez.*

I am going to prepare dinner.	**Je vais préparer le dîner.**
You are going to have a head-ache.	**Tu vas avoir mal à la tête.**
She is going to start her archi-tectural firm.	**Elle va monter son cabinet d'architectes.**
We are going to call right away.	**Nous allons téléphoner tout de suite.**
You are going to know the answer.	**Vous allez savoir la réponse.**
They are going to rent a car.	**Ils vont louer une voiture.**

In the negative, the *futur proche* places *ne pas* around the verb *aller*.

We are not going to stay.	**Nous n'allons pas rester.**
You are not going to repeat that mistake.	**Tu ne vas pas répéter cette erreur.**
They are not going to like the hotel.	**Ils ne vont pas aimer l'hôtel.**

25. B.

Écoutez.

> MARC: *Nous allons arriver à l'hôtel, poser les valises, faire notre toilette rapidement et sortir.*
>
> LISA: *Non, Marc. Tu vas sortir. Moi, je vais prendre un bon bain, manger quelque chose et dormir un peu.*

MARC: *Enfin, Lisa, tu ne vas pas dormir pendant tout le voyage!*

LISA: *Il va falloir se reposer un peu.*

Maintenant, répétez.

We are going to get to the hotel, put down the luggage, wash quickly, and go out.	**Nous allons arriver à l'hôtel, poser les valises, faire notre toilette rapidement, et sortir.**
No, Marc. You are going out. I am going to take a nice bath, eat something, and sleep a little.	**Non, Marc. Tu vas sortir. Moi, je vais prendre un bon bain, manger quelque chose et dormir un peu.**
Come on, Lisa, you are not going to sleep during the whole trip!	**Enfin, Lisa, tu ne vas pas dormir pendant tout le voyage!**
One will have to rest a little.	**Il va falloir se reposer un peu.**

25. C.

Rephrase the following sentences in the *futur proche*. *Écoutez l'exemple.*

Nous irons au cinéma.   *Nous allons aller au cinéma.*

Maintenant, c'est votre tour.

Je viendrai demain.	☜*Je vais venir demain.*
Nous pourrons nous rendre à la banque.	☜*Nous allons pouvoir nous rendre à la banque.*
Nous dînerons au restaurant.	☜*Nous allons dîner au restaurant.*
Elle voudra passer l'examen.	☜*Elle va vouloir passer l'examen.*
Je verrai si c'est possible.	☜*Je vais voir si c'est possible.*

PART IV. EXPRESSING THE PAST

LESSON 26. THE IMPERFECT

26. A.

The imperfect is used for descriptions in the past and actions which are repeated or continuous and have no set starting and finishing points. The imperfect endings for all verbs are: *-ais, -ais, -ait, -ions, -iez, -aient*. Let's practice the imperfect with *parler*.

I was speaking*	**je parlais**
I was speaking with a friend.	**Je parlais avec un ami.**
you were speaking	**tu parlais**
You were speaking with passion.	**Tu parlais avec passion.**
he was speaking	**il parlait**
He was speaking incessantly.	**Il parlait sans cesse.**
we were speaking	**nous parlions**
We were speaking slowly.	**Nous parlions lentement.**
you were speaking	**vous parliez**
Were you speaking French?	**Parliez-vous français?**
they were speaking	**ils parlaient**
They were speaking on the phone.	**Ils parlaient au téléphone.**

Verbs ending in *-ier*, like *étudier*, double the *i* in the first and second person plural.

We were studying French when we were in Paris.	**Nous étudiions le français quand nous étions à Paris.**

*The imperfect can be translated into English with such forms as "I spoke," "I was speaking," or "I used to speak."

Did you use to study Greek when you were young?	**Vous étudiiez le grec quand vous étiez jeune?**

Most verbs form their imperfect stem from the first person plural, *nous*.

We were finishing our work.	**Nous finissions notre travail.**
We were taking a rest.	**Nous prenions du repos.**
We had a house on the seashore.	**Nous avions une maison au bord de la mer.**
I often came to see them.	**Je venais souvent les voir.**
You were going to the bank?	**Tu allais à la banque?**
We were not able to understand him.	**Nous ne pouvions pas le comprendre.**
They wanted to buy the company.	**Ils voulaient acheter la firme.**

Être forms its imperfect with the stem *ét-*.

You were furious yesterday.	**Vous étiez furieux hier.**
I was sure that it was the right answer.	**J'étais sûr que c'était la bonne réponse.**

26. B.

Écoutez le dialogue suivant.

> PAUL: *Ça va mieux, Olga? Tu étais furieuse, hier!*
> OLGA: *J'essayais de faire mes comptes.*
> PAUL: *Et alors?*
> OLGA: *Il y avait toutes sortes de problèmes.*
> PAUL: *Par exemple?*
> OLGA: *Il y avait des erreurs dans les comptes.*
> PAUL: *C'est tout?*
> OLGA: *Non, en plus, le téléphone sonnait sans cesse.*
> PAUL: *Il fallait décrocher!*

OLGA: *Oui, mais en plus, les voisins se disputaient et . . .*

PAUL: *Pauvre Olga!*

Maintenant, écoutez et répétez.

Are things better, Olga?	**Ça va mieux, Olga?**
You were furious yesterday!	**Tu étais furieuse, hier!**
I was trying to balance my accounts.	**J'essayais de faire mes comptes.**
And?	**Et alors?**
There were all sorts of problems.	**Il y avait toutes sortes de problèmes.**
For instance?	**Par exemple?**
The numbers were incorrect.	**Il y avait des erreurs dans les comptes.**
That's all?	**C'est tout?**
No, on top of that, the phone was constantly ringing.	**Non, en plus, le téléphone sonnait sans cesse.**
You should have taken the phone off the hook!	**Il fallait décrocher!**
Yes, but on top of it, the neighbors were arguing and . . .	**Oui, mais en plus, les voisins se disputaient et . . .**
Poor Olga!	**Pauvre Olga!**

26. C.

Answer the following questions.

Est-ce que vous étiez à Paris en mars? (je, en juin)	☞ *J'étais à Paris en juin.*
Est-ce que nous avions raison? (vous)	☞ *Oui, vous aviez raison.*
Est-ce qu'Emmanuel se levait tôt à Tokyo? (il)	☞ *Il se levait tôt.*

276

Est-ce que tu dormais ce matin? (non, je)   ☜ *Non, je ne dormais pas.*

Est-ce que vous étudiiez à l'université? (nous)   ☜ *Oui, nous étudiions à l'université.*

LESSON 27. THE *PASSÉ COMPOSÉ*: FORMING PAST PARTICIPLES

27. A.

The *passé composé* corresponds to the English present perfect or simple past, and translates sentences such as "I have eaten" or "I heard." It is formed with the present indicative of either *avoir* or *être* and the past participle of the main verb. Let's first focus on verbs using *avoir* as their auxiliary.

I have eaten	**j'ai mangé**
I ate at that restaurant.	**J'ai mangé dans ce restaurant.**
you have eaten	**tu as mangé**
You ate the whole cake.	**Tu as mangé tout le gâteau.**
he has eaten	**il a mangé**
He ate badly.	**Il a mal mangé.**
we ate	**nous avons mangé**
We have never eaten that dish.	**Nous n'avons jamais mangé ce plat.**
you ate	**vous avez mangé**
You have already eaten my cooking.	**Vous avez déjà mangé ma cuisine.**
they have eaten	**ils ont mangé**
They ate up their savings.	**Ils ont mangé leurs économies.**

The *passé composé* expresses past actions that happened only once, followed each other in rapid succession, or were limited by a starting or finishing point. *Écoutez et répétez.*

He came into the classroom.	**Il est entré dans la classe.**
Then, he said "hello."	**Puis, il a dit "bonjour".**
Then, he sat down.	**Puis, il s'est assis.**
Then, he opened his notebook.	**Puis, il a ouvert son cahier.**

| And finally he began the lesson. | **Et enfin il a commencé la leçon.** |

The past participle of all *-er* verbs ends in *-é*, of regular *-ir* verbs in *-i*, and regular *-re* verbs in *-u*. *Écoutez et répétez.*

I already served the coffee.	**J'ai déjà servi le café.**
You went to the beach.	**Tu es allé à la plage.**
The student has slept in class.	**L'étudiant a dormi en classe.**
We finished our exams.	**Nous avons fini nos examens.**
You returned the books.	**Vous avez rendu les livres.**

27. B.

Écoutez le dialogue suivant.

> LOUIS: *Alors, qu'est-ce qu'ils ont fait hier?*
> CLAIRE: *Ils ont visité les musées et ils ont mangé dans un bon restaurant.*
> LOUIS: *Et le soir?*
> CLAIRE: *Ils ont choisi une pièce de théâtre intéressante.*
> LOUIS: *Est-ce qu'ils ont aimé la pièce?*
> CLAIRE: *Oui.*
> LOUIS: *Et ce matin, à quelle heure ont-ils quitté l'hôtel?*
> CLAIRE: *Ils ont commencé leurs activités touristiques à huit heures.*
> LOUIS: *Huit heures! Ils n'ont pas dormi, alors?*
> CLAIRE: *Marc n'a jamais dormi plus de cinq heures!*

Maintenant, écoutez et répétez.

| So, what did they do yesterday? | **Alors, qu'est-ce qu'ils ont fait hier?** |
| They visited museums, and they ate in a good restaurant. | **Ils ont visité les musées et ils ont mangé dans un bon restaurant.** |

And at night?	Et le soir?
They chose an interesting play.	Ils ont choisi une pièce de théâtre intéressante.
Did they like the play?	Est-ce qu'ils ont aimé la pièce?
Yes.	Oui.
And this morning, at what time did they leave the hotel?	Et ce matin, à quelle heure ont-ils quitté l'hôtel?
They began their tourist activities at eight o'clock.	Ils ont commencé leurs activités touristiques à huit heures.
Eight o'clock!	Huit heures!
So then, they didn't sleep?	Ils n'ont pas dormi, alors?
Marc has never slept more than five hours!	Marc n'a jamais dormi plus de cinq heures!

27. C.

Answer the following questions using the cues.

Quand as-tu fini ton travail?
(*je, à six heures*)
☞ *J'ai fini à six heures.*

Quand avez-vous commencé l'étude du français? (*nous, cette semaine*)
☞ *Nous avons commencé cette semaine.*

Quand a-t-il acheté sa maison?
(*l'année dernière*)
☞ *Il a acheté sa maison l'année dernière.*

Est-ce que vous avez bien dormi? (*non, je, mal*)
☞ *Non, j'ai mal dormi.*

À qui ai-je téléphoné hier?
(*tu, à Pierre*)
☞ *Tu as téléphoné à Pierre.*

LESSON 28. IRREGULAR PAST PARTICIPLES

28. A.

Irregular past participles follow no set pattern and must simply be memorized. Most end with the vowel -*u*. *Écoutez et répétez.*

to be able to	**pouvoir**
We were able to catch the train.	**Nous avons pu prendre le train.**
to want to	**vouloir**
He wanted to meet you now.	**Il a voulu vous rencontrer maintenant.**
to know	**savoir**
They knew how to solve the problem right away.	**Ils ont su résoudre le problème tout de suite.**
to be necessary	**falloir**
It was necessary to call 911.	**Il a fallu appeler police-secours.**
to know	**connaître**
They met on vacation.	**Ils se sont connus en vacances.**
to have	**avoir**
I had a brilliant idea.	**J'ai eu une idée géniale.**

Être, écrire, mettre, and *prendre* are exceptions. *Écoutez et répétez.*

We have been sick.	**Nous avons été malades.**
Did you write this novel?	**Avez-vous écrit ce roman?**
I put the suitcases in the car.	**J'ai mis les bagages dans la voiture.**
We understood him very well.	**Nous l'avons très bien compris.**

28. B.

Écoutez le dialogue suivant.

PAULINE: *Tu as entendu la dernière de Marc et Lisa?*
CHRISTOPHE: *Non, est-ce qu'ils ont eu un problème?*
PAULINE: *Ils ont voulu aller au Bois de Boulogne mais il pleuvait.*
CHRISTOPHE: *Ce n'est pas tragique, non?*
PAULINE: *Non, mais ensuite ils n'ont pas pu trouver de taxi.*
CHRISTOPHE: *Et le métro, alors?*
PAULINE: *Justement, il leur a fallu prendre le métro et ils se sont perdus.*
CHRISTOPHE: *Dans le métro parisien? Avec tous les plans?*

Maintenant écoutez et répétez.

Did you hear the latest Marc and Lisa story?	**Tu as entendu la dernière de Marc et Lisa?**
No, did they have a problem?	**Non, est-ce qu'ils ont eu un problème?**
They wanted to go to the *Bois de Boulogne,* but it rained.	**Ils ont voulu aller au Bois de Boulogne mais il pleuvait.**
Is that tragic?	**Ce n'est pas tragique, non?**
No, but then they could not find a cab.	**Non, mais ensuite ils n'ont pas pu trouver de taxi.**
And what about the subway?	**Et le métro, alors?**
Precisely, they had to take the subway, and they got lost.	**Justement, il leur a fallu prendre le métro et ils se sont perdus.**
In the Paris metro?	**Dans le métro parisien?**
With all those maps?	**Avec tous les plans?**

28. C.

Answer the questions using the cues.

Qu'est-ce que tu as vu? (un bon programme)	☜ J'ai vu un bon programme.
Avez-vous compris la leçon? (oui, nous)	☜ Oui, nous avons compris.
Où as-tu mis les valises? (dans la voiture)	☜ J'ai mis les valises dans la voiture.
A-t-il fallu prendre un taxi? (non, le métro)	☜ Non, il a fallu prendre le métro.

LESSON 29. THE *PASSÉ COMPOSÉ*:
DISTINGUISHING AUXILIARIES

29. A.

Not all verbs use *avoir* to form the *passé composé*. All pronominal verbs and intransitive verbs expressing movement, except *quitter*, "to leave," use *être*. *Écoutez et répétez.*

I hurried to catch the train.	**Je me suis dépêchée pour prendre le train.**
Why did you use their car?	**Pourquoi t'es-tu servi de leur voiture?**
She washed without hot water.	**Elle s'est lavée sans eau chaude.**
We got up early this morning.	**Nous nous sommes levés tôt ce matin.**
You went to the beach this weekend.	**Vous êtes allé à la plage ce week-end.**
They arrived on time.	**Ils sont arrivés à l'heure.**

Note that when using *être* as the auxiliary, the past participle behaves like an adjective and agrees in gender and number with the noun. *Écoutez et répétez.*

Pierre sat down, and Olga sat down, too.	**Pierre s'est assis, et Olga s'est assise aussi.**

The *passé composé* of both *être* and *avoir* is formed with *avoir*. *Écoutez et répétez.*

We were in Paris last week.	**Nous avons été à Paris la semaine dernière.**
They had luck.	**Ils ont eu de la chance.**

29. B.

Écoutez le dialogue suivant.

> CLAIRE: *Cette exposition était merveilleuse!*
> JEAN: *Combien de gens sont venus?*
> CLAIRE: *Je ne sais pas, je n'ai pas compté, mais il y en avait beaucoup.*
> JEAN: *Est-ce que l'exposition leur a plu?*
> CLAIRE: *Oh, oui, ils sont restés très longtemps.*
> JEAN: *Où êtes-vous allés ensuite?*
> CLAIRE: *Nous sommes allés chez l'artiste où nous avons organisé une fête pour tous ses amis.*

Maintenant, écoutez et répétez.

That exhibit was wonderful!	**Cette exposition était merveilleuse!**
How many people came?	**Combien de gens sont venus?**
I don't know; I didn't count, but there were many.	**Je ne sais pas, je n'ai pas compté, mais il y en avait beaucoup.**
Did the exhibit please them?	**Est-ce que l'exposition leur a plu?**
Oh yes, they stayed a long time.	**Oh, oui, ils sont restés très longtemps.**
Where did you go afterward?	**Où êtes-vous allés ensuite?**
We went to the artist's house where we organized a party for all his friends.	**Nous sommes allés chez l'artiste où nous avons organisé une fête pour tous ses amis.**

29. C.

Answer the following questions in the *passé composé*, choosing *avoir* or *être* as the auxiliary verb. *Écoutez l'exemple.*

Passez-vous des vacances? (non,
le mois dernier)

Non, nous avons passé des
vacances le mois dernier.

Maintenant c'est votre tour.

Avez-vous un examen aujour- *d'hui? (non, je, hier)*	☜*Non, j'ai eu un examen hier.*
Est-ce qu'il sort ce soir? (non, *il, hier)*	☜*Non, il est sorti hier.*
Est-ce que Nadine va à la *banque? (non, elle, hier)*	☜*Non, elle est allée à la* *banque hier.*
Est-ce que vous lisez le journal? *(non, je, hier)*	☜*Non, j'ai lu le journal hier.*
Est-ce que j'écris la lettre? *(non, tu, déjà)*	☜*Non, tu as déjà écrit la* *lettre.*
Est-ce qu'Olga et Babacar vont *à la fête?(non, ils, hier soir)*	☜*Non, ils sont allés à la fête* *hier soir.*

LESSON 30. USING THE PAST: CONTRASTING IMPARFAIT AND PASSÉ COMPOSÉ

30. A.

The *imparfait* and *passé composé* are not interchangeable, even though their translation into English is often the same. In French, they express very distinct moments in the past.

The imperfect is used to describe physical and emotional states, as well as time, weather, and age in the past. It also indicates past repeated or habitual actions without set time limits.

When I was a child, I went to school every day.	**Quand j'étais enfant, j'allais à l'école tous les jours.**
The sun was shining, there were no clouds.	**Le soleil brillait, il n'y avait pas de nuages.**
When I was six years old, I was happy.	**Quand j'avais six ans, j'étais heureux.**

The *passé composé* expresses actions that were sudden, happened only one time, or have definite time limits.

The class began at three o'clock.	**Le cours a commencé à trois heures.**
We arrived at the airport this morning.	**Nous sommes arrivés ce matin à l'aéroport.**
They spoke for four hours.	**Ils ont parlé pendant quatre heures.**

As in English, an action that interrupts another is in the *passé composé*, whereas the interrupted, or background action, is in the imperfect.

It was nice, but now it has begun to rain.	**Il faisait beau mais maintenant il a commencé à pleuvoir.**

I was working quietly when the telephone rang.	Je travaillais tranquillement quand le téléphone a sonné.

30. B.

Écoutez le dialogue suivant.

LAWRENCE: *Nous ne nous sommes pas vus depuis longtemps!*

ANNE: *C'est vrai, nous étions si impatients de te revoir.*

LAWRENCE: *Quel temps faisait-il à Nice quand vous êtes partis?*

ANNE: *Il faisait beau et chaud. Mais, quand l'avion est arrivé à Paris, il faisait gris.*

LAWRENCE: *Et qu'avez-vous fait à Nice tout ce temps?*

ANNE: *Jacquot et Hélène ont changé d'école.*

LAWRENCE: *Et ton travail?*

ANNE: *Je faisais quelque chose d'ennuyeux, maintenant, j'ai changé et je suis contente.*

Maintenant écoutez et répétez.

We haven't seen each other in a long time!	Nous ne nous sommes pas vus depuis longtemps!
It's true, we were so impatient to see you again.	C'est vrai, nous étions si impatients de te revoir.
How was the weather in Nice when you left?	Quel temps faisait-il à Nice quand vous êtes partis?
It was sunny and warm.	Il faisait beau et chaud.
But when the plane arrived in Paris, it was gray.	Mais, quand l'avion est arrivé à Paris, il faisait gris.
And what have you done in Nice all this time?	Et qu'avez-vous fait à Nice tout ce temps?
Jacquot and Hélène have changed schools.	Jacquot et Hélène ont changé d'école.

| And your job? | **Et ton travail?** |
| I was doing something boring, but now I changed, and I am happy. | **Je faisais quelque chose d'ennuyeux, maintenant, j'ai changé et je suis contente.** |

30. C.

Change the sentence from the present to the past. Choose the imperfect or the *passé composé*. *Écoutez l'exemple.*

| *À huit heures, Pierre et Olga arrivent.* | *À huit heures, Pierre et Olga sont arrivés.* |

Maintenant, c'est votre tour.

La maison est ancienne.	☞*La maison était ancienne.*
Le professeur entre rapidement dans la classe.	☞*Le professeur est entré rapidement dans la classe.*
Le téléphone sonne pendant que je prépare le dîner.	☞*Le téléphone a sonné pendant que je préparais le dîner.*
Nous sommes furieux de cette interruption.	☞*Nous étions furieux de cette interruption.*
À quelle heure partez-vous pour Zurich?	☞*À quelle heure êtes-vous parti pour Zurich?*
Pendant l'été, tu te sers toujours d'une voiture.	☞*Pendant l'été, tu te servais toujours d'une voiture.*

LESSON 31. USING THE PAST: *IMPARFAIT, PASSÉ COMPOSÉ*, AND *PLUS-QUE-PARFAIT*

31. A.

The *plus-que-parfait* (or pluperfect) is yet another past tense. It is composed of the imperfect of *être* or *avoir*, followed by the past participle of the main verb. *Écoutez et répétez.*

I had gone there in the past.	**J'y étais allée dans le passé.**
You had seen him at work.	**Tu l'avais vu au travail.**
She had sent the package ahead of time.	**Elle avait envoyé le paquet d'avance.**
We had come early to see him.	**Nous étions venus tôt pour le voir.**
You had heard the news before us.	**Vous aviez entendu la nouvelle avant nous.**
They had repeated the same mistake.	**Ils avaient répété la même erreur.**

The *plus-que-parfait* expresses actions that clearly take place before other past actions and usually indicates cause and effect. *Écoutez et répétez.*

We served the cake that you had made.	**Nous avons servi le gâteau que vous aviez préparé.**
They were happy because the teacher had given an easy exam.	**Ils étaient contents parce que le professeur avait donné un examen facile.**
You had sent the letter to explain the situation.	**Tu avais envoyé la lettre pour expliquer la situation.**

31. B.

Écoutez le dialogue suivant.

> DANIEL: *Et votre maison? Pourquoi avez-vous fait tous ces travaux?*

LISA: *L'agent immobilier ne nous avait pas dit qu'il y avait des problèmes de plomberie! Il n'a pas dit non plus que la cave était souvent inondée.*

DANIEL: *Avez-vous pris une bonne décision en achetant cette maison?*

LISA: *Quand les problèmes ont commencé, Paul était furieux.*

DANIEL *Vous vous étiez peut-être trop dépêchés?*

LISA: *Peut-être, mais il fallait résoudre le problème.*

Maintenant, écoutez et répétez.

And your house?	**Et votre maison?**
Why did you do all that work?	**Pourquoi avez-vous fait tous ces travaux?**
The real estate agent had not told us that there were plumbing problems!	**L'agent immobilier ne nous avait pas dit qu'il y avait des problèmes de plomberie!**
He also did not say that the cellar was often flooded.	**Il n'a pas dit non plus que la cave était souvent inondée.**
Did you make a good decision in buying this house?	**Avez-vous pris une bonne décision en achetant cette maison?**
When the problems began, Paul was furious.	**Quand les problèmes ont commencé, Paul était furieux.**
Maybe you hurried too much?	**Vous vous étiez peut-être trop dépêchés?**
Maybe, but the problem had to be solved.	**Peut-être, mais il fallait résoudre le problème.**

31. C.

Restate the following sentences in the *plus-que-parfait*.

Ils sont allés à la banque.   ☞ *Ils étaient allés à la banque.*

Tu as pris une bonne décision.　ᴄ⟶*Tu avais pris une bonne décision.*

Nous sommes sortis tôt.　ᴄ⟶*Nous étions sortis tôt.*

Vous vous êtes dépêchés.　ᴄ⟶*Vous vous étiez dépêchés.*

Il a mal compris.　ᴄ⟶*Il avait mal compris.*

LESSON 32. THE PAST INFINITIVE

32. A.

The past infinitive is formed with *avoir* or *être* in the infinitive and the past participle of the main verb. It is used when one subject is involved in several actions. *Écoutez et répétez.*

After going to the bank, I went to the post office.	**Après être allé à la banque, je suis allé à la poste.**
Did you leave the office after writing the report?	**As-tu quitté le bureau après avoir écrit le rapport?**
After getting washed, he hurried out.	**Après s'être lavé, il s'est dépêché de sortir.**
After reading the paper, we watched television.	**Après avoir lu le journal, nous avons regardé la télévision.**
Did you go to the movies after eating?	**Êtes-vous allés au cinéma après avoir mangé?**
Olga and Babacar celebrated after taking their exams.	**Olga et Babacar ont fait la fête après avoir passé leurs examens.**

32. B.

Écoutez le dialogue suivant.

PAULINE: *Alors, qu'avez-vous fait tout ce mois?*

JEAN: *Nous avons commencé par visiter les monuments.*

PAULINE: *Tout de suite?*

JEAN: *Non, après avoir laissé nos valises à l'hôtel!*

PAULINE: *Et vous avez passé toute la journée à la Tour Eiffel?*

JEAN: *Non, après avoir monté tous ces étages, nous étions fatigués.*

PAULINE: *Avez-vous mangé dans un bon restaurant pour fêter votre arrivée?*

JEAN: *Après nous être bien fatigués, nous nous*
sommes assis dans le Jardin du Luxembourg.
PAULINE: *Je vois: c'est une mini-visite des monuments!*

Maintenant, écoutez et répétez.

So, what did you do all this month?	**Alors, qu'avez-vous fait tout ce mois?**
We started by visiting the monuments.	**Nous avons commencé par visiter les monuments.**
Right away?	**Tout de suite?**
No, after leaving our suitcases at the hotel!	**Non, après avoir laissé nos valises à l'hôtel!**
And you spent the whole day at the Eiffel Tower?	**Et vous avez passé toute la journée à la Tour Eiffel?**
No, after climbing all those floors, we were tired.	**Non, après avoir monté tous ces étages, nous étions fatigués.**
Did you eat in a good restaurant to celebrate your arrival?	**Avez-vous mangé dans un bon restaurant pour fêter votre arrivée?**
After getting very tired, we sat down in the Luxembourg Gardens.	**Après nous être bien fatigués, nous nous sommes assis dans le Jardin du Luxembourg.**
I see: that's the short version of the monuments!	**Je vois: c'est une mini-visite des monuments!**

32. C.

Please complete the sentences with the past infinitive.
Écoutez l'exemple.

Pierre est allé à la poste après   *Pierre est allé à la poste après*
. . . (écrire une lettre)   *avoir écrit une lettre.*

Maintenant, c'est votre tour.

Hélène est allée à la banque
    après . . . (quitter le bureau)

Olga a trouvé un appartement
    après . . . (arriver à Paris)

Les touristes ont mangé au res-
    taurant après . . . (visiter les
    monuments)

Étais-tu fatigué après? . . .
    (aller au cinéma)

🗣️ *Hélène est allée à la banque
après avoir quitté le bureau.*

🗣️ *Olga a trouvé un appartement après être arrivée à
Paris.*

🗣️ *Les touristes ont mangé au
restaurant après avoir visité
les monuments.*

🗣️ *Étais-tu fatigué après être
allé au cinéma?*

PART V. THE CONDITIONAL

LESSON 33. THE PRESENT CONDITIONAL

33. A.

As in English, the conditional is used to express what you would do if a certain condition were fulfilled, what you would like to do, and what you should do. Its formation is simple: add imperfect endings to the future stem. *Écoutez et répétez.*

I would finish the report.	**Je finirais le rapport.**
You would eat better at home.	**Tu mangerais mieux à la maison.**
He would be furious.	**Il serait furieux.**
We would have some free time.	**Nous aurions du temps libre.**
You would come to see us.	**Vous viendriez nous voir.**
They would go to the movies with you.	**Ils iraient au cinéma avec vous.**

As in English, the "if"-clause, expressing the condition to be met, is in the imperfect. *Écoutez et répétez.*

If you wanted to, you could understand.	**Si tu voulais, tu pourrais comprendre.**
If they came, we would go out together.	**S'ils venaient, nous sortirions ensemble.**
If I saw him more often, I would talk to him.	**Si je le voyais plus souvent, je lui parlerais.**

33. B.

Écoutez le dialogue suivant.

> JEFF: *Olga, si tu gagnais la loterie demain, que ferais-tu?*

OLGA: *Moi, je ferais le tour du monde. Et toi, Jeff?*

JEFF: *Moi, je monterais mon propre cabinet d'archi-tectes. Et toi, Paul?*

PAUL: *Je contribuerais à la protection de l'environ-nement, par exemple. Et toi, Nadine?*

NADINE: *Moi, je me consacrerais à la recherche sur le cancer ou le sida.*

PAULINE: *Est-ce que tu finirais tes études de médecine d'abord?*

NADINE: *Bien sûr, on ne m'écouterait pas, sinon.*

Maintenant écoutez et répétez.

Olga, if you won the lottery tomorrow, what would you do?	**Olga, si tu gagnais la loterie demain, que ferais-tu?**
Me, I would take a trip around the world.	**Moi, je ferais le tour du monde.**
And you, Jeff?	**Et toi, Jeff?**
I would start my own architec-tural firm.	**Moi, je monterais mon pro-pre cabinet d'architectes.**
And you, Paul?	**Et toi, Paul?**
I would contribute to the pro-tection of the environment, for instance.	**Je contribuerais à la protec-tion de l'environnement, par exemple.**
And you, Nadine?	**Et toi, Nadine?**
I would dedicate myself to re-search on cancer or AIDS.	**Moi, je me consacrerais à la recherche sur le cancer ou le sida.**
Would you first finish your medical studies?	**Est-ce que tu finirais tes études de médecine d'abord?**
Of course, or nobody would listen to me.	**Bien sûr, on ne m'écouterait pas, sinon.**

33. C.

Ask the following questions. *Écoutez l'exemple.*

Si tu avais le temps . . .
  (Pierre, faire)

*Si tu avais le temps, que ferais-
tu, Pierre?*

Votre tour.

Si vous aviez de l'argent . . .
  (vous, aller où)

☜ *Si vous aviez de l'argent, où
iriez-vous?*

*Si les étudiants réussissaient
leurs examens . . . (ils, être
satisfaits)*

☜ *Si les étudiants réussissaient
leurs examens, seraient-ils
satisfaits?*

*Si les touristes ne réservaient
pas leur chambre . . . (ils,
avoir des problèmes)*

☜ *Si les touristes ne réservaient
pas leur chambre, auraient-
ils des problèmes?*

Si vous écoutiez mieux . . .
  (vous, comprendre plus)

☜ *Si vous écoutiez mieux,
comprendriez-vous plus?*

LESSON 34. THE PAST CONDITIONAL

34. A.

The past conditional is another compound tense. It is formed with the present conditional of *avoir* or *être* and the past participle of the main verb. *Écoutez et répétez.*

I would have come to see you yesterday.	**Je serais venu vous voir hier.**
You would have gone to Paris last week.	**Vous seriez allé à Paris la semaine dernière.**
He would have read your report.	**Il aurait lu votre rapport.**
We would have hurried to go out.	**Nous nous serions dépêchés de sortir.**
You would have studied in the university.	**Vous auriez étudié à l'université.**
They would have understood you better in French.	**Ils vous auraient mieux compris en français.**

The past conditional is introduced by a condition in the *plus-que-parfait*. *Écoutez et répétez.*

If I had known, I would not have bought that house.	**Si j'avais su, je n'aurais pas acheté cette maison.**
Had he come earlier, he could have gone with us.	**S'il était venu plus tôt, il aurait pu aller avec nous.**

34. B.

Écoutez le dialogue suivant.

THOMAS: *Si nous avions su qu'il était si bruyant, nous ne serions pas restés dans cet hôtel.*
JACQUELINE: *Où seriez-vous allés?*
THOMAS: *Nous aurions choisi un petit hôtel.*
JACQUELINE: *Auriez-vous visité les mêmes monuments?*

THOMAS: *Oui, mais nous aurions fait moins de choses.*

JACQUELINE: *Pourquoi?*

THOMAS: *Parce qu'il aurait été préférable de voir les choses en détail.*

JACQUELINE: *Vous pourriez revenir une autre fois.*

THOMAS: *Nous l'espérons bien.*

Maintenant, écoutez et répétez.

Had we known that it was so noisy, we would not have stayed in that hotel.	**Si nous avions su qu'il était si bruyant, nous ne serions pas restés dans cet hôtel.**
Where would you have gone?	**Où seriez-vous allés?**
We would have chosen a small hotel.	**Nous aurions choisi un petit hôtel.**
Would you have visited the same monuments?	**Auriez-vous visité les mêmes monuments?**
Yes, but we would have done fewer things.	**Oui, mais nous aurions fait moins de choses.**
Why?	**Pourquoi?**
Because it would have been preferable to see things in detail.	**Parce qu'il aurait été préférable de voir les choses en détail.**
You could come back another time.	**Vous pourriez revenir une autre fois.**
We hope so.	**Nous l'espérons bien.**

34. C.

Combine these sentences in the conditional past with sentences expressing conditions. Follow the model.

Si j'étais venu plus tôt . . .   *Si j'étais venu plus tôt, j'aurais*
  (parler au professeur)   *parlé au professeur.*

Votre tour.

S'ils avaient su . . .
  (aller à un autre hôtel)

*S'ils avaient su, ils seraient
allés à un autre hôtel.*

Si nous avions eu le temps . . .
  (visiter d'autres monuments)

*Si nous avions eu le temps,
nous aurions visité d'autres
monuments.*

Si tu avais compris . . .
  (répondre correctement)

*Si tu avais compris, tu au-
rais répondu correctement.*

Si vous étiez sortis . . .
  (apprécier le beau temps)

*Si vous étiez sortis, vous au-
riez apprécié le beau temps.*

LESSON 35. EXPRESSING A CONDITION
WITH TWO CLAUSES

35. A.

As in English, if a condition seems highly likely, the "if"-clause is in the present indicative, and the main clause in the future. *Écoutez et répétez.*

If I come tomorrow, we will go to the beach.	**Si je viens demain, nous irons à la plage.**
If you call, I will tell you where we are going.	**Si vous téléphonez, je vous dirai où nous allons.**
If we have the time, we will go see Pierre.	**Si nous avons le temps, nous rendrons visite à Pierre.**
If he has a scholarship, he will be able to study in Paris.	**S'il a une bourse, il pourra étudier à Paris.**

If conditions are unlikely to occur or depend on many variables, the "if"-clause should be in the imperfect, and the main clause in the present conditional.

If I had the time, I would go to the movies.	**Si j'avais le temps, j'irais au cinéma.**
If you thought about it, you would see that I am right.	**Si tu réfléchissais, tu verrais que j'ai raison.**
If he hurried up, he would get there on time.	**S'il se dépêchait, il arriverait à temps.**

The conditional of the verbs *pouvoir* and *devoir* express advice or reproach, as in the English "you should" or "could have done something."

You should have hurried.	**Vous auriez dû vous dépêcher.**
We should have known.	**Nous aurions dû savoir.**

He should watch his health.	**Il devrait faire attention à sa santé.**
You could listen to me.	**Vous pourriez m'écouter.**
They could have been nicer.	**Ils auraient pu être plus gentils.**

35. B.

Écoutez le dialogue suivant.

LISA: *Marc, si tu oublies encore quelque chose, nous raterons l'avion!*

MARC: *Où sont les valises? Nous aurions dû les compter!*

LISA: *Peut-être, mais si une valise manque maintenant, il faudra la laisser en souvenir.*

MARC: *Ah! je voudrais bien voir ta réaction si c'était la tienne.*

LISA: *Écoute, Marc, tu devrais voyager avec moins de vêtements.*

MARC: *Moi? Et toi, tu aurais pu faire moins de courses à Paris!*

LISA: *Écoute, si nous continuons à nous disputer, le voyage se passera très mal.*

MARC: *C'est vrai, nous devrions nous calmer tous les deux, chérie.*

Maintenant écoutez et répétez.

Marc, if you forget something else, we will miss the plane!	**Marc, si tu oublies encore quelque chose, nous raterons l'avion.**
Where are the suitcases?	**Où sont les valises?**
We should have counted them!	**Nous aurions dû les compter!**
Maybe, but if a suitcase is missing now, we will have to leave it as a souvenir.	**Peut-être, mais si une valise manque maintenant, il faudra la laisser en souvenir.**

Ah! I would like to see your reaction if it were yours.	Ah! je voudrais bien voir ta réaction si c'était la tienne.
Listen, Marc, you should travel with less clothing.	Écoute, Marc, tu devrais voyager avec moins de vêtements.
Me?	Moi?
And you, you could have done less shopping in Paris!	Et toi, tu aurais pu faire moins de courses à Paris!
Listen, if we continue to argue the trip will go very badly.	Écoute, si nous continuons à nous disputer, le voyage se passera très mal.
It's true, we should both calm down, dear.	C'est vrai, nous devrions nous calmer tous les deux, chérie.

35. C.

Complete the sentences with the proper tense: future or present conditional. *Écoutez l'exemple.*

Si tu as le temps, tu me ... *(téléphoner)*	*Si tu as le temps, tu me téléphoneras.*

Votre tour.

Si vous étiez en France, vous nous ... (rendre visite)	☞ *Si vous étiez en France, vous nous rendriez visite.*
Si je rends ces livres, je ... (en sortir d'autres)	☞ *Si je rends ces livres, j'en sortirai d'autres.*
S'il pleuvait, nous ... (rester à l'hôtel)	☞ *S'il pleuvait, nous resterions à l'hôtel.*

Do the following.

Tell Pierre he should have hurried.	☞ *Pierre, tu aurais dû te dépêcher.*

Tell Jeff he should learn to
  cook.
Tell your friends they should
  listen to you.

☞ *Jeff, tu devrais apprendre à
  faire la cuisine.*
☞ *Vous devriez m'écouter.*

PART VI. THE SUBJUNCTIVE

LESSON 36. THE PRESENT SUBJUNCTIVE OF REGULAR VERBS

36. A.

The subjunctive is used to express impressions, feelings, emotions, and desires. It is not used by itself but follows another verb in the indicative or a verbal expression. The regular present subjunctive is formed using the stem of the first person plural form and the subjunctive endings: *-e*, *-es*, *-e*, *-ions*, *-iez*, and *-ent*. *Écoutez et répétez.*

I must finish this job.	**Il faut que je finisse ce travail.**
You must find a solution.	**Il faut que tu trouves une solution.**
She must leave the country.	**Il faut qu'elle quitte le pays.**
We must return the books.	**Il faut que nous rendions les livres.**
You must sleep more.	**Il faut que vous dormiez plus.**
They must interrupt the program.	**Il faut qu'ils interrompent le programme.**

And some more examples:

I must lose some weight.	**Il faut que je maigrisse un peu.**
We must think more about this question.	**Il faut que nous réfléchiss-ions plus à la question.**
You must go out more often.	**Il faut que vous sortiez plus souvent.**

36. B.

Écoutez le dialogue suivant.

> JEFF: *Emmanuel revient la semaine prochaine. Il faut que nous nous réunissions pour fêter son retour.*
>
> ANNE: *Oui, Jeff, mais il faut aussi qu'il se repose. Il faut qu'il s'occupe de son bureau en rentrant.*
>
> JEFF: *Justement, il faut que je lui explique les projets pour mon entreprise.*
>
> ANNE: *Enfin, Jeff, tu n'écoutes pas! Il faut qu'Emmanuel finisse d'abord son travail . . .*

Maintenant, écoutez et répétez.

Emmanuel returns next week.	**Emmanuel revient la semaine prochaine.**
We must meet to celebrate his return.	**Il faut que nous nous réunissions pour fêter son retour.**
Yes, Jeff, but he must rest.	**Oui, Jeff, mais il faut aussi qu'il se repose.**
He has to take care of his office when he comes back.	**Il faut qu'il s'occupe de son bureau en rentrant.**
Precisely, I have to explain my plans for my firm to him.	**Justement, il faut que je lui explique les projets pour mon entreprise.**
Good grief, Jeff, you don't listen!	**Enfin, Jeff, tu n'écoutes pas!**
Emmanuel must first finish his work.	**Il faut qu'Emmanuel finisse d'abord son travail.**

36. C.

Answer these sentences in the present subjunctive. *Écoutez l'exemple.*

*Faut-il que vous arriviez
    aujourd'hui? (oui, je)*

*Oui, il faut que j'arrive
    aujourd'hui.*

Votre tour.

*Faut-il qu'il réfléchisse à la
    question? (oui, Emmanuel)*

ɪ͎ *Oui, il faut qu'Emmanuel
    réfléchisse à la question.*

*Faut-il que les étudiants
    écoutent la leçon? (oui, ils)*

ɪ͎ *Oui, il faut qu'ils écoutent la
    leçon.*

*Faut-il que vous étudiiez le
    français? (oui, nous)*

ɪ͎ *Oui, il faut que nous étudi-
    ions le français.*

*Faut-il que je choisisse un
    hôtel? (oui, tu)*

ɪ͎ *Oui, il faut que tu choisisses
    un hôtel.*

LESSON 37. THE PRESENT SUBJUNCTIVE OF IRREGULAR VERBS

37. A.

The present subjunctive forms of *prendre, aller, venir, être, avoir, savoir, pouvoir,* and *vouloir* have irregular stems. *Écoutez et répétez.*

I have to take my time.	**Il faut que je prenne mon temps.**
You have to go to the library.	**Il faut que tu ailles à la bibliothèque.**
He has to be willing to help you.	**Il faut qu'il veuille bien vous aider.**
We have to be in London tomorrow.	**Il faut que nous soyons à Londres demain.**
They have to come to Paris.	**Il faut qu'ils viennent à Paris.**
You have to be able to rest.	**Il faut que tu puisses te reposer.**
You have to have patience.	**Il faut que vous ayez de la patience.**
I have to know your name.	**Il faut que je sache votre nom.**

37. B.

Écoutez le dialogue suivant.

> NADINE: *Regarde, Olga! Un accrochage!*
> OLGA: *Pourvu que ce ne soit pas grave!*
> NADINE: *Il ne semble pas qu'ils aient grand mal. Écoute-les se disputer!*
> ROBERT: *Vous ne savez pas conduire! Il faudrait qu'on retire le permis à des automobilistes de votre éspèce! Regardez le devant de ma voiture.*

PIERRE: *Elle n'a rien! Il vaudrait mieux que vous ayez une bonne assurance!*

OLGA: *Aïe, Nadine! Faut-il que nous soyons témoins? Ils sont fous tous les deux!*

Maintenant écoutez et répétez.

Look, Olga!	**Regarde, Olga!**
A fender bender!	**Un accrochage!**
Let's hope it's not serious!	**Pourvu que ce ne soit pas grave!**
It doesn't seem that they are too hurt.	**Il ne semble pas qu'ils aient grand mal.**
Listen to them argue!	**Écoute-les se disputer!**
You don't know how to drive! They should take licenses away from drivers like you!	**Vous ne savez pas conduire! Il faudrait qu'on retire le permis à des automobilistes de votre éspèce!**
Look at the front end of my car!	**Regardez le devant de ma voiture!**
There is nothing wrong with it!	**Elle n'a rien!**
You'd better have good insurance!	**Il vaudrait mieux que vous ayez une bonne assurance!**
Oh, Nadine!	**Aïe, Nadine!**
Do we have to be witnesses?	**Faut-il que nous soyons témoins?**
They are both crazy!	**Ils sont fous tous les deux!**

37. C.

Make full sentences, please.

Il faut (nous, aller à la banque)	☞*Il faut que nous allions à la banque.*
Il faut (tu, savoir son adresse)	☞*Il faut que tu saches son adresse.*

Il faut (il, revenir tout de suite)   ☞ *Il faut qu'il revienne tout de suite.*

Il faut (nous, avoir le temps)   ☞ *Il faut que nous ayons le temps.*

Il faut (tu, prendre un manteau)   ☞ *Il faut que tu prennes un manteau.*

LESSON 38. THE PAST SUBJUNCTIVE

38. A.

The past subjunctive is a compound tense formed with *avoir* or *être* in the present subjunctive and the past participle of the main verb. Let's practice a few examples of the past subjunctive with two simple introductory phrases: *je regrette que*, "I am sorry that," and *il aurait fallu que*, "It would have been necessary to." *Écoutez et répétez.*

You would have had to have had more luck.	**Il aurait fallu que tu aies eu plus de chance.**
I am sorry that he has been sick.	**Je regrette qu'il ait été malade.**
We're sorry that you were not able to come.	**Nous regrettons que vous n'ayez pas pu venir.**
It would have been necessary for us to have read the report.	**Il aurait fallu que nous ayons lu le rapport.**
I am sorry that you have had problems.	**Je regrette que vous ayez eu des problèmes.**

38. B.

Écoutez le dialogue suivant.

> ATTENDANT: *Mesdames et messieurs, il faut qu'on se dépêche de partir! L'avion part dans quatre heures.*
>
> PASSAGER: *Il est dommage que vous ne nous ayez pas prévenus plus tôt!*
>
> ATTENDANT: *Je regrette que vous n'ayez pas entendu les instructions.*
>
> PASSAGER: *Nous regrettons que vous ne les ayez pas donnécs plus tôt.*

Maintenant, écoutez et répétez.

Ladies and gentlemen, we have to hurry up and leave!

Mesdames et messieurs, il faut qu'on se dépêche de partir!

The plane is leaving in four hours.

L'avion part dans quatre heures.

It's too bad you didn't warn us earlier!

Il est dommage que vous ne nous ayez pas prévenus plus tôt!

I am sorry that you did not hear the instructions.

Je regrette que vous n'ayez pas entendu les instructions.

We regret that you didn't give them earlier.

Nous regrettons que vous ne les ayez pas données plus tôt.

38. C.

Combine these sentences into one. *Écoutez l'exemple.*

Nous sommes arrivés en retard. (je regrette, vous)

Je regrette que vous soyez arrivés en retard.

Votre tour.

Ils n'ont pas fait les valises. (je regrette, ils)

↳ *Je regrette qu'ils n'aient pas fait les valises.*

Je n'ai pas pu venir. (vous regrettez, je)

↳ *Vous regrettez que je n'aie pas pu venir.*

Il ne s'est pas préparé pour son examen. (il est regrettable, il)

↳ *Il est regrettable qu'il ne se soit pas préparé pour son examen.*

Vous vous êtes levés très tôt. (je regrette, vous)

↳ *Je regrette que vous vous soyez levés si tôt.*

313

LESSON 39. USING THE SUBJUNCTIVE, PART I

39. A.

There are many verbal structures in French that require the subjunctive. To make things easier we will divide them into two sections. In this lesson we will focus on necessities, commands, restrictions, and opinions. *Écoutez et répétez.*

He demands that you show your passport.	**Il exige que vous montriez votre passeport.**
I ask that the reservation be made.	**Je demande que la réservation soit faite.**
The city orders that garbage be recycled.	**La ville ordonne que les ordures soient recyclées.**
It forbids that cars be parked on the square.	**Elle interdit que les voitures soient garées sur la place.**
The tourists have to take a cab to go to the airport.	**Il est nécessaire que les touristes prennent un taxi pour aller à l'aéroport.**
Ask that the coffee be served.	**Demandez qu'on serve le café.**
You are the only one who has understood my position.	**Tu es la seule qui ait compris ma position.**
I do not think that it will be possible.	**Je ne pense pas que ce soit possible.**
They do not believe that you can drive that old car.	**Ils ne croient pas que vous puissiez conduire cette vieille voiture.**

39. B.

Écoutez le dialogue suivant.

> OLGA: *Il faut que vous fassiez attention, maintenant!*
> JEFF: *Nous t'écoutons, Olga, mais il faut que nous attendions Pierre!*

314

OLGA: *Où est-il?*
JEFF: *Il faut que quelqu'un lui téléphone.*
OLGA: *Bon, en attendant, il faut que nous vérifiions les costumes.*
JEFF: *Il est impossible que je porte ce costume ridicule!*
OLGA: *Voyons, Jeff, il faut que tu fasses un effort. Quand on travaille ensemble, il est nécessaire que la collaboration soit harmonieuse!*

Maintenant écoutez et répétez.

You must pay attention, now!	**Il faut que vous fassiez attention, maintenant!**
We're listening to you Olga, but we have to wait for Pierre!	**Nous t'écoutons Olga, mais il faut que nous attendions Pierre!**
Where is he?	**Où est-il?**
Someone has to call him.	**Il faut que quelqu'un lui téléphone.**
Fine, while waiting, we have to check the costumes.	**Bon, en attendant, il faut que nous vérifiions les costumes.**
There's no way that I will wear this ridiculous costume!	**Il est impossible que je porte ce costume ridicule!**
Come now, Jeff, you have to make an effort.	**Voyons, Jeff, il faut que tu fasses un effort.**
When you work in a group, it is necessary for the collaboration to be harmonious!	**Quand on travaille ensemble, il est nécessaire que la collaboration soit harmonieuse!**

39. C.

Écoutez l'exemple.

Est-il possible que . . . (vous pouvez nous écrire)	*Est-il possible que vous puissiez nous écrire?*

315

Votre tour.

Nous demandons que . . .
  (tu mets de l'argent à la
  banque)
Il est indispensable que . . .
  (vous êtes patient)
Il est inacceptable que . . . (le
  guide ne revient pas)
Demandez que . . . (on vous
  offre une visite guidée)
Il demande que . . . (vous
  prenez le train)

☞*Nous demandons que tu*
  mettes de l'argent à la
  banque
☞*Il est indispensable que vous*
  soyez patient.
☞*Il est inacceptable que le*
  guide ne revienne pas.
☞*Demandez qu'on vous offre*
  une visite guidée.
☞*Il demande que vous preniez*
  le train.

LESSON 40. USING THE SUBJUNCTIVE, PART II

40. A.

In this section, we will concentrate on expressions that connote feelings or impressions and require the subjunctive. *Écoutez et répétez.*

I am sorry that you did not come.	**Je regrette que vous ne soyez pas venu.**
He is happy that the exhibit was a success.	**Il est content que l'exposition ait eu du succès.**
We are very sorry that you are sick.	**Nous sommes désolés que tu sois malade.**
You are sad that your friends are leaving.	**Vous êtes tristes que vos amis partent.**
They are delighted that you know their work.	**Elles sont ravies que vous connaissiez leur travail.**
It is a pity that the trains are always late.	**Il est regrettable que les trains soient toujours en retard.**
It is a scandal that pollution keeps getting worse.	**Il est scandaleux que la pollution continue d'empirer.**
It is impossible for you to win the lottery.	**Il est impossible que tu gagnes la loterie.**

40. B.

This is the last dialogue in the course. Listen to a group of tired actors after their last performance.

JEANNE: *Je suis si contente que ce soit terminé!*

ERIC: *Moi, je trouve formidable qu'une femme mette une pièce en scène aussi bien.*

OLGA: *Oh là là! Eric, il semble que tu aies des idées un peu vieux-jeu, non?*

JEANNE: *Je trouve regrettable qu'Eric fasse cette remarque après tout ce travail ensemble!*

ERIC: *Je suis désolé que vous ayez mal pris ma remarque. Je plaisantais.*

JEFF: *Moi, je suis heureux que la pièce ait eu du succès et que nous puissions être ensemble.*

Maintenant écoutez et répétez.

I am so happy that this is over!	**Je suis si contente que ce soit terminé!**
I think it's great that a woman directed a play so well!	**Moi, je trouve formidable qu'une femme mette une pièce en scène aussi bien.**
Goodness! Eric, it seems that you have some antiquated ideas, don't you?	**Oh là là! Eric, il semble que tu aies des idées un peu vieux-jeu, non?**
I think that it's regrettable that Eric would make such a remark after all our work together!	**Je trouve regrettable qu'Eric fasse cette remarque après tout ce travail ensemble!**
I am sorry that you took my remark badly. I was joking.	**Je suis désolé que vous ayez mal pris ma remarque. Je plaisantais.**
For my part, I am happy that the play was a success and that we can be together.	**Moi, je suis heureux que la pièce ait eu du succès et que nous puissions être ensemble.**

40. C.

Complete the sentences with the subjunctive. *Écoutez l'exemple.*

Il est dommage que . . . (le temps est mauvais)   ☞ *Il est dommage que le temps soit mauvais.*

Votre tour.

Il est regrettable que . . . (les billets sont chers)   ☞ *Il est regrettable que les billets soient chers.*

Nous sommes tristes que . . .
  (vous devez partir)

Est-il content que . . . (vous pouvez nous écrire)?

Je suis triste que . . . (tu as des problèmes)

Nous sommes désolés que . . . (vous ne savez pas son adresse)

☞ *Nous sommes tristes que vous deviez partir.*

☞ *Est-il content que vous puissiez nous écrire?*

☞ *Je suis triste que tu aies des problèmes.*

☞ *Nous sommes désolés que vous ne sachiez pas son adresse.*

Congratulations! You have mastered the treacherous essentials of French verbs. And more! You know how to use them in everyday conversations. Practice your French as often as possible. Review your *Living Language® Skill Builder: French Verbs*, watch French movies, read French magazines, and talk to French-speaking friends as often as possible in order to reinforce what you have learned with *Skill Builder: French Verbs*.

INDEX

courir	*to run*	C25, M8, M21
couvrir	*to cover*	C26, M9, M19
croire	*to think, to believe*	C27, M15, M19, M39
débarrasser	*to clear, to rid*	C28
décider	*to decide, to settle*	C29, M12, M20
décrocher	*to unhook, to lift, to pick up*	C30, M26
se dépêcher	*to hurry*	C31, M5, M20, M29, M31, M32, M34, M35, M38
descendre	*to descend, to go down*	C32
désirer	*to desire, to wish*	C33, M4, M10
détester	*to hate, to detest*	C34, M4, M10, M22
devoir	*to have to, must*	C35, M11, M12, M21, M35
dîner	*to have dinner*	C36, M10, M25
dire	*to say, to tell*	C37, M16, M17, M20, M21, M27, M35
discuter	*to discuss*	C38
disputer	*to dispute, to scold*	C39, M26, M35, M37
donner	*to give*	C40, M10, M16, M20, M38, M39
dormir	*to sleep*	C41, M8, M18, M21, M22, M25, M26, M27, M36
écouter	*to listen*	C42, M4, M10, M11, M18, M19, M22, M33, M35, M36, M37, M39
écrire	*to write*	C43, M16, M17, M28, M29, M32, M39, M40
effectuer	*to perform*	C44
embrasser	*to kiss, to embrace*	C45
enlever	*to remove, to take off*	C46
entendre	*to hear, to understand*	C47, M28, M31, M38
entrer	*to enter, to go in*	C48, M27, M30
envoyer	*to send*	C49, M6, M24, M31
espérer	*to hope*	C50, M34
essayer	*to try*	C51, M26
être	*to be*	C52, M1, M10, M19, M21, M23, M26, M28, M29, M30, M31, M33, M34, M37, M38, M39, M40
étudier	*to study*	C53, M6, M12, M26, M34, M35, M36
exiger	*to demand*	C54, M39
expliquer	*to explain*	C55, M31, M36
fabriquer	*to make, to fabricate*	C56

faire	to make, to do	C57, M3, M9, M10, M11, M12, M14, M17, M19, M21, M23, M26, M27, M30, M31, M32, M34, M37, M38, M39
falloir	it is necessary to, that . . .	C58, M11, M16, M26, M31, M36, M37, M38, M39
féliciter	to congratulate	C59, M11, M23
fermer	to close, to shut	C60, M9
finir	to finish, to end	C61, M27
frapper	to hit, to knock	C62, M7, M18, M19, M22, M27, M33, M36
fumer	to smoke	C63
gagner	to win, to earn	C64
garer	to park	C65, M33, M40
grossir	to get fat	C66, M39
s'habiller	to get dressed, to dress oneself	C67, M5, M17, M20, M21
interdire	to forbid	C68, M39
interrompre	to interrupt	C69, M13, M36
inventer	to invent, to make up	C70
inviter	to invite	C71
jaunir	to turn yellow	C72, M7, M22, M27
joindre	to join, to bring together	C73
jouer	to play, to gamble	C74, M12
lancer	to throw, to launch	C75
se laver	to wash (oneself)	C76, M5, M21, M22, M25, M29, M32
se lever	to get up, to rise, to stand up	C77, M17, M20, M26, M29, M38
lire	to read	C78, M11, M13, M14, M22, M29, M32, M34, M38
maigrir	to lose weight	C79, M7, M18, M36
manger	to eat	C80, M4, M7, M10, M17, M18, M21, M22, M25, M27, M32, M33
mettre	to put, to place	C81, M11, M13, M19, M20, M22, M28, M40
monter	to rise, to go up	C82, M25, M33
montrer	to show	C83, M39
mourir	to die	C84
nager	to swim	C85, M4, M10, M12
naître	to be born	C86, M14
nettoyer	to clean	C87
occuper	to occupy	C88, M17, M20, M36, M37

offrir	*to offer*	C89, M9, M10, M19, M39
organiser	*to organize*	C90, M17, M29
ouvrir	*to open*	C91, M9, M21
pâlir	*to turn white*	C92, M7
paraître	*to seem, to appear*	C93, M14
parler	*to speak, to talk*	C94, M4, M10, M14, M17, M21, M24, M26, M30, M33
partager	*to share*	C95
partir	*to leave, to depart*	C96, M8, M10, M12, M18, M22, M30, M38, M40
passer	*to pass*	C97, M22, M32
payer	*to pay*	C98, M6
penser	*to think*	C99, M7, M39
peser	*to weigh*	C100, M5
placer	*to place*	C101
plaire	*to be pleasing*	C102, M13
plaisanter	*to jest, to joke*	C103, M40
pleurer	*to cry, to mourn*	C104
pleuvoir	*to rain*	C105, M15
plier	*to fold, to bend*	C106
plonger	*io plunge, to dive*	C107
porter	*to carry, to wear*	C108, M39
pouvoir	*to be able to, can*	C109, M12, M24, M25, M28, M35, M37
prendre	*to take*	C110, M15, M19, M21, M22, M24, M25, M26, M28, M29, M33, M35, M37, M39
préparer	*to prepare*	C111, M8, M10, M12, M17, M22, M25, M30, M31, M38
présenter	*to introduce, to present*	C112, M5
prévenir	*to prevent, to warn*	C113, M38
quitter	*to leave, to quit*	C114, M27, M29, M32, M36
raconter	*to tell*	C115, M21
rater	*to miss, to fail*	C116, M35
recevoir	*to receive*	C117, M11
réfléchir	*to think about, to reflect upon*	C118, M35, M36
refuser	*to refuse, to turn down*	C119
regarder	*to look at, to watch*	C120, M4, M18, M22, M32, M37
régler	*to pay, to sort*	C121, M5, M6
regretter	*to regret*	C122, M38, M40
rencontrer	*to meet*	C123, M21, M24, M28

rendre	to return, to give back	C124, M13, M18, M20, M27, M35, M36
renoncer	to renounce	C125
renverser	to knock over	C126
répéter	to repeat	C127, M18, M25, M31
répondre	to answer, to respond	C128, M13, M18, M19, M24
se reposer	to rest	C129, M11, M17, M25, M36, M37
réserver	to reserve	C130, M11, M24
résoudre	to resolve	C131, M28, M31
réussir	to succeed, to pass	C132, M7, M8, M10, M12, M18, M40
revenir	to return, to come back	C133, M17, M34, M36, M37
rêver	to dream	C134
rire	to laugh	C135
rougir	to blush	C136, M7
savoir	to know	C137, M12, M14, M19, M21, M24, M25, M28, M35, M37
sentir	to feel, to smell	C138, M8
servir	to serve	C139, M8, M18
sonner	to ring	C140
sortir	to go out, to exit	C141, M8, M10, M18, M21, M22, M25, M31, M32, M33, M34, M36
souffler	to blow	C142
suivre	to follow, to pursue	C143
téléphoner	to phone, to call	C144, M4, M10, M12, M17, M20, M21, M24, M25, M35, M39
tenir	to hold	C145, M9
terminer	to finish, to terminate	C146, M14, M17, M28, M36, M40
trouver	to find	C147, M11, M14, M17, M28, M36, M40
valoir	to be worth	C148, M12
venir	to come	C149, M9, M10, M19, M24, M26, M33, M34, M37, M40
verdir	to turn green	C150, M7
vérifier	to verify	C151, M39
visiter	to visit	C152, M22, M27, M32, M34
vivre	to live	C153
voir	to see	C154, M11, M12, M19, M21, M24, M31, M35
vouloir	to want	C155, M12, M17, M24, M26, M28, M33, M35, M37

NOTES

NOTES

NOTES

NOTES

NOTES

NOTES